高等教育规划教材·经济管理实验实训系列
省级实验示范中心资助出版

ERP 沙盘模拟经营对抗进阶实训教程

丁沧海 于秋红 施晓岚 编著

北京交通大学出版社
·北京·

内 容 简 介

本书将 ERP 沙盘模拟经营对抗课程实训方案、设计为初级、中级、高级三个循序渐进的阶层。初级篇通过手工 ERP 沙盘模拟，介绍了企业经营管理的全过程。中级篇通过对"创业者"电子 ERP 沙盘的介绍，引导读者探索企业持续发展的规律。高级篇导入模拟经营方案管理器，力图使读者掌握一整套企业战略方案制订、市场应变、方案评价选优能力。全书内容丰富，理论与实践结合，通过实例将企业经营管理的各项能力传递给读者。

本书不仅可以作为高等院校，经济管理类各专业企业 ERP 经营管理、实验、实训课程教材，也可以作为参加全国大学生沙盘模拟经营大赛的辅导书，还可供从事企业经营管理工作的社会读者自学、培训之用。

版权所有，侵权必究。

图书在版编目（CIP）数据

ERP 沙盘模拟经营对抗进阶实训教程／丁沧海，于秋红，施晓岚编著．—北京：北京交通大学出版社，2013.5（2020.12 重印）

（高等教育"十二五"规划教材·经济管理实验实训系列）

ISBN 978 - 7 - 5121 - 1464 - 7

Ⅰ.①E… Ⅱ.①丁… ②于… ③施… Ⅲ.①企业管理 - 计算机管理系统 - 高等学校 - 教材 Ⅳ.①F270.7

中国版本图书馆 CIP 数据核字（2013）第 099851 号

责任编辑：刘　辉　　策划编辑：刘　辉

出版发行：北京交通大学出版社　　　　电话：010 - 51686414
地　　址：北京市海淀区高梁桥斜街 44 号　邮编：100044
印 刷 者：北京鑫海金澳胶印有限公司
经　　销：全国新华书店
开　　本：185×260　　印张：17.5　　字数：437 千字
版　　次：2013 年 5 月第 1 版　2020 年 12 月第 3 次印刷
书　　号：ISBN 978 - 7 - 5121 - 1464 - 7/F·1178
印　　数：4 001 ～ 5 000 册　　定价：43.80 元

本书如有质量问题，请向北京交通大学出版社质监组反映。对您的意见和批评，我们表示欢迎和感谢。
投诉电话：010 - 51686043，51686008；传真：010 - 62225406；E-mail：press@bjtu.edu.cn。

前言
构造企业经营战略与策略实验室
培养复合型管理人才

传统的管理决策过程，可以说是一种通过历史经验来处理决策问题的过程。人们通过对周围环境的观察，分析个人以及集团受到某种压力后的响应，从而形成某种概念；从这种概念出发，产生决策及行动。但是，现代社会经济管理系统是一个大系统，面对着管理决策问题的巨大化和复杂化，要观察的东西太多，仅靠个别人的经验和才干，仅靠拍脑袋是不可能正确决策的。

对于科学家或工程师来说，发明创造必不可少的手段就是要进行大量的科学实验。古往今来，重大科学技术的发明和发现，无不依据实验室的支持。

因此，对于面向现代市场经济的企业经营管理决策者来说，现代管理模型和方法就可称为战略和策略的实验室。利用现代管理模型和方法，就可以在重大决策之前，像科学家那样通过模拟仿真运算，进行多方案实验和分析，从而获得优化的经营决策方案。

ERP沙盘模拟经营对抗实训课程建设的目标就是要构造企业经营战略与策略实验室，培养复合型管理人才。

ERP（Enterprise Resource Planning）是企业资源计划的简称。企业资源包括了厂房、设备、物料、资金、人员，甚至还包括企业上下游的供应商和客户等。企业资源计划的实质就是如何在资源有限的情况下，合理组织生产，力求做到利润最大，成本最低。可以说，企业的生产经营过程也是对企业资源的管理过程。

沙盘模拟最早源于军事博弈系统，1978年瑞典皇家工学院将其引入企业经营实战演练课程，美国哈佛大学将它加以研究开发成商业博弈系统。

ERP沙盘模拟，就是运用形象直观的沙盘教具，融入不可预知的市场变化，集合商战角色扮演，全真模拟企业运营的全过程。

ERP沙盘模拟经营对抗实训课程是一种全新的体验式互动的学习，将复杂、抽象的经营管理理论以最直观的方式让学生体验、学习，使学生亲身体验模拟公司企业经营管理的完整流程，包括物流、资金流和信息流的协同，理解公司实际运营中各个部门和管理人员的相互配合。 在实训课程中，每个模拟公司由6人～8人组成，每位成员分别担任总裁（CEO）、营销总监（CSO）、财务总监（CFO）、运营总监（COO）、采购总监、财务助理、商业间谍等职务。模拟公司是同一行业中的竞争对手，各公司必须遵守运营规则，对企业在经营管理中的区域市场开拓、新产品研发、生产线选型与投资、ISO9000及ISO1400认证、长期投资、贷款筹措等进行战略规划，并根据市场需求预测和竞争对手的动向，对各年度广告策略、订单选择、生产运营、物料采购、库存管理、按期交货、资金平衡、成本核算、报表编制等一系列活动进行对抗演练。通过模拟公司运作的经营，使学生在分析市场、制定战略、营销策划、组织生产、财务管理等一系列活动中，参悟科学的管理规律，全面提升综合经营决策管理能力。

本教程将 ERP 沙盘模拟经营对抗实训课程方案设计为循序渐进的三个阶层。

初级阶层：认知企业经营全过程（手工 ERP 沙盘模拟）。实训目的有以下四个方面。（1）构造公司运营的整体组织架构。（2）体验企业经营管理的完整流程，包括公司内部的工作流程、物流、资金流、信息流等各环节以及相互关系；企业外部的市场环境、融资环境、竞争对手、供应商等。（3）熟悉和掌握 ERP 沙盘模拟经营的各项规则，开展经营活动。（4）初步学习和应用相关的基础理论知识，提高后续专业课程的学习兴趣。

中级阶层：探索企业持续发展规律（"创业者"商战电子 ERP 沙盘模拟）。实训目的有以下四个方面。（1）制定企业战略规划与经营方案。（2）探讨企业经营目标、发展动力、产品收益、成本、利润的关系以及影响企业权益的关键要素。（3）调节和控制区域市场开拓、产品研发、质量认证、投资规模等活动的时机和节奏。（4）掌握财务报表、成本核算、现金流量等财务管理流程以及融投资能力，保证企业运营和发展。

高级阶层：开发与应用 ERP 沙盘模拟经营方案管理器。ERP 沙盘模拟经营方案管理器，就是一整套能够反映 ERP 沙盘经营模拟运行过程的计算表格。实训目的有以下三个方面。（1）构造 ERP 沙盘经营模拟方案管理器。（2）开发基于 Excel 的 ERP 沙盘模拟经营方案管理器。（3）应用 ERP 沙盘模拟经营方案管理器，制订各种可行性经营方案，从而进行模拟方案的评价与选优。

本教程将手工实物沙盘、电子沙盘与模拟经营方案管理器相结合，在培养学生系统掌握企业经营流程的基础上，进一步提升学生战略经营方案的制定能力、市场应变能力、方案的评价、选优和调节能力。

本教程由丁沧海、于秋红、施晓岚三位教师共同编著。由丁沧海起草编写大纲，初阶篇由施晓岚执笔；中阶篇由于秋红执笔；高阶篇由丁沧海执笔。由丁沧海统稿，三位教师共同审核后，由丁沧海定稿。

本教程的编写得到了常熟理工学院管理学院、经管实验中心范炳良、张国平、周英、王英姿等院系领导和相关老师的大力支持与密切配合，在此表示衷心感谢！同时，感谢用友新道公司，特别是陈惠智老师提供的帮助与支持！还要感谢常熟理工学院 ERP 沙盘协会的同学们！本教程在编写中参考了相关的文献资料，在此，向原作者一并表示感谢！最后，对北京交通大学出版社的编辑，特别是刘辉、郭碧云老师为本书的出版付出的辛勤劳动表示感谢！

由于水平有限，不足之处，请读者和相关课程的指导教师对使用中发现的缺点和错误给予批评指正，并提出宝贵意见，使本教程能不断完善和提高。

丁沧海
2013.3

目录

前言
构造企业经营战略与策略实验室
培养复合型管理人才 I

初阶篇　认知企业经营全过程

实训 1　组建 ERP 团队，熟悉企业运营规则 3
　1.1　组建团队，成立公司 3
　1.2　熟悉公司，分析现状 8
　1.3　掌握企业经营的规则 15

实训 2　体验企业经营管理完整流程 29
　2.1　年初 4 项工作 29
　2.2　每季度 19 项工作 31
　2.3　年末 6 项工作 35
　2.4　制作财务报表 37

实训 3　感性经营一、二年 39
　3.1　商业情报——市场预测 39
　3.2　广告投入 40
　3.3　产品研发与市场开发 41
　3.4　设备投资与改造 41
　3.5　融资方案 42
　3.6　财务报表的编制 42

实训 4　理性经营三、四年 46
　4.1　商业情报——商业间谍 46
　4.2　销售计划 47
　4.3　广告的产出比 48
　4.4　生产计划 48
　4.5　采购计划 49
　4.6　资金计划 49

实训 5　科学管理五、六年 54
　5.1　企业战略 54
　5.2　信息化管理 55
　5.3　流程控制 56

I

| 5.4 | 组织管理 | 56 |

实训 6　我的经营心得 58
   6.1　现场心得交流 58
   6.2　撰写总结报告 58
初阶篇附录 1　运营规则简章 59
初阶篇附录 2　市场预测 62
初阶篇附录 3　年度运营表单 67

中阶篇　探索企业持续发展规律

实训 7　熟悉电子 ERP 沙盘规则 95
实训 8　创业者电子沙盘初体验 100
   8.1　注册和登录 100
   8.2　操作界面 101
   8.3　操作步骤 103
实训 9　协调手工实物和电子沙盘 122
   9.1　手工实物沙盘与电子沙盘操作对照 122
   9.2　电子沙盘常见问题说明 123
实训 10　企业战略规划 125
   10.1　市场预测 125
   10.2　生产及采购计划 126
   10.3　现金预算 128
实训 11　企业战略完善 132
   11.1　知识点：目标市场模式 132
   11.2　厂房投资 134
   11.3　生产线投资 136
   11.4　市场老大 138
   11.5　紧急采购 140
   11.6　关注权益 140
   11.7　支付应交税金 141
实训 12　实际运营及体会 144
   12.1　企业实际运营 144
   12.2　运营体会 144
   12.3　完成实训报告 145
中阶篇附录 1　电子沙盘市场预测 146
   7 组市场预测 146
   8 组市场预测 147
   9 组市场预测 148
   10 组市场预测 149

中阶篇附录 2　经营过程表单 ··· 150
　（　　）公司广告投标单 ··· 150
　经营记录表 ·· 151
　第 1 年财务报表 ··· 152
　第 2 年财务报表 ··· 155
　第 3 年财务报表 ··· 158
　第 4 年财务报表 ··· 161
　第 5 年财务报表 ··· 164
　第 6 年财务报表 ··· 167
　生产计划及采购计划编制 ··· 168
　生产计划及采购计划编制 ··· 169

高阶篇　ERP 沙盘模拟经营方案管理器

实训 13　构造 ERP 沙盘模拟经营方案管理器 ··· 173
　13.1　ERP 沙盘模拟经营方案管理器的基本结构 ···································· 173
　13.2　ERP 沙盘模拟经营竞赛规则及市场预测 ······································· 174
　13.3　飞达公司模拟经营方案（Ⅰ）第 1 年运营 ···································· 183
　13.4　飞达公司模拟经营方案（Ⅰ）第 2 年运营 ···································· 189
　13.5　飞达公司模拟经营方案（Ⅰ）第 3 年运营 ···································· 199
　13.6　飞达公司模拟经营方案（Ⅰ）第 4 年运营 ···································· 206
　13.7　飞达公司模拟经营方案（Ⅰ）第 5 年运营 ···································· 215
　13.8　飞达公司模拟经营方案（Ⅰ）第 6 年运营 ···································· 223
　13.9　实训报告：制定飞达公司模拟经营新方案 ···································· 230
实训 14　开发基于 Excel 的模拟经营方案管理器 ···································· 246
　14.1　经营环境数据表 ·· 246
　14.2　投资、生产运营表 ··· 248
　14.3　广告、订单表 ··· 256
　14.4　财务费用计算表 ·· 261
　14.5　年度经营及财务报表 ·· 264
　14.6　总成绩计算表 ··· 270
　14.7　实训报告：完成基于 Excel 的 ERP 沙盘模拟经营方案管理器的开发 ·· 270
参考文献 ·· 271

初阶篇
认知企业经营全过程

构造企业运营的整体组织架构
体验企业经营管理的完整流程
熟悉和掌握ERP沙盘模拟经营的各项规则
模拟企业经营各项活动
学习和应用相关的基础理论知识
熟练应用手工ERP沙盘模拟企业经营过程

实训 1
组建 ERP 团队，熟悉企业运营规则

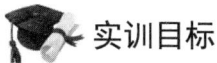 **实训目标**

- 理解企业各个部门的职能分工，明确角色任务。
- 熟悉模拟企业经营现状。
- 掌握企业运营的基本规则，包括市场拓展与销售规则、研发与生产规则、融资贷款规则、采购与物流规则等。

1.1 组建团队，成立公司

任务描述

全班随机分组，形成 6-10 个 P 产品行业中的竞争企业，每个企业由 5-7 名同学组成。每个企业为自身拟定公司名称、设定企业口号。每个公司进行企业首席执行官、营销总监、生产总监、财务总监、物流总监等角色的设定，明确角色任务。

公司是一个经营单位实体，需要注册名称，请为你们的公司拟定名称。

公司创建之初，都要建立与其经营活动类型相适合的组织结构。组织结构是保证企业生产运转的基本条件。在"ERP 沙盘模拟"课程中，采用了简化企业组织结构的方式，企业组织由几个主要角色组成。

必需的角色：企业首席执行官、营销总监、生产总监、财务总监、物流总监。

可增设的角色：市场总监、财务助理、商业间谍、生产助理、采购师等。

下面对每个角色的岗位职责做简单描述，根据自身情况来选择扮演相应角色。

1.1.1 首席执行官

首席执行官，简称 CEO。在实训过程中，由 CEO 按照流程要求带领大家按部就班的开展各项活动，企业所有的重要决策均由首席执行官带领团队成员共同完成，如果大家意见相左，由 CEO 拍板决定。具体的工作职责如图 1-1-1 所示。

想一想

CEO 要做什么具体的工作（可参考图 1-1-1）？在模拟企业经营的过程中，他应该起到什么作用？

```
        CEO的职责
    ● 制定发展战略
    ● 竞争格局分析
    ● 经营指标确定
    ● 业务策略制定
    ● 全面预算管理
    ● 管理团队协同
    ● 企业绩效分析
    ● 业绩考评管理
    ● 管理授权与总结
```

图 1-1-1　CEO 的职责

议一议

谁更适合做 CEO？

1.1.2　营销总监

企业的利润是由销售收入带来的，销售实现是企业生存和发展的关键，营销总监（CMO）在企业中的地位不言自明。营销总监所担负的责任是开拓市场，实现销售。具体任务如图 1-1-2 所示。

```
        CMO的职责
    ● 市场调查分析
    ● 市场进入策略
    ● 品种发展策略
    ● 广告宣传策略
    ● 制订销售计划
    ● 争取定单与谈判
    ● 签订合同与过程控制
    ● 按时发货及应收款管理
    ● 销售绩效分析
```

图 1-1-2　CMO 的职责

（1）开拓市场

作为一个民营企业，最初大都是在所在地注册企业并开始运营，经过几年的经营，在本地市场上站稳脚跟。在全球市场广泛开放之时，一方面要稳定企业现有市场，另一方面要积极拓展新市场，争取更大的市场空间，力求在销售量上实现增长。

（2）销售管理

销售和收款是企业的主要经营业务之一，也是企业联系客户的门户。为此，销售主管应该分析、预测市场及客户需求，制订销售计划，有选择地进行广告投放，取得与企业生产能力相匹配的客户订单，与生产部门做好沟通，保证按时交货给客户，监督货款的回收，进行客户关系管理。

● 提示：在人员充足的前提下，营销部门可增设"市场总监"、"商业间谍"。

市场总监：负责开发市场、市场组合策略等，其可以与营销总监共同承担该部门的工作，而此时，营销总监负责广告宣传、争取订单等。

商业间谍：主要负责市场调研工作，掌握其他企业的经营信息，帮助决策。

想一想

商业间谍该如何工作？

1.1.3 生产总监

生产总监（COO）是企业生产部门的核心人物，对企业的一切生产活动进行管理，并对企业的一切生产活动及产品负最终的责任。生产总监既是计划的制定者和决策者，又是生产过程的监控者，对企业目标的实现负有重大的责任。他的工作是通过计划、组织、指挥和控制等手段实现企业资源的优化配置，创造最大经济效益，如图1-1-3所示。

图1-1-3　COO的职责

生产管理的范畴主要包括：负责公司生产、安全、仓储、环卫及现场管理方面的工作，协调完成生产计划，维持生产低成本稳定运行，并处理好有关的外部工作关系；生产计划的制定落实及生产和能源的调度控制，保持生产正常运行，及时交货；组织新产品研发，扩充并改进生产设备，不断降低生产成本；做好生产车间的现场管理，保证安全生产；协调处理好有关外部工作关系。

- 提示：在人员充足的前提下，生产部门可增设"生产助理"。

生产助理：协助生产总监做好各项生产活动，可以分担盘面生产操作，与其他部门的协调等。

1.1.4 物流总监

企业的物流作业包括了采购、保管、分销三个部分。实训中储存保管、商品养护的部分省略了，主要作业集中在采购和成品库存的管理上。

采购是企业生产的首要环节。采购总监负责编制并实施采购供应计划，分析各种物资供应渠道及市场供求变化情况，力求从价格上、质量上把好第一关，确保在合适的时间点采购合适的品种及数量的物资，为企业生产做好后勤保障。

成品库存的数量应该控制在合理的范畴之内，并且自己公司所销售的产品应该有一定的组合比例，物流总监应当关注成品库中不同商品的数量。

物流总监 CLO 的具体职责如图 1–1–4 所示。

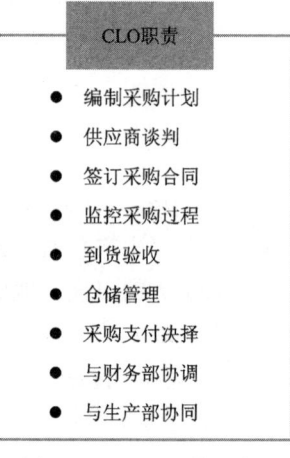

图 1–1–4　CLO 的职责

- 提示：在人员充足的前提下，物流部门可增设"采购师"。

采购师：负责物流工作中的采购任务，进行采购的精确计算，做好物料供应的预算计划。

1.1.5　财务总监

在企业中，财务与会计的职能常常是分离的，它们有着不同的目标和工作内容。会计主要负责日常现金收支管理，定期核查企业的经营状况，核算企业的经营成果，制定预算及对成本数据的分类和分析。财务的职责主要负责资金的筹集、管理；做好现金预算，管好、用好资金。在这里，我们将其职能归并到财务总监 CFO，其主要任务是管好现金流，按需求支付各项费用、核算成本，按时报送财务报表并做好财务分析；进行现金预算、采用经济有效的方式筹集资金，将资金成本控制到较低水平。具体的工作如图 1–1–5 所示。

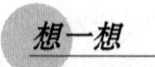

财务总监除了记账、盘面操作，还有没有更重要的工作？

```
┌─────────────────────────┐
│        CFO的职责         │
│                         │
│  ● 日常财务记账和登账     │
│  ● 向税务部门报税         │
│  ● 提供财务报表           │
│  ● 日常现金管理           │
│  ● 企业融资策略制定       │
│  ● 成本费用控制           │
│  ● 资金调度与风险管理     │
│  ● 财务制度与风险管理     │
│  ● 财务分析与协助决策     │
└─────────────────────────┘
```

图 1-1-5　CFO 的职责

● 提示：在人员充足的前提下，财务部门可增设"财务助理"。

财务助理：协助财务总监做好财务管理工作，可以分担灰币的盘面操作，或者承担记录账目的工作。

组建企业管理团队后，企业管理团队将领导公司未来的发展，在变化的市场中进行开拓，应对激烈的竞争。企业能否顺利运营下去取决于管理团队正确决策的能力。每个团队成员尽可能利用自己的知识和经验做出决策，不要因匆忙行动而陷入混乱。

 操作

步骤一：由教师随机分组，形成 6-10 个小组（A 组、B 组、C 组……），确认同伴。

步骤二：小组内部自行讨论，确定个人扮演的角色及其承担的任务，并按照要求进入各个部门，如图 1-1-6 所示。

步骤三：为自己的公司确定合适的单位名称，由 CEO 宣布，并确定企业发展目标。

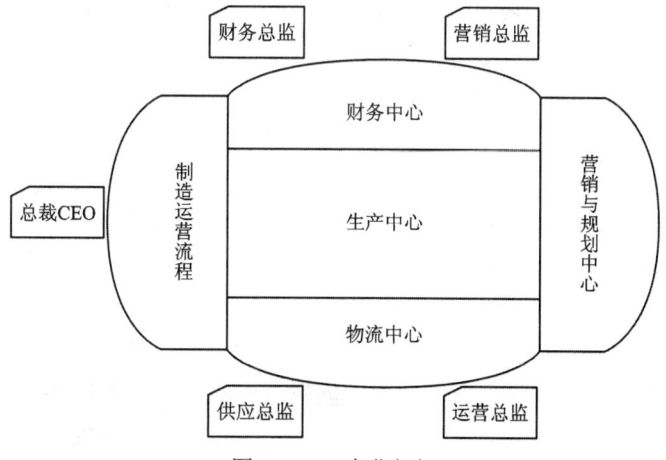

图 1-1-6　企业部门

思考

1. 为什么要随机分组？
2. CEO 要做什么工作？在模拟企业经营的过程中，他应该起到什么作用？
3. 我们的公司要去往何方？

案例

1. 某个小组共 6 人，采用抓阄的方法决定职务，你认为这种方法如何？
2. 公司成立之后，老师要求各个公司的 CEO 起来发言。

A 组的 CEO 小徐说到："大家好，我就是徐××。"

B 组的 CEO 小张站起来说："我没什么好说的。"

C 组的 CEO 小王说："我也没什么好说的。"

D 组的 CEO 小陈说："我不知道说什么。"

老师问大家："是不是都没什么想说的？"

E 组的 CEO 小李站起来说："我们有话要说。大家好，我是李××，是 TOP 公司的 CEO。我们的口号是'只做第一'。"说完，全组同学一起鼓起掌来。

F 组的 CEO 小林说："很荣幸能担任我们翱翔公司的 CEO，我是林××，感谢大家的信任，我一定尽自己最大的努力和大家一起经营好企业。"

G 组的 CEO 小胡说："我们是世纪集团，我也不知道大家为何推选我做 CEO，呵呵，我的能力一般，我有些不好意思……"

H 组的 CEO 小方说："我们是最后一个组，心动不如行动，语言不如行动，请看我们的表现。"

对于各组 CEO 的表现，你有何看法？你觉得怎么做比较好？CEO 的言论对企业的经营有何影响？

1.2 熟悉公司，分析现状

任务描述

了解你将接手的模拟企业的经营现状，包括企业现在所处的行业、内外部环境、机会与挑战等。要熟悉企业的生产能力、财务状况、市场地位、物流状态等经营现状，理解企业将来发展的方向和决策管理的重点。

1.2.1 企业简介

该企业是一个典型的离散制造型企业，创建已有三年，长期以来一直专注于某行业 P 系列产品的生产与经营。目前企业拥有自主厂房——大厂房，其中安装了三条手工生产线和一条半自动生产线，运行状况良好。所有生产设备全部生产 P1 产品，几年以来一直只在本地市场进行销售，有一定知名度，客户也很满意。

1.2.2　公司的财务状况

所谓财务状况，是指企业资产、负债、所有者权益的构成情况及其相互关系。企业的财务状况由企业对外提供的主要财务报告——资产负债表来表述。资产负债表是根据资产、负债和所有者权益之间的相互关系，即"资产=负债+所有者权益"的恒等关系，按照一定的分类标准和一定的次序，把企业特定日期的资产、负债、所有者权益三项会计要素所属项目予以适当排列，并对日常会计工作中形成的会计数据进行加工、整理后编制而成的，其主要目的是为了反映企业在某一特定日期的财务状况。通过资产负债表，可以了解企业所掌握的经济资源及其分布情况；了解企业的资本结构；分析、评价、预测企业的短期偿债能力和长期偿债能力；正确评估企业的经营业绩。

在"ERP沙盘模拟"课程中，根据课程设计所涉及的业务对资产负债表中的项目进行了适当的简化，形成如表1-1-1所示的简易结构。

表 1-1-1　简易资产负债表

编报单位：百万元

资产	期末数	负债和所有者权益	期末数
流动资产：		负债：	
现金	20	长期负债	40
应收款	15	短期负债	
在制品	8	应付账款	
成品	6	应交税金	1
原料	3	一年内到期的长期负债	
流动资产合计	52	负债合计	41
固定资产：		所有者权益：	
土地和建筑	40	股东资本	50
机器与设备	13	利润留存	11
在建工程		年度净利	3
固定资产合计	53	所有者权益合计	64
资产总计	105	负债和所有者权益总计	105

1.2.3　上一年的经营成果

企业在一定期间的经营成果表现为企业在该期间所取得的利润，它是企业经济效益的综合体现，由利润表（又称损益表或利益表）来表述。利润表是用来反映收入与费用相抵后确定的企业经营成果的会计报表。利润表的项目主要分为收入和费用两大类。

在"ERP沙盘模拟"课程中，根据课程设计中所涉及的业务对利润表中的项目进行了适当的简化，形成如表1-1-2所示的简易结构。

表 1-1-2 利润表

利润表

编报单位：百万元

项　目	本期数	对应利润表的项目
销售收入	35	主营业务收入
直接成本	12	主营业务成本
毛利	23	主营业务利润
综合费用	11	营业费用、管理费用
折旧前利润	12	
折旧	4	利润表中的管理费用、营业费用及主营业务成本已含折旧，这里折旧单独列示
支付利息前利润	8	营业利润
财务收入/支出	4	财务费用
其他收入/支出		营业外收入/支出
税前利润	4	利润总额
所得税	1	所得税
净利润	3	净利润

1.2.4 股东期望

从利润表 1-1-2 中可以看出，企业上一年盈利 3 百万，增长已经放缓。生产设备陈旧；产品、市场单一；企业管理层长期以来墨守成规地经营，导致企业已经缺乏必要的活力，目前尚未衰败但也近乎停滞不前。鉴于此，公司董事会及全体股东决定将企业交给一批优秀的新人去发展。他们希望新的管理层能够把握时机，抓住机遇，投资新产品开发，使公司的市场地位进一步提升；在全球市场广泛开放之际，积极开发本地市场以外的其他新市场，进一步拓展市场领域；扩大生产规模，采用现代化生产手段，努力提高生产效率，全面带领企业进入快速发展阶段。

 操作部分

步骤一：认识沙盘模拟的实物工具，如图 1-1-7 所示。

步骤二：认识我们企业，查看经营盘面，如图 1-1-8 所示，了解每一个部门的位置和工作要点。

所有的流动资产在盘面上都用塑料币来表示，具体如下：红色币代表原材料 R1，黄色币代表原材料 R2，蓝色币代表原材料 R3，绿色币代表原材料 R4，灰色币 M 代表资金，1 个 M 币价值 100 万元。因此，产品就由原材料与加工费组成，如 P1 产品=R1+M，其他产品组成如图所示。为了防止盘面紊乱，所有的塑料币操作都放在空桶中进行，一个满桶可容纳 20 个塑料币。同时，不放塑料币的空桶可代表 1 个原材料订单。

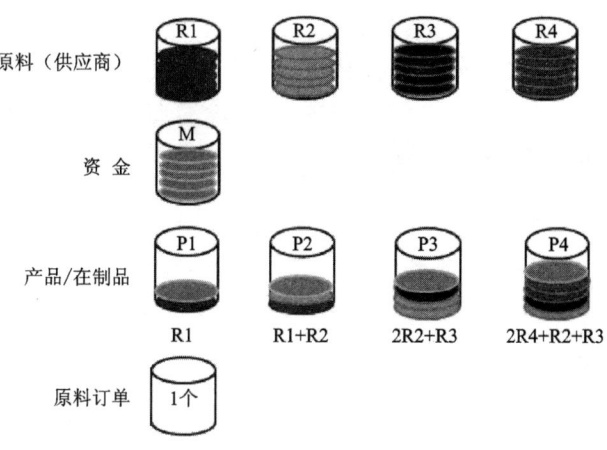

图 1-1-7 沙盘模拟工具——彩币

步骤三：设定我们企业的生产中心初始状态，如图 1-1-9 所示。

（1）厂房与生产线

目前，该企业拥有大厂房一间，能够容纳 6 条生产线，价值 40 M。（生产总监需将两桶 M 币放置在黄色圆圈处，这不是现金，这代表了厂房的价值。）

现时拥有 4 条生产线，其中 3 条手工、1 条半自动，这些设备价值 13 M。（将装有 3 M 和 4 M 的桶分别放置于生产线前的绿色圆圈内，代表了设备的价值。）

最后，请生产总监领取 4 个 P1 的标识放置于 4 条生产线的"标识"处，代表目前这些生产线都是生产 P1 产品的。

（2）在制品

在制品是指已经进入生产状态但仍未完工的产品，请生产总监将 4 个产品放在生产线上，分别放在手工生产线的一期、二期、三期和半自动的一期。现在企业共有 4 个在制品，价值 8 M。

步骤四：设定我们企业的物流中心初始状态，如图 1-1-10 所示。

（1）原材料库

物流总监把 3 个 R1 原材料放至 R1 原材料库中，2 个空桶放至 R1 订单处，表示目前下了 2 个 R1 原材料的订单；

（2）成品库

成品是指从可以进行销售的完成商品，物流总监需要把 3 个 P1 产品放到 P1 产品库中去，目前，我们拥有 3 个 P1 产品，价值 6 M。

步骤五：设定我们企业的财务中心初始状态，如图 1-1-11 所示。

财务中心的盘面工作包括三个部分：现金管理、贷款融资、账款往来。

（1）现金

请财务总监（或助理）在现金栏上放置一桶灰币，代表目前我们企业拥有现金 20 M；

（2）贷款

请财务总监（或助理）将两个空桶倒扣放置在盘面上长期贷款"FY5"和"FY4"的位置，表示目前我们企业向银行借贷了 40 M，4 年后需要还 20 M，5 年后需要还剩下的 20 M。每经营一年，空桶要往前推一格，直到推向现金栏则偿还贷款。短期贷款和其他贷款的盘面没有

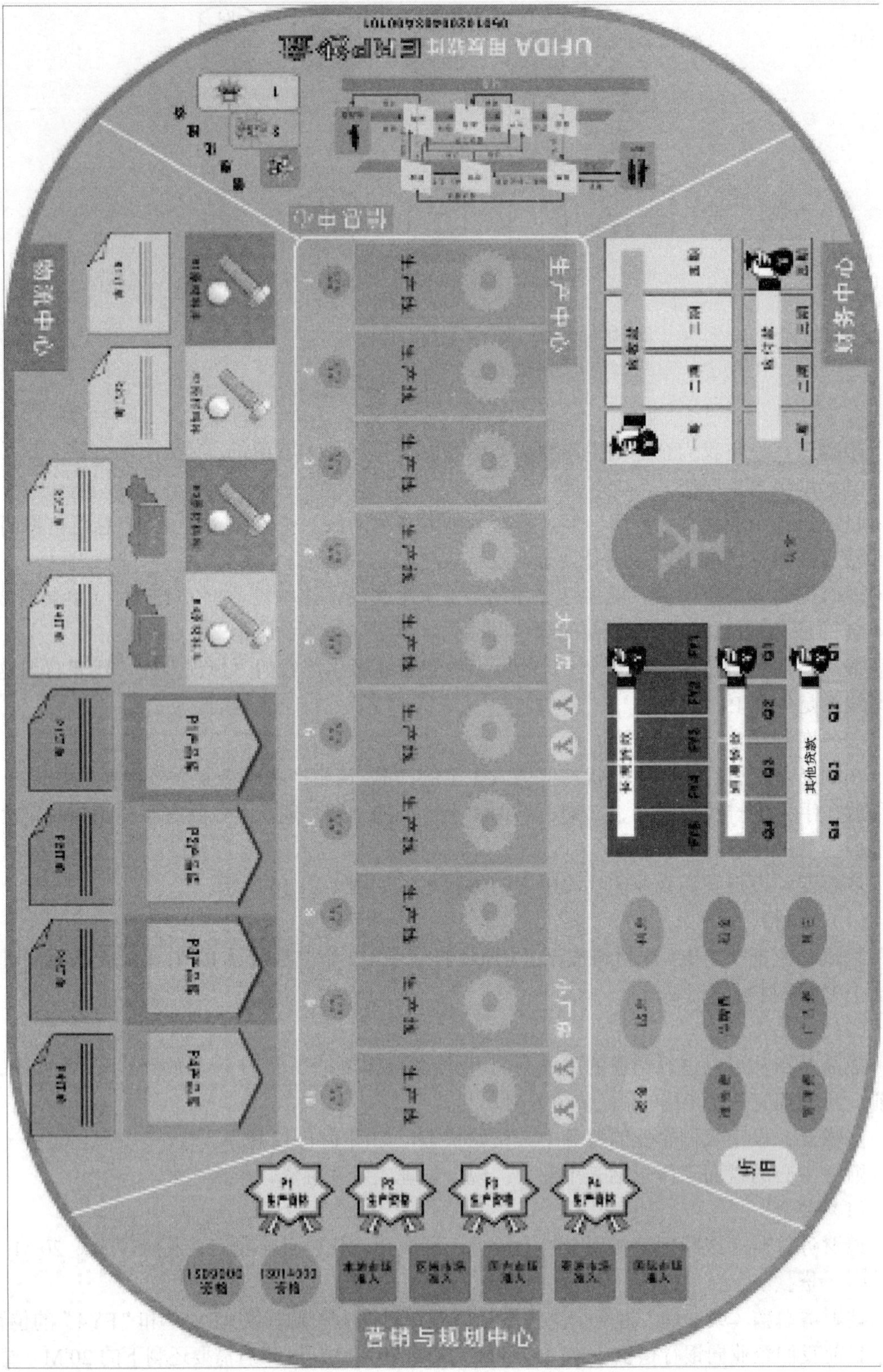

图 1-1-8 企业沙盘盘面

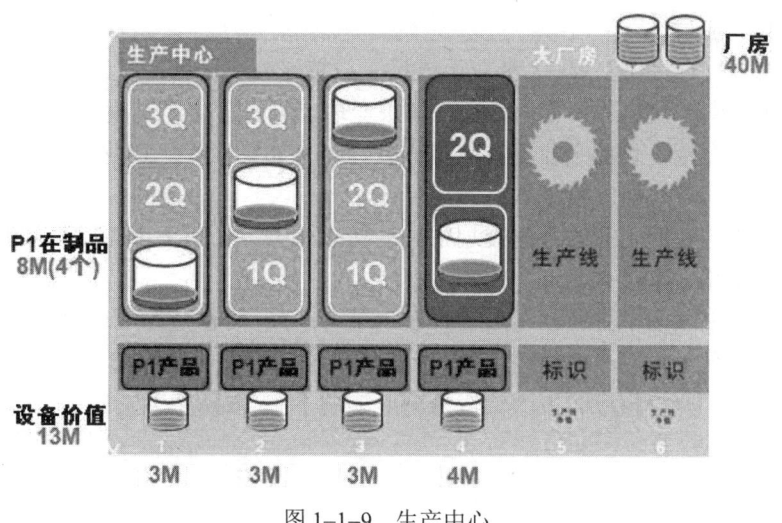

图 1-1-9　生产中心

桶,表面目前我们企业没有短贷和其他贷款。

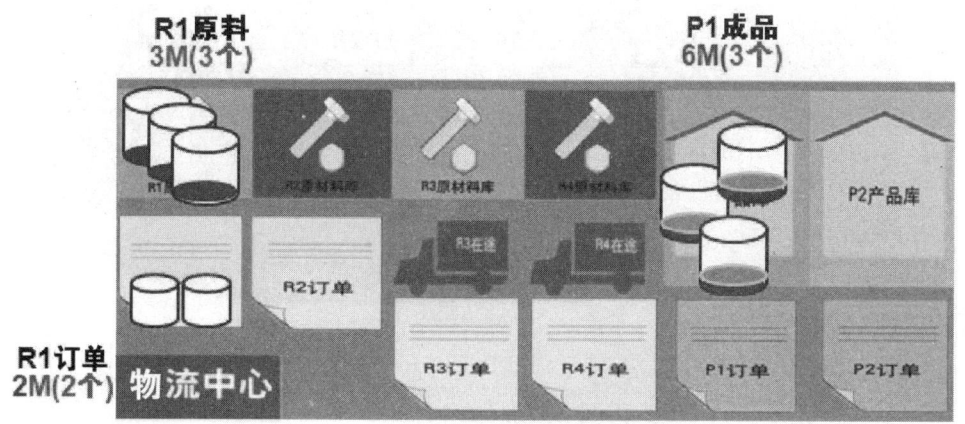

图 1-1-10　物流中心

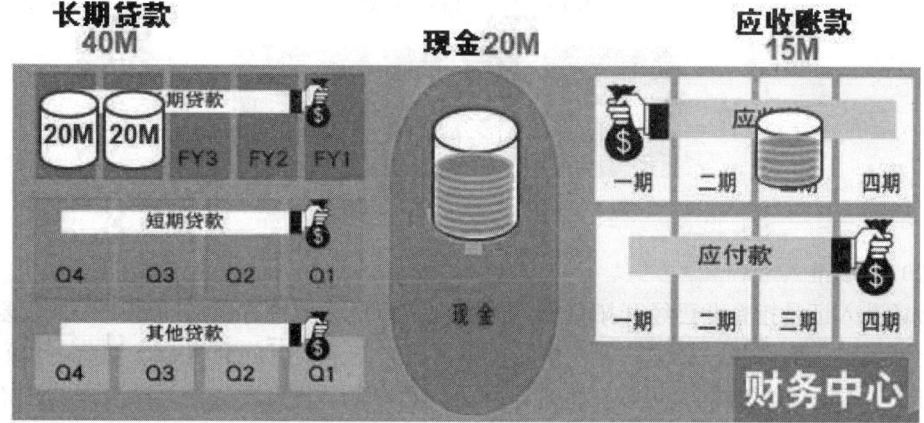

图 1-1-11　财务中心

（3）应收与应付

请财务总监（或助理）数 15 个灰币入桶，放置在应收账款的"三期"，表明目前企业拥有 15 M 的应收账款，在三个季度后能够到账变现。每经营一个季度，应收账款要向前推一格，直到推入现金栏。目前企业没有应付账款，将来如果和其他企业发生交易，有可能会产生应付账款，操作方式如应收账款。

步骤六：设定我们企业的营销规划中心的初始状态。如图 1-1-12 所示。

（1）生产资格

生产资格证书表明了企业已经成功开发出某种产品，可以开始进行该产品的生产和销售。目前，我们企业已经拥有了 P1 产品的生产资格，说明我们研发成功了 P1，将来还要有步骤的研发其他产品，取得相应的生产资格证书（如图 1-1-13 所示），才能进一步丰富产品线，支持销售。

图 1-1-12 营销与规划中心

图 1-1-13 生产资格

（2）市场准入

市场准入证是指企业已经开拓完毕，能够向某市场领域进行销售的资质。企业要在某个市场上销售自己的产品，必须获得该市场的准入证，这需要时间和资金。目前，我们企业已经拥有了"本地市场准入"，可以在本地市场上销售产品，将来还应该循序渐进的开拓其他市场（如图 1-1-14 所示），进一步拓宽产品销售的领域，争取更多的客户。

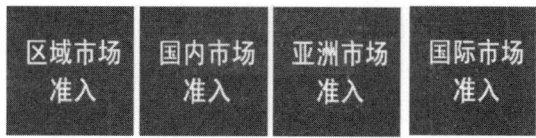

图 1-1-14 市场准入

（3）质量认证和环境认证

随着企业的发展，为了适应客户对产品越来越高的要求，在激烈的市场竞争中获得稳定的客源，需要提高企业的管理质量、改善生产销售的整体环境。因此，在今后的经营中要设法取得 ISO9000 的质量认证和 ISO14000 的环境认证（如图 1-1-15 所示），以提高客户对我们企业的信赖感，这同样需要建设周期和资金投入。只有取得了认证证书，才能拿到具有相应要求的客户订单。

图 1-1-15 营销与规划中心

思考

1. 企业现在是什么状态，是好还是差？
2. 我们还有多少任务要完成？

1.3 掌握企业经营的规则

作为企业的管理团队，必须了解企业生存发展应遵循的守则，才能在模拟商战中获胜。学习并掌握经营规则，包括市场拓展与销售规则、研发与生产规则、融资贷款规则、采购与物流规则等。

1.3.1 企业经营本质

企业是指从事商品生产、流通和服务等活动，为满足社会需要和自身盈利，进行自主经营，自负盈亏，具有法人资格的经济组织。经营是指企业以市场为对象，以商品生产和商品交换为手段，为了实现企业的目标，使企业的投资、生产、销售等经济活动与企业的外部环境保持动态均衡的一系列有组织的活动。

企业是一个以盈利为目的的组织。企业管理的目标可概括为生存、发展、盈利。

1.3.1.1 首要目标——企业生存

企业在市场上生存下来的基本条件：一是以收抵支，二是到期还债。这从另一个角度告诉我们，如果企业出现以下两种情况，就将宣告破产。

（1）资不抵债

如果企业所取得的收入不足以弥补其支出，导致所有者权益为负时，企业破产。

（2）现金断流

如果企业的负债到期，无力偿还，债权人会来敲你的门，企业就会破产。

在模拟经营中一旦破产条件成立，请指导教师裁夺。一般可能有三种处理方式：其一，如果企业盘面能让股东及债权人看到一线希望，股东可能增资，债权人可能债转股；其二，企业联合或兼并；其三，破产清算。

请各位小心，求发展的前提是求生存，一路走好！

1.3.1.2 奋斗方向——企业盈利

企业经营的本质是股东权益最大化，即盈利。而从利润表中的利润构成中不难看出盈利的主要途径：一是扩大销售（开源），二是控制成本（节流）。

1. 扩大销售

利润主要来自于销售收入，而销售收入由销售数量和产品单价两个因素决定。提高销售数量有以下方式：

（1）扩张现有市场，开拓新市场；

（2）研发新产品；

（3）扩建或改造生产设施，提高产能；

（4）合理加大广告投放力度，进行品牌宣传。

提高产品单价受很多因素制约，但企业可以选择单价较高的产品进行生产。

2. 控制成本

产品成本分为直接成本和间接成本。

（1）降低直接成本

直接成本主要包括构成产品的原料费和人工费。在 ERP 沙盘模拟课程中，原料费由产品的 BOM 结构决定，在不考虑替代材料的情况下没有降低的空间。用不同生产线生产同一产品的加工费也是相同的，因此在 ERP 沙盘模拟课程中，产品的直接成本是固定的。

（2）降低间接成本

从节约成本的角度，我们不妨把间接成本区分为投资性支出和费用性支出两类。投资性支出包括购买厂房、投资新的生产线等，这些投资是为了扩大企业的生产能力而必须发生的。费用性支出包括营销广告、贷款利息等，通过有效筹划是可以节约一部分的。

1.3.2 营销规则

企业的生存和发展离不开市场这个大环境。谁赢得市场，谁就赢得了竞争。市场是瞬息万变的，变化增加了竞争的对抗性和复杂性。归根结底，市场本质上就是客户的需求，客户需求是企业生产经营的依据。众所周知，客户订单的获得对企业的影响是至关重要的。

我们会提供给大家从专门机构的调研报告中获得的销售预测数据，对市场中的所有企业而言，这部分信息是公开透明的。企业需要通过对市场情况的分析，与其他企业的实力对比，合理的制订广告方案，派优秀的营销人员参加销售会议，从而获得一定数量和质量的订单，依据订单安排企业的生产活动，通过销售获得相应的利润。

每年初，各企业的销售总监与客户（由老师扮演）见面并召开销售会议，根据市场地位、产品广告投入、市场广告投入和市场需求及竞争态势，按顺序选择订单。

1.3.2.1 市场地位

市场地位是针对每个独立的市场而言的。企业的市场地位根据上一年度各企业的销售额排列，销售额最高的企业称为该市场的"市场领导者"，俗称"市场老大"。因此，会产生本地市场老大、区域市场老大、国内市场老大、亚洲市场老大、国际市场老大。上一年度的市场老大只要在本年度的该市场中投入了广告费用（最小额为 1 M），就可以在该市场上优先选单。如果上年市场老大没有按期交货，市场地位下降，则本年该市场没有老大。

1.3.2.2 广告投放

（1）广告是分市场、分产品投放的。就是说要在某个市场取得某种产品的订单，必须为该市场该产品投广告。例如，想要在国内市场取得 P2 的订单，则必须为国内 P2 单独投放广告，为其他市场的 P2 投放的广告对此没有影响，在国内市场为其他产品投放的广告也没有直接用处，只是作为选单顺序的一个参考依据。

（2）广告投放的金额由企业自由决定，但需要考虑企业的经营能力和现金状况，一旦决定了广告的费用必须使用现金支付。

（3）只要投入 1 M 就有一次在特定市场选取特定产品订单的机会，但如果市场需求较小，也有可能拿不到订单，因此可以通过提高广告投入来取得订单优先选取权利，如投 4 M 的广告，可以比投入 3 M 的优先拿到订单，而投入 3 M 的可以比投 1 M 和 2 M 的优先拿单。

（4）每多投 2 M 增加一次选单机会。如：投入 5 M 表示理论上可以拿到 3 张订单，但是否能有 3 次拿单的机会则取决于市场需求、竞争态势等。

（5）无论你投入多少广告费，每次你只能选择 1 张订单，然后等待下一次选单机会。

1.3.2.3 市场需求

市场需求，即客户对某种产品的需要，反映在模拟经营中，就是客户订单的数量。每个市场的每一种产品的市场需求量都是有限的，客户不会无限制的需要某种产品，所以订单的数量以及订单包括的产品数量是有限的。如图 1-1-16 所示，咨询公司通过市场调研给出了本地

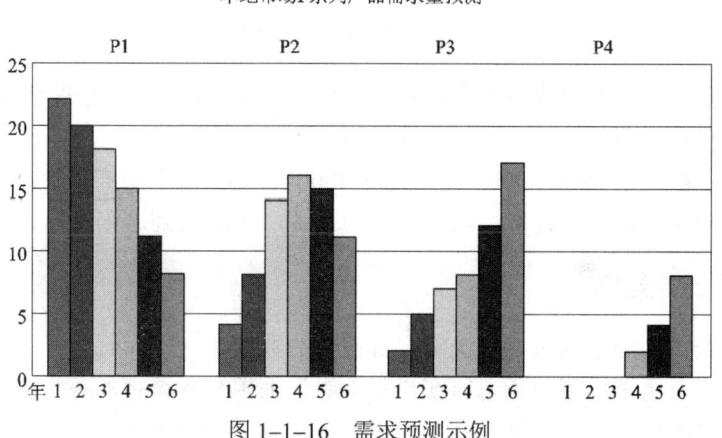

图 1-1-16 需求预测示例

市场的产品需求预测，P1 的市场需求第一年为 22 个左右，以后逐年递减，而 P3 产品在第一年的需求量非常少，可能只有两三个，但却会随着时间推移逐渐上涨。

1.3.2.4 竞争态势

目前市场中的企业都属于 P 行业，每个企业都依靠生产、销售 P 系列产品来获利，无法避免行业内部的竞争。每个企业都会有自己经营的主线，大家选择经营的方向差异，会导致不同产品在不同市场上形成不同的竞争态势，可能竞争激烈，也可能独家经营，因此，订单获得的成本可能会有较大的差距。例如 A、B、C、D、E、F 六个公司都开发了区域市场，都有生产和销售 P1 的资格和能力，并在此领域投放了广告，那么，区域市场的 P1 产品订单争夺就会比较激烈；而只有 D 公司开发了 P3 产品，同时开拓了亚洲市场并投放了广告，那么 D 公司在亚洲市场上 P3 订单的选取就相对容易，因为缺乏竞争对手。

1.3.2.5 客户订单

在模拟竞争中，市场需求以客户订单卡片的形式表示，如图 1-1-17 所示。卡片上标注了市场、产品、产品数量、单价、订单价值总额、账期、特殊要求等要素。

如果没有特别说明，普通订单可以在当年内任一季度交货。如果由于产能不够或其他原因导致本年不能交货，企业为此应受到以下处罚。

（1）因不守信用市场地位下降一级；

（2）下一年该订单必须最先交货；

（3）交货时扣除该张订单总额的 25%（取整）作为违约金。

卡片上标注有"加急!!!"字样的订单，必须在第一季度交货，延期罚款处置同上所述。因此，营销总监广接订单时要考虑企业的产能。当然，如果其他企业乐于合作，不排除委外加工的可能性。

```
第 6 年          亚洲市场         IP4-3/3
                 产品数量：3P4
                 产品单价：12 M/个
                 总金额：36 M
                 应收账期：4Q
    ISO9000                      加急!!!
```

图 1-1-17　客户订单

订单上的账期代表客户收货时货款的交付方式。若为 0 账期，则现金付款；若为 3 账期，代表客户付给企业的是 3 个季度到期的应收账款。

如果订单上标注了"ISO9000"或"ISO14000"，那么要求生产单位必须已经取得了相应资格认证并投放了认证的广告费，两个条件均具备，才能得到这张订单。

 操作——竞单

步骤一：公司高层会议讨论，决定广告投放的数额。

步骤二：由营销总监或市场总监在"竞单表"上填写各个市场各个商品的广告费用（注意，不要让其他组看到你在竞单表上填写的数字），如图 1-1-18 所示，这是第三年 A 组广告

投放情况,他们总共投入了 7 M 的广告费;

本地市场				区域市场				国内市场				亚洲市场				国际市场			
产品	广告费	9K	14K	产品	广告费	9K	14K	产品	广告费	9K	14K	产品	广告费	9K	14K	产品	广告费	9K	14K
P1	1			P1				P1		1		P1				P1			
P2				P2	2			P2	3			P2				P2			
P3				P3				P3				P3				P3			
P4				P4				P4				P4				P4			

图 1-1-18 竞单表

提示:
● 竞单表中设有 9K(代表"ISO9000",下同)和 14K(代表"ISO14000",下同)两栏。这两栏中的投入不是认证费用,而是取得认证之后的宣传费用,该投入对整个市场所有产品有效。
● 如果希望获得标有"ISO9000"或"ISO14000"的订单时,必须在相应的栏目中投入 1 M 广告费。

步骤三: 在将竞单表交给销售会议组织者(老师)并作了现场公布之后,财务助理请将广告投放花费的灰币放入到综合费用栏"广告费"处。

步骤四: 请各个公司的营销总监到销售会议现场准备选取订单,按照本地、区域、国内、亚洲、国际的顺序,依次在每个市场上进行选单。

步骤五: 首先,由上一年的市场老大最先选择该市场各个产品的订单(前提是市场老大投了该市场该产品的广告)。其次,按某个产品的广告投入量的多少,依次选择订单,若在同一产品上有多家企业的广告投入相同,则按该市场上全部产品的广告投入量(该市场的广告总量)决定选单顺序;若市场的广告投入量也相同,则按上年订单销售额的排名(即市场地位)决定顺序;若上一年两者的市场地位也相同,则采用非公开招标方式,由双方提出具有竞争力的竞单条件,由客户选择。

 示例——竞单

本地市场	本地市场	本地市场	本地市场
2 P3	3 P3	2 P3	4 P3
9 M/个	7.6M/个	8.5M/个	8M/个
= 18 M	= 23 M	= 17M	= 32M
帐期:1Q	帐期:4Q	帐期:4Q	帐期:2Q
ISO14000			ISO9000

图 1-1-19 订单样例

表 1-1-3 竞单表广告投放

产品	广告	定单总额	数量	9 000	14 000
第四年 —A 组（本地）					
P1					
P2				1	
P3	2				
P4					
第四年 —B 组（本地）					
P1					
P2				1	
P3	5				
P4					
第四年 —C 组（本地）					
P1					
P2					1
P3	1				
P4					

如图 1-1-19 所示，第四年本地市场 P3 产品的订单有四张，产品数量共计 11 个。其中，第一张订单要求企业具备 ISO14000 的资格认证同时在这方面做出了宣传（即在本地市场投放了 ISO14000 的广告）。第四张订单要求企业具备 ISO9000 的资格认证并在这方面做出了宣传（即在本地市场投放了 ISO9000 的广告）。

目前，有三家企业在本地市场的 P3 产品上投放了广告，如表 1-1-3 所示，其中 B 公司还是上一年的市场老大。

按照选单规则，由市场老大 B 组先选，他选了 4 个 P3 的第四张单。然后由广告投了 2 M 的 A 组选单，他选了 3 个 P3 的第二张单。然后由投了 1 M 的 C 组选单，他选了 2 个 P3 的第一张单，第一轮选单完毕。还有剩余订单，开始第二轮，B 组投了 5 M，可以继续选，他拿走了最后一张 2 个 P3 的第三张单，订单全部选完了。本地市场的 P3 选单结束，三个公司拿到的订单总额分别如表 1-1-4 所示。

表 1-1-4 选单结果

产品	广告	定单总额	数量	9 000	14 000
第四年 —A 组（本地）					
P1					
P2				1	
P3	2	23	3		
P4					

续表

第四年 —B组（本地）				9 000	14 000
产品	广告	定单总额	数量		
P1					
P2				1	
P3	5	32+17	4+2		
P4					

第四年 —C组（本地）				9 000	14 000
产品	广告	定单总额	数量		
P1					
P2					
P3	1	18	2	1	
P4					

1.3.3 生产运营规则

1.3.3.1 厂房购买、出售与租赁

企业可以根据经营的需要购买、出售或者租用厂房。目前，每个企业都拥有一间自有产权的大厂房，价值40 M。另有小厂房可供选择使用。厂房可随时按购买价值出售，得到的是4个账期的应收账款，如果把厂房卖掉了，而该厂房内仍有生产线存在，企业仍需要使用，那么年底必须支付厂房租金；每一年经营的年末，可以有机会购买厂房，购买后将购买花费的灰币放在厂房价值处，作为固定资产的标识，厂房不提折旧。

有关各厂房购买、租赁、出售的相关信息如表1-1-5所示。

表1-1-5 厂房购买、出售与租赁

厂房	买价	租金	售价	容量
大厂房	40 M	5 M/年	40 M	6条生产线
小厂房	30 M	3 M/年	30 M	4条生产线

1.3.3.2 生产线购买、转产与维修、出售

表1-1-6 生产线购买、转产与维修、出售

生产线类型	购买价格	安装周期	生产周期	转产周期	转产费用	维修费	残值
手工生产线	5 M	无	3Q	无	无	1 M/年	1 M
半自动生产线	8 M	2Q	2Q	1Q	1 M	1 M/年	2 M
全自动生产线	16 M	4Q	1Q	2Q	4 M	1 M/年	4 M
柔性生产线	24 M	4Q	1Q	无	无	1 M/年	6 M

生产P系列产品的生产线共有四种，分别是手工生产线、半自动生产线、全自动生产线和柔性生产线，如图1-1-20所示。

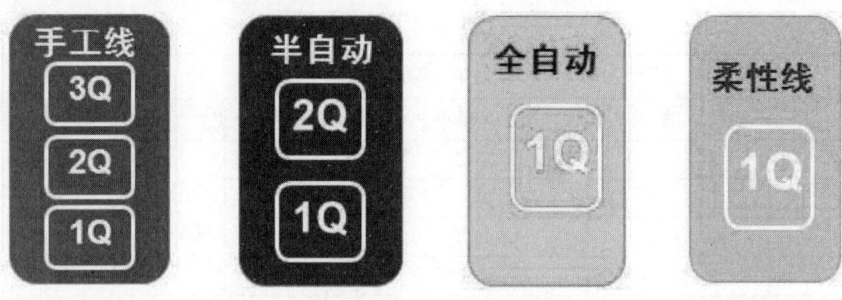

图 1-1-20　生产线

有关生产线购买、转产与维修、出售的相关信息如表 1-1-6 所示。不同类型生产线的主要区别在于生产效率和灵活性。生产效率是指单位时间生产产品的数量；灵活性是指转产生产新产品时设备调整的难易性。全自动生产线价值 16 M，因为它的生产效率较高，而柔性线价值达到 24 M，它的生产效率与全自动线是一样的，但是价格高的原因在于它灵活性很好，可以随时转产而不必花费额外的金钱和时间。

（1）购买

除手工生产线可以即买即用外，投资其他新生产线时都要经过一定的周期，按安装周期平均支付投资，全部投资到位的下一个季度领取产品标识，开始生产。如第二年第一季度开始投建一条全自动生产线，则需要每个季度投入 4 M 的资金，连续投入四个季度，资金达到 16 M 时，说明已经建成，等到第三年的第一季度就可以开始生产了。资金短缺时，任何时候都可以中断投资，但如果仍想继续建设这条生产线，则随时可以继续投建，满足投建时间和资金的要求后同样可以进行生产。

（2）转产

生产线转产是指生产线转产生产其他产品，现有生产线转产生产新产品时可能需要一定转产周期，并支付一定转产费用，最后一笔支付到期一个季度后方可更换产品标识。如半自动生产线原来生产 P1 产品，如果转产 P2 产品，需要改装生产线，因此需要停工一个周期，并支付 1 M 改装费用。

（3）维护

凡是已经开始使用的生产线，每年必须支付维护保养费用，为 1 M/年。当年在建的生产线和当年出售的生产线不用交维护费。

（4）折旧

生产线属于机器设备，会由于经常性的使用和时间的推移发生损耗，所以其价值会不断的下降，这个表现我们称为折旧。在我们的经营过程中，我们设定生产线完工投产的当年可以不用计提折旧，以后分四年折旧完毕。每年的折旧值如表 1-1-7 所示。

表 1-1-7　折旧表

生产线	第 1 年	第 2 年	第 3 年	第 4 年
手工线	1 M	1 M	1 M	1 M
半自动	2 M	2 M	1 M	1 M
全自动	3 M	3 M	3 M	3 M
柔性线	5 M	5 M	4 M	4 M

因此，不同时期的生产线作为固定资产的价值是有差异的。

（5）出售

出售生产线时，如果该生产线净值＜残值，将生产线净值直接转到现金库中；如果该生产线净值＞残值，从生产线净值中取出等同于残值的部分至于现金库，将差额部分作为费用处理（放置到综合费用-其他）。

 操作——生产线购买、安装、完工（以半自动线为例）

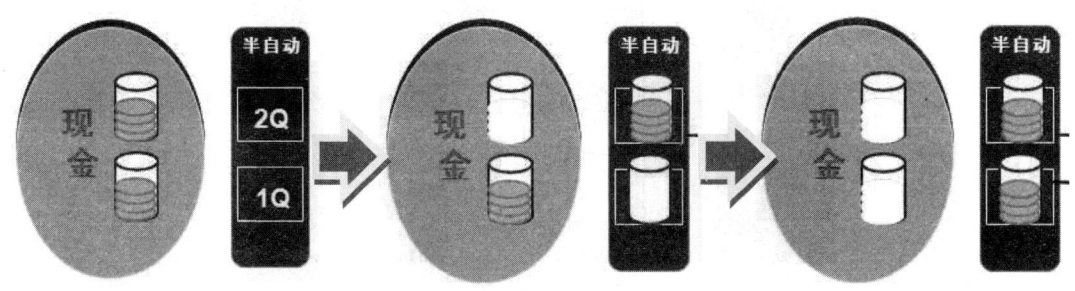

图 1-1-21　生产线购买

步骤一：当企业决定购买生产线时，由生产总监领取需要的生产线牌，背扣后放到厂房的某个位置上。

步骤二：在生产线上放置空桶，并在当季（领牌季度）投入 4 M。

步骤三：第二个季度再投入 4 M。

步骤四：第三个季度可以把牌翻开，连桶带钱（8 M）放置到生产线净值的标识处，说明该条生产线投建完毕，可以使用了，如图 1-1-21 所示。

1.3.3.3　产品生产

产品研发完成后，可以接单生产。生产不同的产品需要的原料不同，各种产品所用到的原料及数量如图 1-1-22 所示。

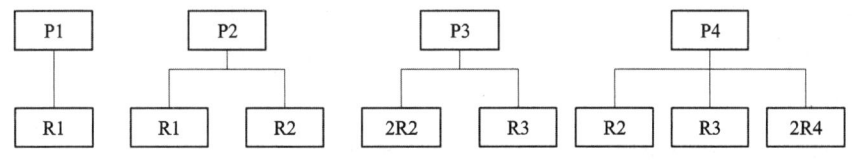

图 1-1-22　P 系列产品的 BOM 结构

所有生产线可以生产所有产品。但每条生产线同时只能有一个产品在线，当生产线空了才能新上线生产下一个产品。开始生产时按产品结构要求将原料放在生产线上并支付加工费，不同生产线的生产效率不同，但需要支付的加工费是相同的，均为 1 M。

操作——上线生产（以全自动生产线生产 P2 为例）

步骤一：由生产总监取一个空桶放在生产线的格子内。

步骤二：由物流总监从 R1 原料库和 R2 原料库分别取一个 R1 和一个 R2 放到空桶内。

步骤三：由财务助理从现金中拿出一个灰币投入到空桶内，即支付加工费用，开始生产，如图 1-1-23 所示。

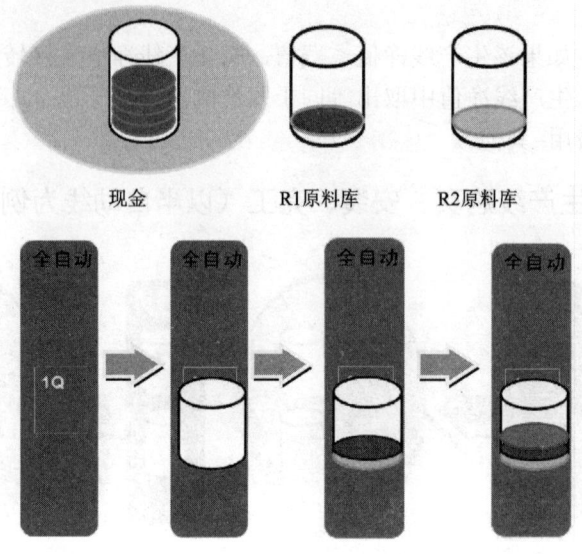

图 1-1-23　上线生产

1.3.4　物流规则

1.3.4.1　原材料采购

原料采购涉及两个环节，签定采购合同和按合同接收原料。在现实生活中，企业的采购总是先向供应商订货，讨论价格和数量，签订合同发出订单，然后供应商再根据协议发货给企业。在模拟经营中同样有这个过程，为简化程序，默认供应商是无限量支持企业的采购行为，所以只要企业下了定单，供应商就会按定单数量要求发货，只是从下定单到货物到达仓库需要一定的时间，这个时间称为提前期。

R1、R2 原料需要一个季度的采购提前期，R3、R4 原料在较远的供应商仓库，要经过长途运输，需要两个季度的采购提前期。所以，需要计算好下订单的时间，来配合生产活动。货物一旦到达企业时，我们必须照单全收，并按规定支付原料费用。无论何种原料，单价都是 1 M。原料订单用空桶表示，一个空桶代表一个原料的订单。

 操作——原料采购（以 R1 和 R2 为例）

步骤一：盘面如图 1-1-24 所示，当季，由物流总监分别拿一个空桶放置在物流中心原材料库中的 R1 订单和 R2 订单处，即下一个 R1、一个 R2 的原料订单。

步骤二：第二个季度来临，将空桶往前推到 R1 原料库和 R2 原料库，从供应商料架上取一个 R1 红币和一个 R2 黄币分别放入空桶。同时，财务助理支付 2 M，从现金桶中拿出 2 个灰币放到料架上，完成采购，如图 1-1-25 所示。

1.3.4.2　成品入库管理

从生产线上生产出来的产品需要放到成品库中进行保管，这项工作称为完工入库。不同的产品要保管在不同的成品库中，只有成品库中的商品才能被销售给客户。

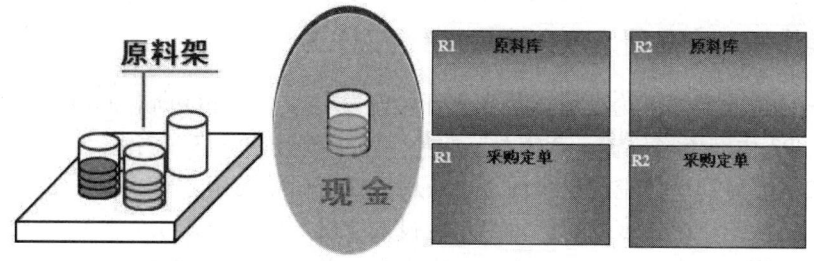

图 1-1-24 原料采购盘面（一）

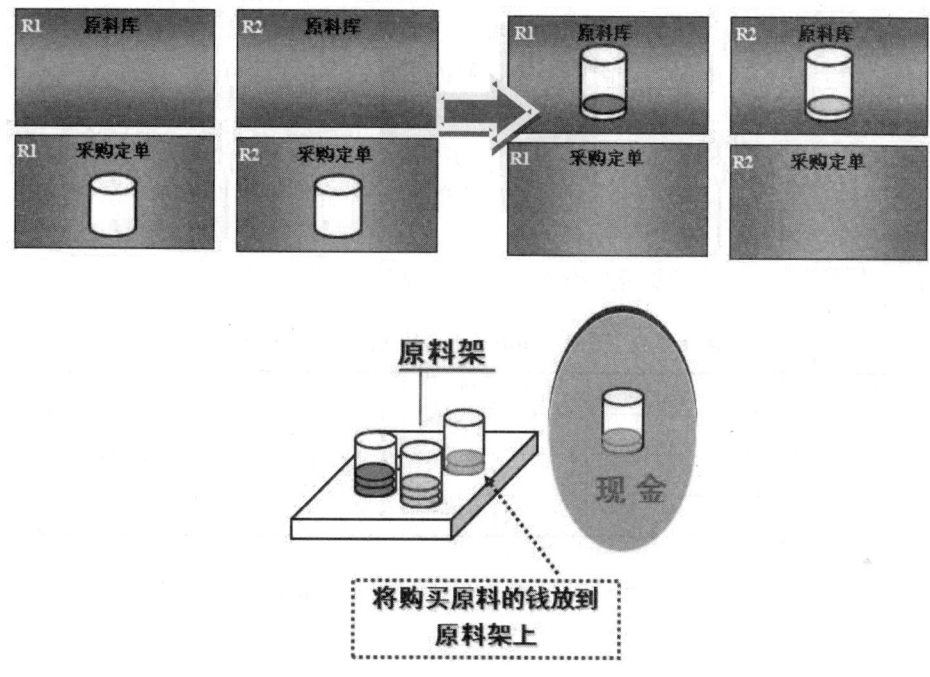

图 1-1-25 原料采购盘面（二）

1.3.5 开发规则

1.3.5.1 产品研发

根据预测，在 P 行业将会有技术含量依次递增的 P2、P3、P4 三种产品有待开发。不同技术含量的产品，需要投入的研发时间和研发投资是有区别的，如表 1-1-8 所示。

表 1-1-8 产品研发需要投入的时间及研发费用

产品	P2	P3	P4	备 注 说 明
研发时间	6Q	6Q	6Q	● 各产品可同步研发，按研发周期平均支付研发投资，资金不足时可随时中断或终止，全部投资完成的下一周期方可开始生产。 ● 研发投资计入综合费用，某产品研发投入完成后，可领取产品资格证
每季投入	1 M	2 M	3 M	
投资总费用	6 M	12 M	18 M	

操作——产品研发（以研发 P3 为例）

步骤一： 企业内部讨论过后，从当季开始研发 P3，由 CEO 向老师申请研发资格证书背扣在盘面上 P3 生产资格位置，营销总监取一个空桶放置在资格证书上。
步骤二： 财务助理往空桶里投放 2 个灰币，支付研发费用 2 M。
步骤三： 从第二个季度开始，每个季度投入 2 M，直到投满 6 个季度 12 M 为止。
步骤四： 到第七个季度，将资格证书亮出来，并可以进行 P3 产品的生产。

1.3.5.2 市场开拓

市场是企业进行产品营销的场所，标志着企业的销售潜力。目前企业仅拥有本地市场，除本地市场之外，还有区域市场、国内市场、亚洲市场、国际市场有待开发。

在进入某个市场之前，企业一般需要进行市场调研、选址办公、招聘人员、做好公共关系、策划市场活动等一系列工作。而这些工作均需要消耗资源——资金及时间。由于各个市场地理位置及地理区划不同，开发不同市场所需的时间和资金投入也不同，在市场开发完成之前，企业没有进入该市场销售的权利。

开发不同市场所需的时间和资金投入如表 1–1–9 所示。

表 1–1–9 开发不同市场所需的时间和资金投入

时间	每年投入费用/M	开发时间/年	开发总费用/M	说　　明
区域	1	1	1	● 各市场开发可同时进行
国内	1	2	2	● 资金短缺时可随时中断或终止投入 ● 开发费用按开发时间平均支付，不允许加速投资
亚洲	1	3	3	● 市场开拓完成后，领取相应的市场准入证

当某个市场开发完成后，该企业就取得了在该市场上经营的资格（即取得相应的市场准入证），此后就可以在该市场上进行广告宣传，争取客户订单了。

1.3.5.3 ISO 认证

随着国际商务的发展，贸易活动的要求越来越高，客户的质量意识及环境意识越来越清晰，经过一定时间的市场孕育，最终会反映在客户订单中。企业要进行 ISO 认证，需要经过一段时间并花费一定费用，如表 1–1–10 所示。

表 1–1–10 国际认证需要投入的时间及认证费用

ISO 认证体系	ISO9000 质量认证	ISO14000 认证	备注说明
持续时间	2 年	3 年	● 两项认证可同时进行 ● 资金短缺时，投资随时可以中断
认证费用	2 M	3 M	● 认证完成后，领取相应 ISO 资格证

1.3.6 财务规则

1.3.6.1 融资贷款与贴现

资金是企业的血液，是企业任何活动的支撑。在 ERP 沙盘模拟课程中，企业尚未上市，因此其融资渠道只能是银行借款、高利贷和应收账款贴现。几种融资方式的操作时间、金额限制、财务费用、还款约定如表 1-1-11 所示，财务总监需要根据企业实际选择合适的方法，做好融资计划。

（1）无论长期贷款、短期贷款还是高利贷均以 20 M 为基本贷款单位。长期贷款最长期限为五年，短期借款及高利贷期限为一年，不足一年的按一年计息，贷款到期后返还。

（2）应收账款贴现随时可以进行，金额必须是 7 的倍数，不考虑应收账款的账期，每 7 M 的应收款交纳 1 M 的贴现费用（贴息），其余 6 M 作为现金放入现金库。

1.3.6.2 综合费用与折旧、税金

（1）综合费用

企业的正常经营需要各种各样的开支，如研发产品的投入、员工的工资、开拓市场的费用、设施设备的引进购买等，我们在课程内把这些开支归为综合费用，主要包括：行政管理费、市场开拓、产品研发、ISO 认证、广告费、生产线转产、设备维修、厂房租金，如图 1-1-26 所示，在确定的时候分别支付到沙盘盘面上的相关位置。

表 1-1-11　企业可能的各项融资手段及财务费用

融资方式	规定贷款时间	最高限额	财务费用	还款约定
长期贷款	每年年末	上年所有者权益*2-已贷长期贷款	10%	年底付息，到期还本
短期贷款	每季季初	上年所有者权益*2-已贷短期贷款	5%	到期一次还本付息
高利贷	任何时间	与银行协商	20%	到期一次还本付息
应收贴现	任何时间	根据应收账款额度按 1:6 比例	1/7	贴现时付息

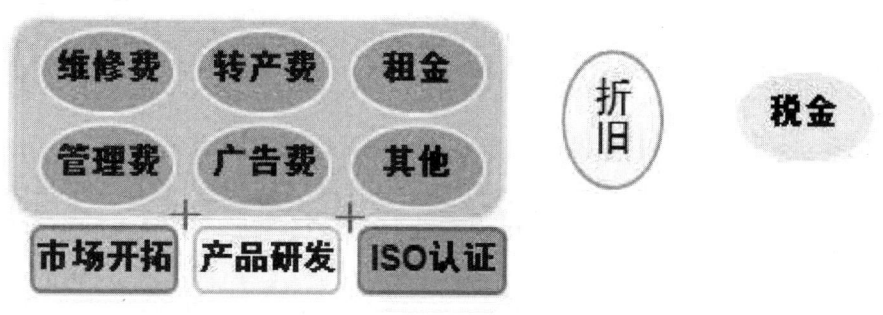

图 1-1-26　综合费用盘面

（2）折旧

如图 1-1-26 所示，在盘面上有一栏"折旧"，我们的生产线会因为时间推移而折旧。这样，固定资产实际上在流失，会造成资产的变化，这一变化同时需要在盘面上有所体现。

 操作——折旧

某一年年末，从要折旧的生产线前端的净值桶内按比例拿出灰币放至综合费用"折旧"一栏。

(3) 税金

经营企业需要缴纳各种税费，如增值税、营业税、所得税以及其他附加税等。我们的课程作了简化处理，只上交所得税。企业一旦经营得当有所盈利，就需要上交所得税。因为上一代管理者将企业交给你们的时候，权益达到了 66，所以当你们经营业绩良好，利润增加，权益超过 66 时，就按超出部分的 33%交纳，计算公式如下：

当上年权益=66 时，税金=（上年权益+本年税前利润−66）×33%

当上年权益＞66 时，税金=本年税前利润×33%

每年的所得税要在本年度运行完成之后才能计算得出，这时企业经营已关账，所以计入应付税金，在下一年初交纳。

实训 2
体验企业经营管理完整流程

实训目标

- 熟悉公司经营运作流程。
- 理解各项工作的意义。
- 能够基本完成财务报表的制作。

在 ERP 沙盘模拟课程中，设计了起始年。企业选定接班人之后，原有管理层总要"扶上马，送一程"。因此在起始年里，新任管理层仍受制于老领导，企业的决策由老领导定夺，新管理层只能执行。

企业运营流程代表了企业简化的工作流程，也是企业竞争模拟中各项工作需要遵守的执行顺序，分为年初 4 项工作、按季度执行的 19 项工作和年末需要做的 6 项工作。执行企业运营流程时由 CEO 主持，团队成员各司其职，有条不紊，每执行一项任务，CEO 在运行表（如表 2-1）中的方格内打勾作为完成标志。而其余的管理人员应分别在运行表中对其岗位工作做出记录，尤其是财务总监，因为有很多业务活动涉及到现金的收支，需要清晰记录现金的流入和流出情况，方便核对账目。

在原有老领导的指示下，继续保守经营，不进行贷款、不投资新的生产线、不进行产品研发、不购买新厂房、不开拓新市场、不进行 ISO 认证等建设性的活动，分别在每季度下 1 个 R1 原材料的采购订单。

执行运营流程时，必须按照表上的内容自上而下、自左至右的顺序严格执行。

2.1 年初 4 项工作

2.1.1 新年度规划会议

新的一年开始之际，企业管理团队要制定（调整）企业战略，做出经营规划、设备投资规划、营销规划方案等。这个步骤在体验流程的初始年被简化，但是在今后的自主经营中是每个公司非常重要的年头大事。

表 1-2-1　运营表

序号	请按顺序执行下列操作。	每执行完一项操作,CEO 请在相应的方格内打勾。财务总监(助理)在方格中填写现金收支情况。			
年初	新年度规划会议				
	参加订货会/登记销售订单				
	制订新年度计划				
	支付应付税				
1	季初现金盘点（请填余额）				
2	更新短期贷款/还本付息				
3	申请短期贷款（高利贷）				
4	更新应付款/归还应付款				
5	原材料入库/更新原料订单				
6	下原料订单				
7	更新生产/完工入库				
8	新生产线投资/变卖/转产				
9	向其他企业购买/出售原材料				
10	开始下一批生产				
11	更新应收款/应收款收现				
12	出售厂房				
13	向其他企业购买/出售成品				
14	按订单交货				
15	产品研发投资				
16	支付行政管理费				
17	其他现金收支情况登记				
18	现金收入合计				
19	现金支出合计				
20	期末现金对账（请填余额）				
年末	支付利息/更新长期贷款/申请长期贷款				
	支付设备维护费				
	支付租金/购买厂房				
	计提折旧			( )	
	新市场开拓/ISO 资格认证投资				
	结账				

常言道"预则立,不预则废"。预算是企业经营决策和长期投资决策目标的一种数量表现,即通过有关的数据将企业全部经济活动的各项目标具体地、系统地反映出来。

2.1.2 参加订货会/登记销售订单

参加订货会：各企业派营销总监参加订货会议，按照市场地位、广告投放、竞争态势、市场需求等条件分配客户订单。今年，各个公司统一步调，在本地市场为 P1 产品打 1 M 的广告，并获得了一张价值 32 M 的 6 个 P1 产品订单。

登记销售订单：客户订单相当于与企业签订的订货合同，需要进行登记管理，统计相关的销售信息。

 操作示例

步骤一：请财务助理将广告费放置在沙盘上的"广告费"位置。

步骤二：请营销总监到前台领取订单，回到公司以后由物流总监（助理）负责将订单登记在"订单登记表"中（如表 1-2-2 所示），记录每张订单的订单号、所属市场、所订产品、产品数量、订单销售额、应收账期。

表 1-2-2 订单登记表

订单号	**								合计
市场	本地								
产品	P1								
数量	6								
账期	2								
销售额	32								
成本	12								
毛利	20								
未售									

2.1.3 制订新年度计划

在明确今年的销售任务后，需要以销售为龙头，结合企业对未来的预期，编制生产计划、采购计划、设备投资计划并进行相应的资金预算。将企业的供产销活动有机结合起来，使企业各部门的工作形成一个有机的整体。

2.1.4 支付应付税

依法纳税是每个企业及公民的义务。请财务总监按照上一年度利润表的"所得税"一项的数值取出相应的现金放置于沙盘上的"税金"处并做好现金收支记录。今年，我们需要为上年的赢利支付 1 M。

2.2 每季度 19 项工作

一年分为 4 个季度运行，每个季度都要经历 19 个步骤。

2.2.1 季初现金盘点（请填余额）

财务总监盘点目前现金库中的现金，并记录现金金额。今年年初，我们支付了 1 M 广告费和 1 M 的税金，目前盘面上应该还有 18 M，请在本栏中填写"18"。

2.2.2 更新短期贷款/还本付息/申请短期贷款

更新短期贷款：如果企业有短期贷款，请财务助理将空桶向现金库方向移动一格。移至现金库时，表示短期贷款到期。目前我们公司没有短期贷款。

还本付息：短期贷款的还款规则是利随本清。短期贷款到期时，每桶需要支付 20 M×5%=1 M 的利息，因此，一桶贷款还款时本金与利息共计 21 M。

  操作示例

步骤一：财务助理从现金库中取现金，其中 20 M 还给银行。
步骤二：1 M 放置于沙盘上的"利息"处。
步骤三：财务总监做好现金收支记录。

申请短期贷款：短期贷款只有在运行到这一步时，才可以申请。可以申请的最高额度为：上一年所有者权益×2−已有短期贷款。

记一记

企业随时可以向银行申请高利贷，高利贷贷款额度视企业当时的具体情况而定。

2.2.3 更新应付款/归还应付款

目前，我们企业没有应付款如果将来与其他企业发生的交易，产生了应付款，那么，每个季度这个步骤还要推动应付款，推进入现金栏时从现金库中取现金付清应付款。这两项工作都要做好现金收支记录。

2.2.4 原材料入库/更新原料订单

供应商发出的订货已运抵企业时，企业必须无条件接受货物并支付料款。物流总监将原料订单区中的空桶向原料库方向推进一格，到达原料库时，向财务总监申请原料款，支付给供应商，换取相应的原料。财务总监要做好现金收支记录。这个季度我们公司有 2 个原料到货了，需要支付 2 M。

2.2.5 下原料订单

采购总监根据年初制定的采购计划，决定采购的原料的品种及数量，每个空桶代表一批原料，将相应数量的空桶放置于对应品种的原料订单处。这个季度按照计划，下 1 个原料订单。

2.2.6 更新生产/完工入库

由运营总监将各生产线上的在制品推进一格。如果有产品推下生产线，表明产品完工，将产品放置于相应的产成品库。本季度有一个 P1 产品下线。

2.2.7 投资新生产线/变卖生产线/生产线转产

投资新生产线：投资新设备时，运营总监向指导老师领取新生产线标识，翻转放置于某厂房相应位置，其上放置于该生产线安装相同的空桶数，每个季度向财务总监申请建设基金，额度=设备总购买价值/安装周期，财务总监做好现金收支记录。在全部投资完成后的下一季度，将生产线标识翻转过来，领取产品标识，可以开始投入使用。

变卖生产线：当生产线上的在制品完工后，可以变卖生产线。如果此时该生产线净值＜残值，将生产线净值直接转到现金库中；如果该生产线净值＞残值，从生产线净值中取出等同于残值的部分置于现金库，将差额部分置于综合费用的其他项。财务总监做好现金收支记录。

生产线转产：生产线转产是指某生产线转产生产其他产品。不同生产线类型转产所需的调整时间及资金投入是不同的，请参阅"生产线购买、调整与维修、出售"规则。如果需要转产且该生产线需要一定的转产周期及转产费用，请运营总监翻转生产线标识，按季度向财务总监申请并支付转产费用，停工满足转产周期要求并支付全部的转产费用后，再次翻转生产线标识，领取新的产品标识，开始新的生产。财务总监做好现金收支记录。

本季度我们公司对生产线不进行任何操作。

记一记

生产线一旦建设完成，不得在各厂房间随意移动。

2.2.8 向其他企业购买原材料/出售原材料

新产品上线时，原料库中必须备有足够的原料，否则需要停工待料。这时物流总监可以考虑向其他企业购买。如果按原料的原值购入，购买方视同"原材料入库"处理，出售方物流总监从原料库中取出原料，向购买方收取同值现金，放入现金库并做好现金收支记录。如果高于原料价格购入，购买方将差额（支出现金–原料价值）计入利润表中的其他支出，出售方将差额计入利润表中的其他收入，财务总监做好现金收支记录。本季度不进行与其它企业的买卖。

2.2.9 开始下一批生产

当更新生产/完工入库后，某些生产线就变空了，可以考虑开始生产新产品。由运营总监按照产品结构从原料库中取出原料，并向财务总监申请产品加工费，将上线产品摆放到离原料库最近的生产周期。本季度我们需要支付 1 M 加工费，进行一个 P1 的生产。

2.2.10 更新应收款/应收款收现

请财务助理将应收款向现金库方向推进一格，以后推进到达现金库时就可以使用了，目前我们的应收款推进一格后落在"二期"。

想一想

应收款贴现随时可以进行,在什么情况下,可以考虑应收款贴现?

2.2.11 出售厂房

资金不足时可以出售厂房,厂房按购买价值出售,但得到的是4个账期的应收账款。本季度不操作。

2.2.12 向其他企业购买成品/出售成品

营销总监可以考虑向其他企业购买产品。如果以成本价购买,买卖双方正常处理;如果高于成本价购买,购买方将差价(支付现金−产品成本)计入直接成本,出售方将差价计入销售收入,财务总监做好现金收支记录。本季度不操作。

2.2.13 按订单交货

订单客户要求整单交货,营销总监请检查各成品库中成品数量是否满足数量要求,满足则按照客户订单交付约定数量的产品给客户,并在订单登记表中登记该批产品的成本。客户按订单收货,并按订单上列明的条件支付货款,若为现金(零账期)付款,营销总监直接将现金置于现金库,财务总监做好现金收支记录;若为应收账款,营销总监将现金置于应收账款相应账期处。本季度我们还不够交货的数量,下一季度就能交货了。

2.2.14 产品研发投资

按照年初制定的产品研发计划,运营总监向财务总监申请研发资金,置于相应产品生产资格位置。财务总监做好现金收支记录。本季度不操作。

2.2.15 支付行政管理费

管理费用是企业为了维持运营发放的管理人员工资、必要的差旅费、招待费等。财务总监取出1 M摆放在"管理费"处,并做好现金收支记录。

2.2.16 其他现金收支情况登记

除以上引起现金流动的项目外,还有一些没有对应项目的,如应收账款贴现、高利贷支付的费用等,可以直接记录在该项中。

2.2.17 现金收入合计

统计本季度现金收入总额。当季没有现金收入。

2.2.18 现金支出合计

统计本季度现金支出总额。当季支出现金4 M。第四季度的统计数字中包括四季度本身的和年底发生的。

2.2.19 期末现金对账

第一季度到第三季度及年末，财务总监盘点现金余额并做好登记。第一季度结束，我们公司的账面上现金为 14 M，请财务助理核对盘面灰币。

记一记

财务总监及财务助理每季度初和季度末都要仔细核对沙盘盘面和账目是否一致，以便于年末做账。

以上为第一季度的示例运行，第二、三、四季度操作与上相同，请各公司按照老领导的要求在新的 CEO 的带领下尝试运行。

2.3 年末 6 项工作

2.3.1 支付利息/更新长期贷款/申请长期贷款

支付利息：长期贷款的还款规则是每年付息，到期还本。如果当年未到期，每桶需要支付 20 M×10%=1 M 的利息，财务总监从现金库中取出长期借款利息置于沙盘上的"利息"处，并做好现金收支记录。长期贷款到期时，财务总监从现金库中取出现金归还本金及当年的利息，并做好现金收支记录。今年，我们公司有两桶还未到期的长期贷款，需要支付 4 M 的利息。

更新长期贷款：如果企业有长期贷款，请财务总监将空桶向现金库方向移动一个，当移至现金库时，表示长期贷款到期。今年，请财务总监把两个分别处在 FY5 和 FY4 的空桶移动到 FY4 和 FY3 处。

申请长期贷款：长期贷款只有在年末可以申请。可以申请的额度为：
上一年所有者权益×2-已有长期贷款。今年年底我们不申请。

记一记

长期贷款只有年底有这样一次机会申请，"过了这个村就没有这个店了"。

2.3.2 支付设备维护费

每条生产线需要支付 1 M 的维护费。财务总监取相应现金置于沙盘上的"维修费"处，并做好现金收支记录。目前我们企业有四条生产线，应此要支付 4 M。

2.3.3 支付租金/购买厂房

目前我们拥有大厂房，不需要支付租金，如果将来我们企业卖掉了大厂房，那么需要支付大厂房的租金，财务总监将取出与厂房价值相等的现金置于沙盘上的厂房价值处。今年我们不购买小厂房,如果将来我们购买小厂房,则在每一年的年末这个时候处理,支付厂房购买的费用。同时财务总监应做好收支记录。

2.3.4 计提折旧

厂房不计提折旧,设备按表 1-2-3 计提折旧,在建工程及当年新建设备不提折旧。财务总监根据设备价值总额计提折旧费,放置于沙盘上的"折旧"处。我们目前四条生产线都是开始折旧的第三年了,因此,手工生产线分别折旧 1 M,半自动生产线折旧 1 M,共计折旧 4 M。

> **记一记**
>
> 计提折旧时只可能涉及生产线净值和其他费用两个项目,与现金流无关,因此在企业运营流程中标注了( )以示区别,计算现金收/支合计时不应考虑该项目。

2.3.5 新市场开拓/ISO 资格认证投资

新市场开拓:财务总监取出现金放置在要开拓的市场区域,并做好现金支出记录。市场开拓完成,从指导教师处领取相应市场准入证。

ISO 认证投资:财务总监取出现金放置在要认证的区域,并做好现金支出记录。认证完成,从指导教师处领取 ISO 资格证。

今年我们不做任何投资,以后请注意把握机会。

2.3.6 结合第四季度现金收支对账

本年度第四季度+年末现金收入为 32 M,支出为 12 M,账面盘点现金为 42 M,请财务助理核实盘面灰币。

到此,起始年的运行结束,各公司尝试了一年同质化的经营,运行状况如表 1-2-3 所示。

表 1-2-3 起始年运营结果

序号	请按顺序执行下列操作	每执行完一项操作,CEO 请在相应的方格内打勾。财务总监(助理)在方格中填写现金收支情况			
年初	新年度规划会议	√			
	参加订货会/登记销售订单	−1			
	制订新年度计划	√			
	支付应付税	−1			
1	季初现金盘点(请填余额)	18	14	10	22
2	更新短期贷款/还本付息	×	×	×	×
3	申请短期贷款(高利贷)	×	×	×	×
4	更新应付款/归还应付款	×	×	×	×
5	原材料入库/更新原料订单	−2	−1	−1	−1
6	下原料订单	(1)	(1)	(1)	(1)
7	更新生产/完工入库	√ (1)	√ (2)	√ (1)	√ (2)

续表

序号	请按顺序执行下列操作	每执行完一项操作，CEO 请在相应的方格内打勾。财务总监（助理）在方格中填写现金收支情况			
8	新生产线投资/变卖/转产	×	×	×	×
9	向其他企业购买/出售原材料	×	×	×	×
10	开始下一批生产	−1	−2	−1	−2
11	更新应收款/应收款收现	√	√	15	32
12	出售厂房	×	×	×	×
13	向其他企业购买/出售成品	×	×	×	×
14	按订单交货	×	√	×	×
15	产品研发投资	×	×	×	×
16	支付行政管理费	−1	−1	−1	−1
年末	支付利息/更新长期贷款/申请长期贷款				
	支付设备维护费				
	支付租金/购买厂房				
	计提折旧				( )
	新市场开拓/ISO 资格认证投资				
	结帐				
17	其他现金收支情况登记	0	0	0	0
18	现金收入合计	0	0	15	32
19	现金支出合计	−4	−4	−3	−12
20	期末现金对账（请填余额）	14	10	22	42

2.4 制作财务报表

年终需要"盘点"，计算综合费用（如表 1-2-4）、编制利润表（如表 1-2-5）和资产负债表（如表 1-2-6）。今年的经营状况是统一的，因此报表也是相同的，在以后 6 年的自主经营中，每个小组的报表千差万别，我们也将各组的报表作为判断该企业经营状态的一项重要参考。

表 1-2-4 综合费用表

项目	金额	备注
管理费	4	
广告费	1	
维修费	4	
租金		
转产费		
市场准入开拓		□区域　□国内　□亚洲　□国际
ISO 资格认证		□ ISO9000　□ISO14000
产品研发		P2（ ）　P3（ ）　P4（ ）
其他		
合计	9	

表 1-2-5 利润表

项目	算符	上年数	本年数
销售收入		35	32
直接成本	-	12	12
毛利	=	23	20
综合费用	-	11	9
折旧前利润	=	12	11
折旧	-	4	4
支付利息前利润	=	8	7
财务收入/支出	+/-	4	4
其他收入/支出	+/-		0
税前利润	=	4	3
所得税	-	1	1
净利润	=	3	2

表 1-2-6 资产负债表

资产	期初数	期末数	负债和所有者权益	期初数	期末数
流动资产：			负债：		
现金	20	42	长期负债	40	40
应收款	15		短期负债		
在制品	8	8	应付账款		
成品	6	6	应交税金	1	1
原料	3	2	一年内到期的长期负债		
流动资产合计	52	58	负债合计	41	41
固定资产：			所有者权益：		
土地和建筑	40	40	股东资本	50	50
机器与设备	13	9	利润留存	11	14
在建工程			年度净利	3	2
固定资产合计	53	49	所有者权益合计	64	66
资产总计	105	107	负债和所有者权益总计	105	107

在报表做好之后，指导教师将会取走沙盘上企业已支出的各项成本，为来年做好准备。

 思考

1. 我们在试运行过程中没有做的操作，对于企业有何意义？
2. 如何做决策？

实训 3
感性经营一、二年

实训目标

- 尝试在 CEO 的带领下自主经营，体会团队分工协作的重要性。
- 明白企业存在的本质及企业的利润来源。
- 能够分析市场调研机构提供的商业情报，理解情报给予的提示。
- 能在规定时间内作出各项决策，尝试各项建设性的工作。
- 适时进行长期、短期贷款。
- 能够独立制作财务报表。

3.1 商业情报——市场预测

商业情报有助于发展企业的核心能力，是强化和改变企业发展战略的重要基础。谁掌握情报，谁就能在激烈的市场商务中处于主动的地位，谁就能赢得时间、市场和利润。

商业情报的来源主要分为两大类，即一手情报和二手情报。一手情报主要通过调查获得，二手情报主要通过中间环节获得，比如商务周刊、行业报道、新闻动态、互联网、政府机关、会议资料等。

目前，我们刚接手公司，对公司所处的行业环境没有直接的认识，只能依靠专业的市场调研机构给予市场预测情报，借此对这个行业的整体状况形成一定的判断。所以，每一个公司的营销总监或市场总监应该好好研究市场预测图，进行讨论、分析，为企业的决策做好准备。

 操作——市场预测分析示例

本教程提供的市场预测（详见"附录 2"），发布了近几年关于行业产品市场的预测资料，包括各市场、各产品的总需求量、价格情况、客户关于技术及产品的质量要求等。

如图 1-3-1 所示，近 1~6 年区域市场 P 系列产品预测资料由左边的柱形图和右边的折线图构成。柱形图中的横坐标代表年，纵坐标上标注的数字代表产品数量，各产品下柱形的高度代表该产品某年的市场预测需求总量。折线图标识了 1~6 年 P 系列产品的价格趋向，横坐标表示年，纵坐标表示价格。

可以观察到在区域市场上，第一年只有 P1、P2、P3 有少量的需求，分别可能是 1 个、5

个和 4 个，销售单价可能是 5 M、6 M、7 M，第二年这三种产品的需求会有一定的上升，尤其是 P2 的需求能达到 10 个左右。从价格的角度看，P1 产品在区域市场上的表现比较稳定但价格偏低，大约在 5 M 左右，而 P2 有一个抛物线的表现，在中间几年价格稍高，P3 和 P4 则在后几年有明显的涨幅。

另外，在市场预测中，除了直观的图形描述外，还用文字形式加以说明，其中尤其需要注意客户关于技术产品的质量要求等细节。

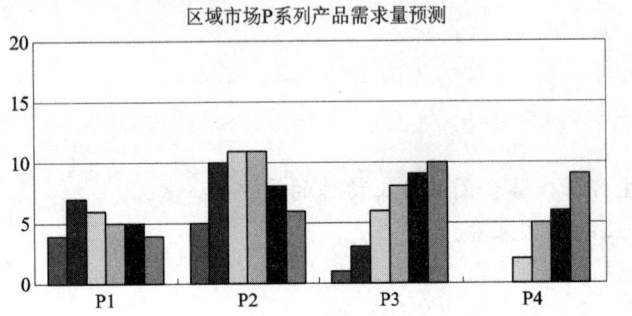

图 1-3-1　区域市场 P 系列产品的市场预测

区域市场的客户对 P 系列产品的喜好相对稳定，因此市场需求量的波动也很有可能会比较平稳。因其紧邻本地市场，所以产品需求量的走势可能与本地市场相似，价格趋势也应大致一样。该市场的客户比较乐于接受新的事物，因此对于高端产品也会比较有兴趣，但由于受到地域的限制，该市场的需求总量非常有限；并且这个市场上的客户相对比较挑剔，因此在后几年客户会对厂商是否通过了 ISO9000 认证和 ISO14000 认证有较高的要求。

3.2　广　告　投　入

议一议

我们该投入多少广告费？越多越好？越少越好？

广告是付费的大众传播方式，其最终目的为传递情报，改变人们对广告商品之态度，诱发其行动而使我们企业得到利益。因此，在课程中，我们简化处理为广告费用投入越多，越有优先资格取得订单，但是每个企业的现金能力都是有限的，所以要进行博弈。思考该投多少广告费。

操作——广告策略示例

策略一：第一年投入巨额广告，争取市场老大，第二年依靠市场老大用较少投入取得订单。
策略二：第一年回避竞争，只投 1 M 拿到任意一个订单，第二年见机行事。
策略三：第一年先试水，预估别人投入，取个中间值投石问路，看看广告带来的效益，第二年有针对性的调整。
……

任何策略都会有风险，需要团队思考和讨论。

3.3　产品研发与市场开发

目前，我们只能在本地市场上销售 P1，因为我们没有别的产品和别的市场，下一步要怎么做？考虑以下因素。

（1）哪个产品价格较高，毛利较高。
（2）哪个产品的需求比较旺盛。
（3）哪个市场的产品价格较高。
（4）哪个市场的需求比较旺盛。

议一议

我们该开发何种产品？需要开发哪个市场？

 操作——研发策略示例

策略一：每个产品都进行研发，每个市场都开发，尽可能扩大销售能力。
策略二：所有市场全部开拓，产品选择 P2 或 P3 择其一研发，扩大市场进行品牌销售。
策略三：所有产品都进行研发，选择两个市场进行开拓，在专业市场上进行全面销售。
策略四：每年研发一个产品，开拓一个市场，循序渐进。
……

任何策略都会有风险，需要团队思考和讨论。

3.4　设备投资与改造

我们是制造型企业，需要生产产品才能开展其他的商务活动。产品生产的效率取决于我们的生产设备，设备投资与改造是提高产能，保障企业持续发展的策略之一。企业进行设备投资时需要考虑以下因素。

（1）市场上对各种产品的需求状况。
（2）企业目前的产能。
（3）新产品的研发过程。
（4）设备投资分析。
（5）新设备用于生产何种产品，所需资金来源，设备安装地点。
（6）设备上线的具体时间及所需物料储备。

议一议

我们要买生产线吗？买什么呢？怎么买呢？要卖生产线吗？

操作——生产线策略示例

策略一：目前，我们企业有两个空位购买安装新型的生产线，那我们购买 2 条全自动生产线来尽量扩大产能。
策略二：买一条柔性生产线，为将来研发的产品做准备。
策略三：谨慎起见，先买条半自动试试。
策略四：目前还没有增设生产线的必要，把钱用在别的地方吧。
……
任何策略都会有风险，需要团队思考和讨论。

3.5 融资方案

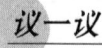

今年该贷款吗？什么时候贷？贷了款干嘛？

模拟企业的经营，收入的来源只有销售一项，其他的活动基本上都要消耗资金，大部分的企业都会向银行贷款来缓解资金压力。目前，我们账面上有 40 M 的长期贷款，是否还要贷款呢？思考以下因素。
（1）我们的现金是否够用，每个季度要消耗多少，每一个季度初盘点能有多少剩余。
（2）我们要研发新产品吗，需要多少钱，这项工作能否依靠贷款解决。
（3）我们要投资新生产线吗，需要多少钱，这项工作能否依靠贷款解决。
（4）我们要开拓新的市场吗，需要多少钱，这项工作能否依靠贷款解决。
（5）我们这两年会有还款压力吗？

 操作——贷款策略示例

策略一：能贷就贷，能贷款多少就要多少，现实的企业不都这样嘛！
策略二：能不贷就不贷，贷款要付利息，付利息就是支出，支出就是权益的减损。
策略三：贷一些试试，长期贷款和短期贷款都先贷一桶看看。
策略四：没钱不行啊，这季度贷一桶、下季度再贷一桶还这季度的，以贷还贷。
……
任何策略都会有风险，需要团队思考和讨论。

3.6 财务报表的编制

（1）利润表
年末，编制利润表。利润表中各项目的计算方法如表 1-3-1 所示。

表 1-3-1 利润表的编制

利润表

编报单位：百万元

项目	行次	数 据 来 源
销售收入	1	产品核算统计表中的销售额合计
直接成本	2	产品核算统计表中的成本合计
毛利	3	第 1 行数据-第 2 行数据
综合费用	4	管理费+广告费+维修费+租金+转产费+市场准入开拓+ISO 资格认证+产品研发+其他
折旧前利润	5	第 3 行数据-第 4 行数据
折旧	6	上年设备价值的 1/3 向下取整
支付利息前利润	7	第 5 行数据-第 6 行数据
财务收入/支出	8	借款、高利贷、铁锹等支付的利息计入财务支出
其他收入/支出	9	出租厂房的收入、购销原材料的收支
税前利润	10	第 7 行数据+财务收入+其他收入-财务支出-其他支出
所得税	11	第 10 行数据除以 3 取整
净利润	12	第 10 行数据-第 11 行数据

记一记

如果前几年净利润为负数，今年的盈利可以弥补以前的亏损。

（2）资产负债表

年末，要编制反映企业财务状况的资产负债表。资产负债表中各项的计算如表 1-3-2 所示。

表 1-3-2 资产负债表的编制

编报单位：百万元

资产	数据来源	负债和所有者权益	数据来源
流动资产：		负债：	
现金	盘点现金库中的现金	长期负债	长期负债-一年内到期的长期负债
应收款	盘点应收账款	短期负债	盘点短期借款
在制品	盘点生产线上的在制品	应付账款	盘点应付账款
成品	盘点成品库中的成本	应交税金	根据利润表中的所得税填列
原料	盘点原料库中的原料	一年内到期的长期负债	盘点一年内到期的长期借款
流动资产合计	以上五项之和	负债合计	以上五项之和
固定资产：		所有者权益：	
土地和建筑	厂房价值之和	股东资本	股东不增资的情况下为 50
机器与设备	设备价值	利润留存	上一年利润留存+上一年年度净利
在建工程	在建设备价值	年度净利	利润表中的净利润
固定资产合计	以上三项之和	所有者权益合计	以上三项之和
资产总计	流动资产合计+固定资产合计	负债和所有者权益总计	负债合计+所有者权益合计

资产是资本的等值转换,所以资产负债表左右必须相等。

1. 企业的利润如何计算?
2. 广告投入超过多少就已经预示着本年度的亏损了?
3. 订单拿的越多越好吗?
4. 贷款融资与资金贴现哪个合算?

案例

1. 甲乙两个班级进行企业经营的沙盘模拟训练,同样分成了 6 个小组,形成了 6 个企业,第一年自主经营时,各组都仅有本地市 P1 的销售资格,其投放的广告分别如表 1–3–3 所示,在这样的情况下,哪个班级的竞争更加激烈?会给经营带来什么样的影响?对后几年的广告投放有何影响?

表 1–3–3　甲乙两班第一年的广告投入　　　　　　　　单位:百万

组　别	甲　班	乙　班
A	3	19
B	2	13
C	1	3
D	3	5
E	7	8
F	9	11

2. ONLY 公司在第一年的年末进行了一次性 80 M 的长期贷款,该公司的 CEO 钱进解释说:"因为我们开展了大量的建设活动,投入很大,短期内不会有明显的效益,根据我的估计,明后年我们的权益会降得比较低,那时贷款就来不及了。"扬帆公司在第一年则尽量不进行贷款,尤其是长期贷款,该公司的 CEO 李平解释说:"目前我们的资金尚算充足,而贷款需要支付利息,尤其是长期贷款,利率为 10%,这个开支能省就省,因为它也会使权益下降。"你如何看待这两个公司的表现?

3. 天意公司自主经营初始两年的综合管理费用明细如表 1–3–4 所示,通过表中内容的分析,你觉得这个公司的经营有什么问题?

表 1–3–4　天意公司第一、二年综合管理费用明细表　　　　单位:百万

项　目	第一年	第二年	备　注
管理费	4	4	
广告费	5	9	
保养费	4	4	

续表

项　　目	第一年	第二年	备　　注
租金			
转产费			
市场准入开拓			□区域　□国内　□亚洲　□国际
ISO 资格认证			□ISO9000　□ISO14000
产品研发			P2（　）　P3（　）　P4（　）
其他			
合计			

实训 4

理性经营三、四年

实训目标

- 有目标、有计划的开展企业的各项活动,包括生产、销售、研发、融资、采购等。
- 学习并掌握间谍方法,能够利用一手调研的资料辅助决策。
- 能够将广告成本控制在合理范围内。
- 能够进行现金流的预算,合理的开展融资活动。
- 能按照计划组织开展日常工作,以销定产、以产定购。
- "开源"和"节流",争取盈利。

计划是各项工作执行的依据。进入第三年,需要规划好企业的发展方向,有目标、按部就班的开展各项活动,这样,企业才能步入正轨,理性经营。因此,CEO 应在年初带领管理团队,在企业战略的指导下,制订销售计划、设备投资计划、生产计划、采购计划、资金计划、市场开发计划及产品研发计划等。

4.1 商业情报——商业间谍

除了利用专业机构的市场预测报告,各公司的商业间谍或营销总监也可以通过实地调查或其他途径了解行业的情况,尤其是竞争对手的状况。例如,他们研发了哪些产品、开拓了哪些市场、生产能力如何、资本结构如何等。竞争对手分析有利于企业合理利用资源,开展竞争与合作。

想一想

间谍应该设法获取哪些信息?

商业间谍活动应从以下几个方向思考。
(1)对手正在开拓哪些市场,未涉足哪些市场?
(2)他们在销售上取得了多大的成功?
(3)他们拥有哪类生产线,生产能力如何?
(4)他们现金充足吗?

（5）他们有哪些产品？

 操作——间谍策略示例

策略一： 看其他公司的盘面，了解经营实际。
策略二： 询问其他公司的相关人员。
策略三： 想办法查看其他公司的财务报表。
……

任何策略都不一定有效，需要思考运用的方式。

4.2 销售计划

经过前两年的实践，我们会发现公司的主要盈利来源就是销售，因此，销售业绩的好坏直接决定了我们的经营成绩，要尽量使销售利润最大，必须制订良好的有弹性的销售计划。一个好的销售计划一定是符合销售组织自身特点、适用于本组织发展现状的计划。脱离实际情况的、过于宏观的销售计划会对实际的销售活动失去指导意义。一个好的销售计划同时也是一个全员参与的计划，是被组织上下以及客户认可的计划，这样，在日常的经营中才能得到各部门的支持。

简明的销售计划至少应说明：企业将生产什么产品；生产多少；通过什么渠道销售；计划在什么地区销售；各产品线、地区比例如何；是否考虑促销活动。正确制订销售计划的前提是收集必要信息，作出相关分析。包括：产品市场信息、企业自身的产能、竞争对手的情况等。

争取客户订单前，应以企业的产能、设备投资计划等为依据，避免接单不足，设备闲置或盲目接单，无法按时交货，引起企业信誉降低。

议一议

市场需要细分吗？目前的形势，能不能全盘通吃？

 操作——销售策略示例

策略一： 没有人做P4，我们就主打本地市场的P4，这样不会有人和我们竞争。
策略二： 研发新产品太费钱，我们只要稳抓稳打，主攻P1，广泛开拓市场，争取每个市场上都拿到P1的订单。
策略三： P1的利润率有点低，我们还是得做P2，选区域和国内作为主要的阵地。
策略四： P3、P4的生产运作成本比较高，需要大量资金支持，我们还是进行低端的销售吧。
策略五： 大家的竞争都围绕着P1和P2，这样广告支出太大，我们应该主打P3，避开竞争的焦点。
……

任何策略都会有风险，需要团队思考和讨论。

4.3 广告的产出比

现在 P 行业很多公司都已经开拓了多个市场，新型的产品也已经研发完成了，大家已经没有必要非得在本地的 P1 市场上砸大量广告来抢单了。虽然竞争依然存在，但已经被分散了，因此广告的花费要"物有所值"，广告投入要追求"效益"，单独追宠"标王"是盲目的行为。需要结合自身的销售计划制定合理的广告策略。

记一记

检查广告的投入产出比是否合理。

操作——广告策略示例

策略一：既然竞争分散，出 1 M 就能取得订单，我们主要在每个想拿单的细分市场投 1 M 就好了，争取每 1 M 拿回一个订单。

策略二：我们是区域的市场老大，应该尽量保住老大的位置，因为这样我们在区域市场会有明显的选单优势，可以拿到比较好的订单，所以还是在区域多投入一些。

策略三：订单有优有劣，我们应当争取比较好的订单，可能别人都投 1 M，那我们就投 2 M 或者 3 M 吧。

策略四：本地市场的 P2 竞争比较激烈，我们还是回避一下，不要在这个区域抢了，投了 1 M，能拿单就拿，拿不到就算了。

策略五：本地市场的 P2 竞争比较激烈，因此我们应该多投一些广告，3 M 吧，这样保证在这能拿到订单。

……

任何策略都会有风险，需要团队思考和讨论。

想一想

生产这些产品每季度需要多少资金支持？
生产这些产品每季度需要多少原材料？

4.4 生产计划

制造型企业的生产计划，是沟通企业前方（市场、销售等需方）和后方（制造、供应等供方）的重要环节。我们需要思考以下问题：

（1）生产什么？
（2）生产多少量？
（3）何时生产？
（4）在哪条生产线上生产？

（5）我们的产能是多少，有没有弹性？
（6）什么时候需要停产？

生产总监除了安排好生产工作，还有义务向财务总监、采购总监提供信息。即需要形成物料需求计划和作业能力的平衡。

记一记

生产计划应当以销定产，否则会导致产品大量积压或者不能按时交货。

4.5 采购计划

采购计划要回答三个问题：采购什么，采购多少，何时采购。

（1）采购什么

采购计划的制订与物料需求计划直接相关，并直接上溯到主生产计划。根据主生产计划，减去产品库存，并按照产品的 BOM 结构展开，就得到了为满足生产所需还要哪些物料，哪些可以自制，哪些必须委外，哪些需要采购。

（2）采购多少

明确了采购什么，还要计算采购多少。这与物料库存和采购批量有直接联系。

（3）何时采购

达到"既不出现物料短缺，又不出现库存积压"管理境界，就要考虑采购提前期、采购政策等相关因素。

记一记

原材料采购应当以产定购，否则会导致原材料积压占用大量资金，或者造成停工待料、浪费产能。

4.6 资金计划

成本费用的支付需要资金、各项投资需要资金、到期还债需要资金，如果没有一个准确详尽的资金预测，很快你就会焦头烂额、顾此失彼。因此，每年年初做现金预测是非常必要的，它可以使你运筹帷幄，游刃有余，我们提供了如表 1-4-1 所示的现金流量表帮助进行预算。

记一记

现金流预算是企业的重要工作，做不好会使财务成本加大，影响经营效益甚至导致企业倒闭。

作为财务总监，要有资金规划的长远眼光，不能仅仅盯着目前的开销，需要思考融资方案，考虑以下内容：

（1）何时该进行长贷？
（2）何时该进行短贷？
（3）当季、当年预计的收入会有多少？
（4）当季、当年预计的支出会有多少？
（5）应收款贴现多少比较合适，拿哪些应收款项贴现？
（6）资金窘迫，要不要把厂房卖了？
（7）我们什么时候要还钱？
（8）我们的现金有多少余量？

议一议

企业经营遇到难关，该不该借高利贷？

表 1-4-1 现金预算表

	1	2	3	4
期初库存现金				
支付上年应交税				
市场广告投入				
贴现费用				
利息（短期贷款）				
支付到期短期贷款				
原料采购支付现金				
转产费用				
生产线投资				
工人工资				
产品研发投资				
收到现金前的所有支出				
应收款到期				
支付生产费用				
利息（长期贷款）				
支付到期长期贷款				
设备维护费用				
租金				
购买新建筑				
市场开拓费用				
ISO 认证投资				

	1	2	3	4
其他				
合计				
库存现金余额				

思考

1. 研究竞争对手应着重于那几个方面？
2. 市场老大有何意义？
3. 就你们企业目前的状态，预测后两年的发展趋势。

案例

1. 经营到第四年初，成功集团已拥有了本地、国内、亚洲三个市场的销售资格，且研发了 P2 产品，其第四年的广告投入如表 1-4-2 所示，在实际选单的过程中，拿到了如图 1-4-1 所示的 3 张订单。其中，由于国内的 P2 产品有 ISO9000 的要求，而成功集团未打 ISO 的广告，所以无法选取订单；成功集团 P1 产品的年度产能+存货可以交 7 个货，而在本地市场拿到的 P1 订单数量已经达到了 6 个，亚洲的 P1 订单最少是 2 个，因此没有办法在亚洲 P1 市场拿单了；亚洲的 P2 数量整体较少，因此只拿到了 2 个 P2 的订单（见表 1-4-3）。请分析成功集团广告投入的合理性，以及选取订单的合理性。并结合此例谈谈打广告、拿订单需要注意的问题。

表 1-4-2　成功集团第四年广告竞价单

第 4 年本地				第 4 年区域				第 4 年国内				第 4 年亚洲			
产品	广告	9K	14K	产品	广告	9K	14K	产品	广告	9K	14K	产品	广告	9K	14K
P1	1			P1				P1				P1	3		
P2	1			P2				P2	3			P2			
P3				P3				P3				P3			
P4				P4				P4				P4			

表 1-4-3　成功集团第四年的订单

第 4 年　本地市场　LP4-3/6	第 4 年　本地市场　LP4-1/5	第 4 年　亚洲市场　AP4-2/3
产品数量：6P1	产品数量：3P2	产品数量：2P2
产品单价：5.5 M/个	产品单价：6.8 M/个	产品单价：6 M/个
总金额：33 M	总金额：20 M	总金额：12 M
应收账期：2Q	应收账期：4Q	应收账期：
加急！！！		

2. 如表 1-4-4 所示，是恒大制造第三年的运营表，从这张表记录的该企业的各项活动，你能发现其在经营中存在哪些问题？

表 1-4-4 恒大制造第三年运营表

企业经营流程 请按顺序执行下列各项操作。	每执行完一项操作，CEO 请在相应的方格内打勾。 财务总监（助理）在方格中填写现金收支情况。			
新年度规划会议	√			
参加订货会/登记销售订单	20			
制定新年度计划	√			
支付应付税	×			
季初现金盘点（请填余额）	6	60	42	33
更新短期贷款/还本付息/申请短期贷款（高利贷）	60	−21	×	×
更新应付款/归还应付款	×	×	×	×
原材料入库/更新原料订单	−2	−1	−4	−1
下原料订单	(1)	(4)	(1)	(2)
更新生产/完工入库	(1)	(2)	(1)	(2)
投资新生产线/变卖生产线/生产线转产	×	−2	×	×
向其他企业购买原材料/出售原材料	×	×	×	×
开始下一批生产	−1	−1	−1	×
更新应收款/应收款收现	√	13	√	6
出售厂房	√	×	×	×
向其他企业购买成品/出售成品	×	×	×	×
按订单交货	×	×	√	√
产品研发投资	−2	−5	−3	×
支付行政管理费	−1	−1	−1	−1
其他现金收支情况登记	×	×	×	×
支付利息/更新长期贷款/申请长期贷款				−4−20
支付设备维护费				−4
支付租金/购买厂房				−5
计提折旧				(6) 0
新市场开拓/ISO 资格认证投资				
结账				−33
现金收入合计	60	13	0	6
现金支出合计	−6	−31	−9	−35
期末现金对账（请填余额）	60	42	33	4

3. 昭阳公司第四年的资产负债情况如表 1-4-5 所示，你能就表中提供的信息推断出公司的整体情况吗？谈谈这个公司在哪些方面需要改进。

表 1-4-5 昭阳公司第四年的资产负债表

资　产	期初数	期末数	负债和所有者权益	期初数	期末数
流动资产：			负债：		
现金	9	15	长期负债	40	20
应收款		39	短期负债	20	60
在制品	6		应付账款		
成品	4	12	应交税金		
原料	5	8	一年内到期的长期负债		
流动资产合计	24	74	负债合计	60	80
固定资产：			所有者权益：		
土地和建筑	40		股东资本	50	50
机器与设备	32	28	利润留存	-10	-14
在建工程		8	年度净利	-4-	-6
固定资产合计	72	36	所有者权益合计	36	30
资产总计	96	110	负债和所有者权益总计	96	110

实训 5
科学管理五、六年

实训目标

- 理解企业规划的重要性,学会制定企业发展战略。
- 掌握各个角色工作的管理方法,做到各项工作的科学管理,促进部门的合作,使企业的经营精益化。
- 尝试与其他企业的合作共赢。
- 创造可持续发展的企业环境。

5.1 企业战略

企业要在激烈的竞争中可持续发展,必须制定合理的战略,在有限资源下产生最大利润,战略目标制定的前提就进行 SWOT 分析。如图 1-5-1 所示,S 代表 strength(优势),W 代表 weakness(弱势),O 代表 opportunity(机会),T 代表 threat(威胁),其中,S、W 是内部因素,O、T 是外部因素。

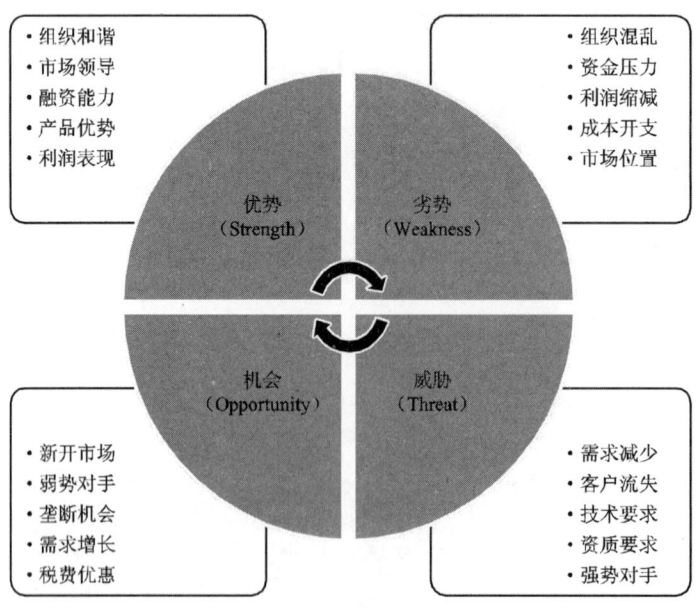

图 1-5-1 企业战略 SWOT 分析图

（1）分析企业的内部优势、弱点，既可以是相对企业目标而言的，也可以是相对竞争对手而言的。

（2）分析企业面临的外部机会与威胁，可能来自于与竞争无关的外环境因素的变化，也可能来自于竞争对手力量与因素变化，或二者兼有，但关键性的外部机会与威胁应予以确认。

（3）将外部机会和威胁与企业内部优势和弱点进行匹配，形成可行的战略，制订行动计划。

 操作——企业战略示例

战略一： 采取加强型的成长战略。目前，P行业具有好的产品市场前景、竞争对手有财务危机，而我们企业的市场份额正在逐步提高，可以采取措施，加大投入、加速市场渗透，购置厂房、进一步加强生产线的建设，以期扩大企业的整体规模和盈利能力，做大做强。

战略二： 采取回避外部环境威胁的防御性战略。我们的企业目前面临生存危机，成本状况恶化，原材料供应不足，生产能力不够，无法实现规模效益，且设备老化，企业难以与他人的公司抗衡，只能采取收缩战略，出售部分公司资产，以使企业摆脱那些不营利、需要太多资金或与公司其他活动不相适宜的业务，小本经营维持生计。

战略三： 与其他企业形成战略联盟。目前，我们公司具有很强的市场能力，五个市场都已开拓完毕，取得了销售资格，能够广泛接单。但是我们的产能不足，无法完成太多的订单，我们可以委外加工，利用其他企业的生产能力接单，发挥自身的独特竞争能力，合作共赢。

……

任何战略都是建立在实际环境分析的基础上，需要团队思考和讨论。

5.2　信息化管理

企业的各个部门要做到信息互通，信息孤岛危害巨大，各个部门只追求部门利益最优化不利于企业的协调发展，信息集成、信息共享才能保证企业的整体优化效益。

销售总监要能了解实时的产能信息；生产总监要明白企业的销售方向；物流总监能够收到来自生产部门的指令；财务总监要明确各个部门的资金需要；CEO要对这些信息了然于胸，随时进行协调。

只有这样，才能把企业的设计、采购、生产、制造、财务、营销、经营、管理等各个环节集成起来，共享资源，有效地支撑企业的决策，达到降低库存、提高生产效能和质量、快速进行市场应变的目的，增强企业的市场竞争力。

想一想

我需要给伙伴们提供什么信息？

5.3 流程控制

企业的本质是"赚钱",模拟企业的利润只有一个来源,即依靠销售,增加利润必须考虑"开源"和"节流"。

(1) 预估我们的盈利——"开源"

抓好主线销售:通过销售计划确定我们的销售方向,选择订单的时候尽量按照既定目标进行。同时,搞好副业,如抓住时机出售原材料和成品。

(2) 预估我们的支出——"节流"

支出的项目包括以下几个方面。

广告费——提高广告产出比;

税收——合理避税;

贷款利息——能短贷不长贷,能贷款不贴现;

生产投入——按需生产,防止多余库存;

采购投入——按需采购,防止原材料积压;

生产线建设维护——提高单线产能,减少维护成本;

研发投资——循序渐进。

议一议

如何做到精确的流程控制,不花冤枉钱,不做多余事?

5.4 组织管理

企业组织具有综合效应,这种综合效应是组织中的成员共同作用的结果。组织管理就是通过建立组织结构,规定职务或职位,明确责权关系,以使组织中的成员互相协作配合、共同劳动,有效实现组织目标的过程。

在这个过程中,CEO 负有重大的责任,要善于平衡企业部门间的利益冲突,化解矛盾,做出决断。确定实现组织目标所需要的活动,规定企业中各人的各种职务或职位,明确各自的责任,并授予相应的权力。应该使成员明确公司有些什么工作,谁去做什么,工作者承担什么责任,具有什么权力,与组织结构中上下左右的关系如何。只有这样,才能避免由于职责不清造成的执行中的障碍,才能使组织协调地运行,保证企业目标的实现。

各个职能岗位的员工,应树立起为了企业的整体利益最大化努力配合的信念,有时候需要坚持自己的观点,有时候需要牺牲部门的利益,要理解效益背反的原则,明白合作的重要性,理解矛盾是每个组织都会出现的。

议一议

如果所有人都反对 CEO 的意见,该怎么办?

 思考

1. 如何做到把钱用在刀刃上？
2. 一个健康的可持续发展的企业具备哪些要素？
3. 在不利的情势下，如何防止经营成绩恶化？
4. 你们企业后面的路该怎么走？

 案例

1. 明珠集团在第三年的时候由于产能计算错误，拿了过多的订单，结果交不出货导致罚款、市场老大地位丧失等一系列的问题，企业的经营受到了较大的影响，终于在第五年初，开始出现破产的迹象。现金经常只剩 2 M 或 3 M 甚至刚好用完，资金非常紧张，而权益下降得比较厉害，因此借贷也出现问题，企业的经营每况愈下。在这样的形势下，明珠集团的 CEO 决定变卖一切可以出售的资产，包括生产线、厂房、原材料、成品等以期节省开支，你觉得这样的做法是否合理？有没有其他的方法来挽救这个企业？

2. HCC 公司的营销总监和财务总监经常发生争执，营销总监总是要钱，财务总监总是不给。CEO 觉得两人都有道理，很多时候只能采取折衷的方法，像第五年的时候，营销总监要求在广告上投入 20 M，而财务总监提出最多供应 10 M 用于广告，两人争吵不休，最后不得已，CEO 决定两人各退一步，投入 15 M。类似的决策非常常见。你如何看待 CEO 的决定？这样的领导管理是否有效？对于企业的发展有何影响？

实训 6 我的经营心得

实训目标

- 理解企业经营的艰辛，体会ERP思想对于企业活动的指导作用。
- 通过对于企业管理的整体认知，理性面对成败，能够客观分析原因。
- 主动和大家交流，并将心得体会写成报告，总结经验。

6.1 现场心得交流

步骤一：介绍各个企业的经营成果概况，宣布经营排名。
步骤二：每个企业的CEO进行六年经营过程的汇报。
步骤三：由CEO推荐员工作心得体会交流。
步骤四：现场典型问题讨论。

6.2 撰写总结报告

字数：不少于1 500。
内容包括以下几个方面。
所在企业经营状况；
自己的贡献和不足；
学习到的知识；
企业经营的体会；
实训效果总结。

思考

1. 模拟企业能够成功的主要原因是什么？
2. 导致失败的关键在何处？
3. 我能为企业做什么？我做到了什么？
4. 我学到了什么？
5. 我们以前的课程学过的理论对于这次实训有何意义？

初阶篇附录 1
运营规则简章

1. 市场开拓

各个市场可以同时开拓。每个市场每年最多投资 1 M。

市场开拓可以中断或中止,但只有付完全部开拓费用才可参加该市场的竞单。详见表 1-7-1。

表 1-7-1

市场	开拓时间	开拓费用
区域	1 年	1 M/年*1 年=1 M
国内	2 年	1 M/年*2 年=2 M
亚洲	3 年	1 M/年*3 年=3 M
国际	4 年	1 M/年*4 年=4 M

可以自行选择是否需要通过 ISO9000 或 ISO14000 的资格认证。

ISO 资格认证通过以后,可挑选部分对 ISO 认证有相应要求的订单。

两种 ISO 资格认证可以同时开拓,每种认证每年最多投资 1 M。

ISO 资格认证可以随时中断或中止,但只有付完全部开拓费用的才被视为通过了该认证。详见表 1-7-2。

表 1-7-2

认证资格	开拓时间	开拓费用
ISO9000	2 年	1 M/年*2 年=2 M
ISO14000	3 年	1 M/年*3 年=3 M

2. 产品生产

产品的 BOM 结构图如图 1-7-1 所示。

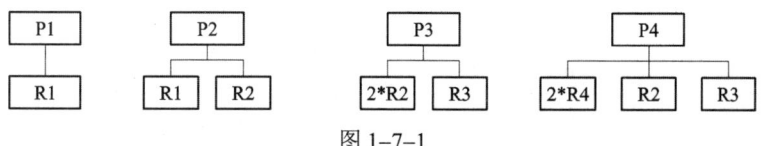

图 1-7-1

3. 产品研发

产品研发费计入当期费用。

产品必须在研发完成后才可开工生产,但可以提前为其采购备料。

产品研发可以随时中断或中止,但已经投入的研发费用不可收回。详见表 1-7-3。

表 1-7-3

产品	研发周期	每季度投资	研发费合计
P1	—	—	—
P2	6Q	1 M	6 M
P3	6Q	2 M	12 M
P4	6Q	3 M	18 M

4. 材料采购

每个原材料的价值为 1 M。

材料采购需要先下订单,在到期后拿现金到供应商处购买。详见表 1-7-4 所示。

表 1-7-4

材料	采购提前期	举例说明
R1	1Q	在第 2 年 1 季度时下订单,在 2 季度时方可拿现金到供应商处购买。
R2	1Q	
R3	2Q	在第 2 年 1 季度时下订单,在 2 季度时将订单的空筒向前移动一格,在第 3 季度时方可拿现金到供应商处购买。
R4	2Q	

5. 生产线

生产线的投资可以随时中断或中止,但必须在投资完成后,下一个季度方可开始使用。

生产线在安装过程中可以不用支付维护费用,一旦安装完毕,年底时必须支付 1 M 维护费。详见表 1-7-5。

表 1-7-5

生产线	设备价格	安装周期	每季投资	转产周期	转产费用	维护费用	公允残值
手工线	5 M	无	5 M	—	—	1 M/年	1 M
半自动	8 M	2Q	4 M/Q	1Q	1 M	1 M/年	2 M
全自动	16 M	4Q	4 M/Q	2Q	4 M	1 M/年	4 M
柔性线	24 M	4Q	6 M/Q	—	—	1 M/年	6 M

生产线完工投产的第一年可不用计提折旧,以后分四年折旧完毕。每年的折旧值见表 1-7-6。

表 1-7-6

生产线	第 1 年	第 2 年	第 3 年	第 4 年
手工线	1 M	1 M	1 M	1 M
半自动	2 M	2 M	1 M	1 M
全自动	3 M	3 M	3 M	3 M
柔性线	5 M	5 M	4 M	4 M

当出售生产线时,如果生产线的净值等于其公允残值(即折旧已计提完毕),则按生产线的净值变现;如果生产线的净值大于其公允残值,则按公允残值变现,其余部分计入当期费用。

6. 贷款与融资

短期贷款和长期贷款的贷款上限是分别计算的,互不影响。详见表1-7-7。

表 1-7-7

贷款类型	贷款时间	贷款上限	贷款期限	年利率	还款方式
短期贷款	每季度初	上年权益的2倍	1年	5%	到期一次还本付息
长期贷款	每年年末	上年权益的2倍	2-5年自选	10%	每年付息,到期还本
高利贷	每季度初	与银行协商	1年	20%	到期一次还本付息
资金贴现	任何时间	—	—	1:6	变现时贴息

7. 厂房

每年年底有一次选择是否购买厂房。如果买下厂房,则全年不用支付租金。

每季有一次机会可以选择是否卖掉厂房。如果卖掉了厂房,并且在年底时没有重新买回,则需要支付全年的租金。详见表1-7-8。

表 1-7-8

厂房	买价	售价	租金
大厂房	40 M	40 M(4Q的应收账款)	5 M/年
小厂房	30 M	30 M(4Q的应收账款)	3 M/年

8. 税金计算公式

当上年权益≤66时,税金=(上年权益+本年税前利润−66)×33%

当上年权益>66时,税金=本年税前利润×33%

初阶篇附录 2
市场预测

这是由一家权威的市场调研机构，对未来六年里各个市场的需求的预测，应该说这一预测有着很高的可信度。但根据这一预测进行企业的经营运作，其后果将由各企业自行承担。

P1 产品是目前市场上的主流技术，P2 作为对 P1 的技术改良产品，也比较容易获得大众的认同。P3 和 P4 产品作为 P 系列产品里的高端技术，各个市场上对他们的认同度不尽相同，需求量与价格也会有较大的差异。

六组预测

1. 本地市场

本地市场将会持续发展，客户对低端产品的需求可能要下滑。伴随着需求的减少，低端产品的价格很有可能会逐步走低。后几年，随着高端产品的成熟，市场对 P3、P4 产品的需求将会逐渐增大。同时随着时间的推移，客户的质量意识将不断提高，后几年可能会对厂商是否通过了 ISO9000 认证和 ISO14000 认证有更多的要求。详见图 1-8-1。

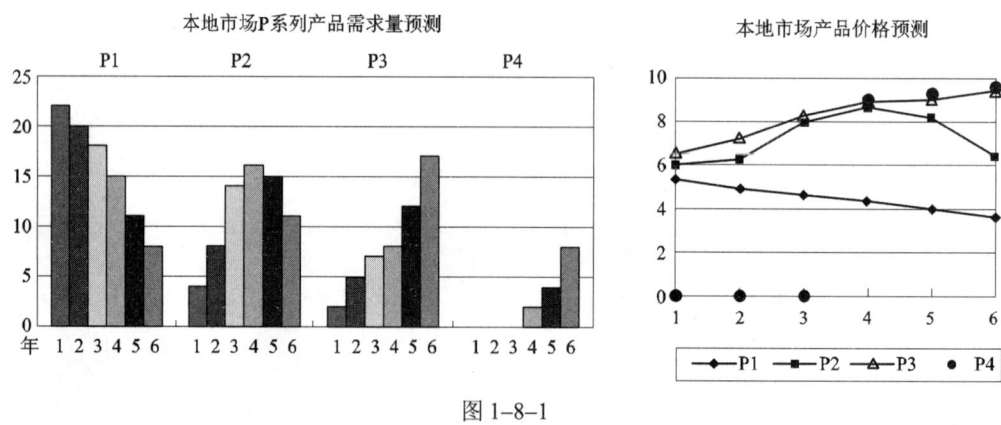

图 1-8-1

2. 区域市场

区域市场的客户对 P 系列产品的喜好相对稳定，因此市场需求量的波动也很有可能会比较平稳。因其紧邻本地市场，所以产品需求量的走势可能与本地市场相似，价格趋势也应大致一样。该市场的客户比较乐于接受新的事物，因此对于高端产品也会比较有兴趣，但由于受到地域的限制，该市场的需求总量非常有限。并且这个市场上的客户相对比较挑剔，因此在后几年客户会对厂商是否通过了 ISO9000 认证和 ISO14000 认证有较高的要求。详见图 1-8-2。

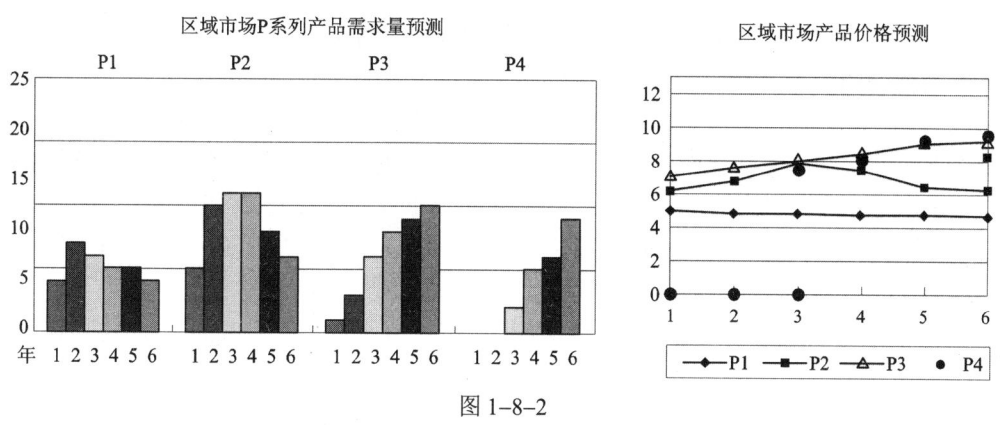

图 1-8-2

3. 国内市场

因 P1 产品带有较浓的地域色彩,估计国内市场对 P1 产品不会有持久的需求。但 P2 产品因为更适合于国内市场,所以估计需求会一直比较平稳。随着对 P 系列产品新技术的逐渐认同,估计对 P3 产品的需求会发展较快,但这个市场上的客户对 P4 产品却并不是那么认同。当然,对于高端产品来说,客户一定会更注重产品的质量保证。详见图 1-8-3。

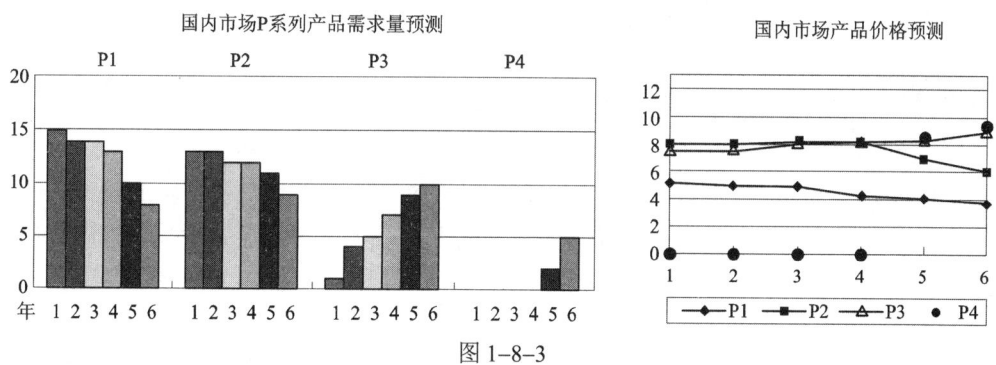

图 1-8-3

4. 亚洲市场详见图 1-8-4

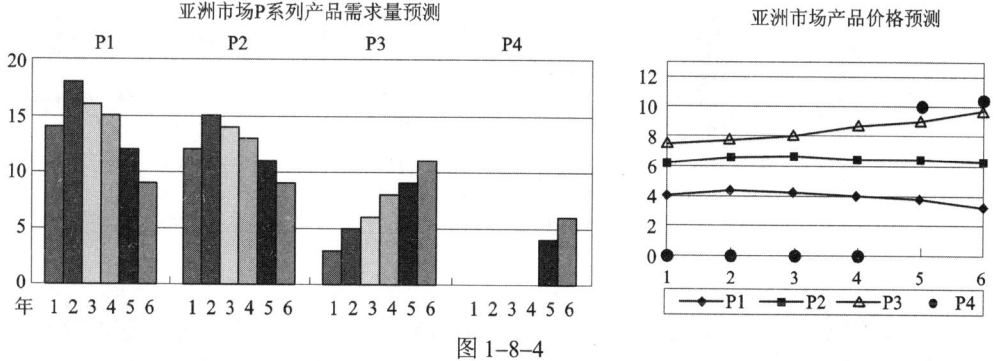

图 1-8-4

这个市场上的客户喜好一向波动较大,不易把握,所以对 P1 产品的需求可能起伏较大,估计 P2 产品的需求走势也会与 P1 相似。但该市场对新产品很敏感,因此估计对 P3、P4 产品的需求会发展较快,价格也可能不菲。另外,这个市场的消费者很看中产品的质量,所以在后几年里，如果厂商没有通过 ISO9000 和 ISO14000 的认证，其产品可能很难销售。

5. 国际市场

进入国际市场可能需要一个较长的时期。有迹象表明，目前这一市场上的客户对 P1 产品已经有所认同，需求也会比较旺盛。对于 P2 产品，客户将会谨慎地接受，但仍需要一段时间才能被市场所接受。对于新兴的技术，这一市场上的客户将会以观望为主，因此对于 P3 和 P4 产品的需求将会发展极慢。因为产品需求主要集中在低端，所以客户对 ISO 的要求并不如其他几个市场那么高，但也不排除在后期会有这方面的需求。详见图 1-8-5。

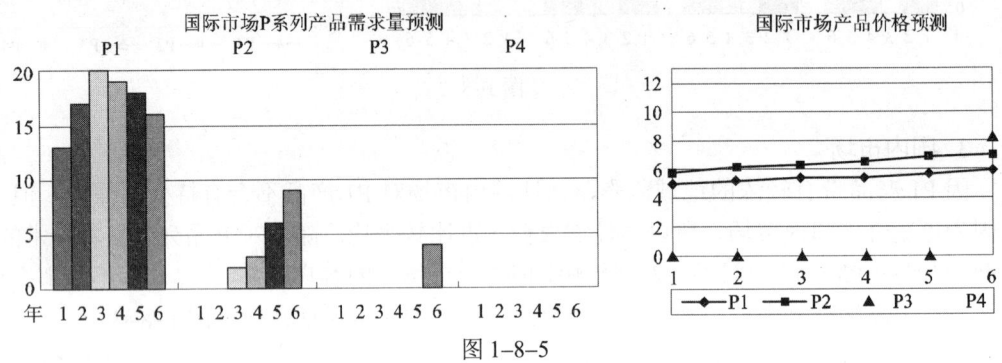

图 1-8-5

八组预测

1. 本地市场

本地市场将会持续发展，对低端产品的需求可能要下滑，伴随着需求的减少，低端产品的价格很有可能走低。后几年，随着高端产品的成熟，市场对 P3、P4 产品的需求将会逐渐增大。由于客户对质量意识的不断提高，后几年可能对产品的 ISO9000 和 ISO14000 认证有更多的需求。详见图 1-8-6。

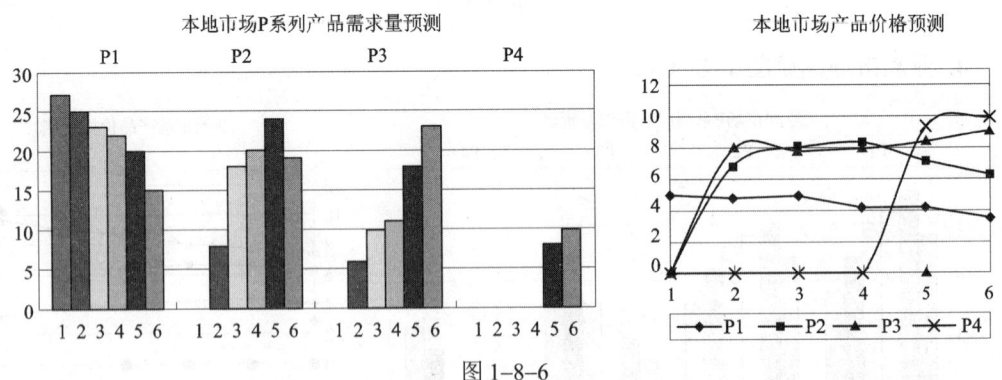

图 1-8-6

2. 区域市场

区域市场的客户相对稳定，对 P 系列产品需求的变化很有可能比较平稳。因紧邻本地市场，所以产品需求量的走势可能与本地市场相似，价格趋势也应大致一样。该市场容量有限，对高端产品的需求也可能相对较小，但客户会对产品的 ISO9000 和 ISO14000 认证有较高的要求。详见图 1-8-7。

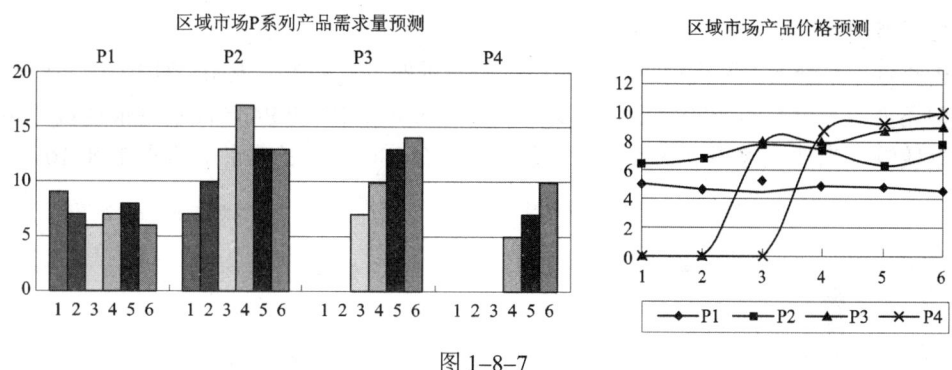

图 1-8-7

3. 国内市场

因 P1 产品带有较浓的地域色彩，估计国内市场对 P1 产品不会有持久的需求。但 P2 产品因更适合于国内市场，估计需求一直比较平稳。随着对 P 系列产品的逐渐认同，估计对 P3 产品的需求会发展较快。但对 P4 产品的的需求就不一定像 P3 产品那样旺盛了。当然，对高价值的产品来说，客户一定会更注重产品的质量认证。详见 1-8-8。

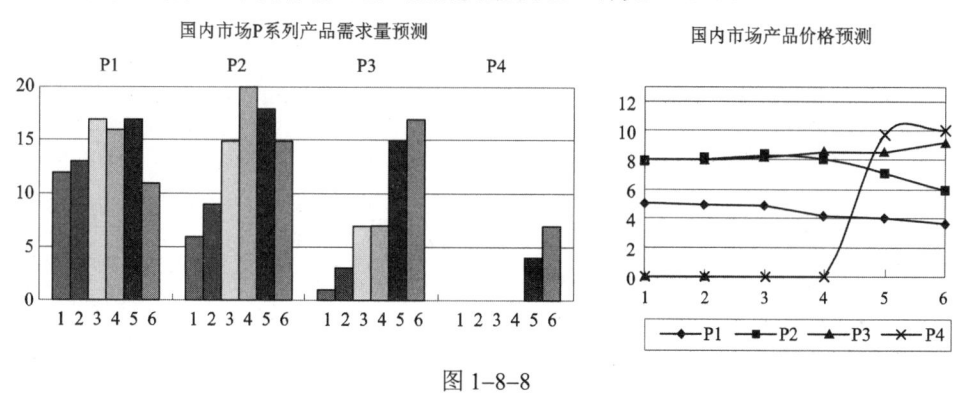

图 1-8-8

4. 亚洲市场

这个市场一向波动较大，所以对 P1 产品的需求可能起伏较大，估计对 P2 产品的需求走势与 P1 相似。但该市场对新产品很敏感，因此估计 P3、P4 产品的需求量会发展较快，价格也可能不菲。另外，这个市场的消费者很看中产品的质量，所以没有 ISO9000 和 ISO14000 认证的产品可能很难销售。详见 1-8-9。

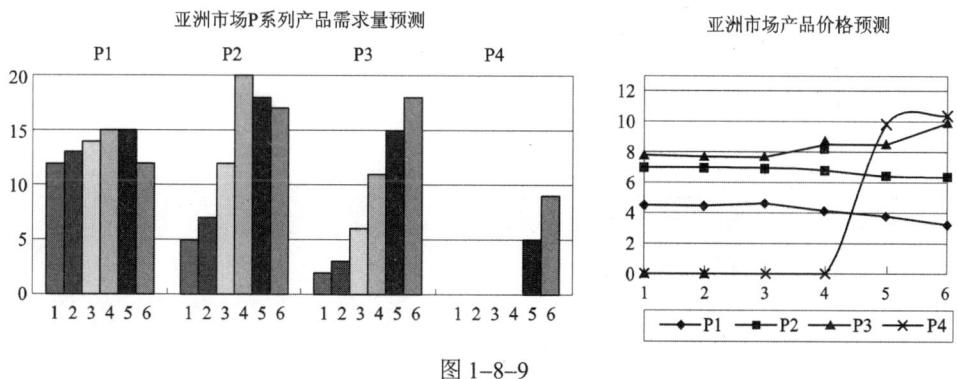

图 1-8-9

5. 国际市场

P系列产品进入国际市场可能需要一个较长的时期。有迹象表明，对P1产品已经有所认同，但还需要一段时间才能被市场接受。同样，对P2、P3和P4产品也会很谨慎地接受。需求发展较慢。当然，国际市场的客户也会关注具有ISO认证的产品。详见1-8-10。

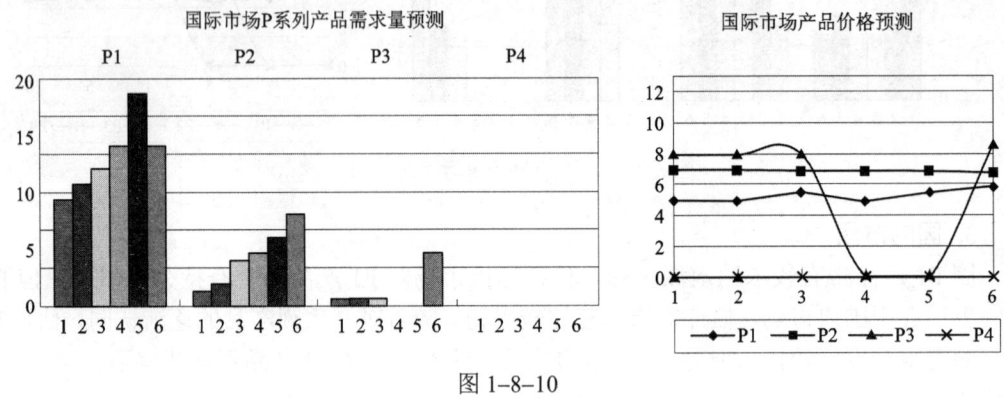

图 1-8-10

初阶篇附录 3
年度运营表单

附录 3 提供了一整套手工沙盘年度运营表单。包括以下表单：

——企业运营流程表；
——订单登记表；
——产品核算统计表；
——综合管理费用明细表；
——利润表；
——资产负债表；
——广告投标单；
——应收账款单。

起始年

企业经营流程
请按顺序执行下列各项操作。

> 每执行完一项操作，CEO 请在相应的方格内打勾；
> 财务总监（助理）在方格中填写现金收支情况。

新年度规划会议					
参加订货会/登记销售订单					
制订新年度计划					
支付应付税					
季初现金盘点（请填余额）					
更新短期贷款/还本付息/申请短期贷款（高利贷）					
更新应付款/归还应付款					
原材料入库/更新原料订单					
下原料订单					
更新生产/完工入库					
投资新生产线/变卖生产线/生产线转产					
向其他企业购买原材料/出售原材料					
开始下一批生产					
更新应收款/应收款收现					
出售厂房					
向其他企业购买成品/出售成品					
按订单交货					
产品研发投资					
支付行政管理费					
其他现金收支情况登记					
支付利息/更新长期贷款/申请长期贷款					
支付设备维护费					
支付租金/购买厂房					
计提折旧					（ ）
新市场开拓/ISO 资格认证投资					
结账					
现金收入合计					
现金支出合计					
期末现金对账（请填余额）					

起始年　订单登记表

订单号										合计
市场										
产品										
数量										
账期										
销售额										
成本										
毛利										
未售										

起始年产品核算统计表

	P1	P2	P3	P4	合计
数量					
销售额					
成本					
毛利					

起始年综合管理费用明细表

单位：百万

项　　目	金　　额	备　　注
管理费		
广告费		
保养费		
租金		
转产费		
市场准入开拓		□区域　□国内　□亚洲　□国际
ISO 资格认证		□ISO9000　　□ISO14000
产品研发		P2（　）　P3（　）　P4（　）
其他		
合计		

起始年利润表

项　　目	上　年　数	本　年　数
销售收入	35	
直接成本	12	
毛利	23	
综合费用	11	
折旧前利润	12	
折旧	4	
支付利息前利润	8	
财务收入/支出	4	
其他收入/支出		
税前利润	4	
所得税	1	
净利润	3	

起始年资产负债表

资　　产	期初数	期末数	负债和所有者权益	期初数	期末数
流动资产：			负债：		
现金	20		长期负债	40	
应收款	15		短期负债		
在制品	8		应付账款		
成品	6		应交税金	1	
原料	3		一年内到期的长期负债		
流动资产合计	52		负债合计	41	
固定资产：			所有者权益：		
土地和建筑	40		股东资本	50	
机器与设备	13		利润留存	11	
在建工程			年度净利	3	
固定资产合计	53		所有者权益合计	64	
资产总计	105		负债和所有者权益总计	105	

第1年

企业经营流程 请按顺序执行下列各项操作。	每执行完一项操作，CEO 请在相应的方格内打勾。 财务总监（助理）在方格中填写现金收支情况。				
新年度规划会议		▨	▨	▨	▨
参加订货会/登记销售订单		▨	▨	▨	▨
制订新年度计划		▨	▨	▨	▨
支付应付税		▨	▨	▨	▨
季初现金盘点（请填余额）					
更新短期贷款/还本付息/申请短期贷款（高利贷）					
更新应付款/归还应付款					
原材料入库/更新原料订单					
下原料订单					
更新生产/完工入库					
投资新生产线/变卖生产线/生产线转产					
向其他企业购买原材料/出售原材料					
开始下一批生产					
更新应收款/应收款收现					
出售厂房					
向其他企业购买成品/出售成品					
按订单交货					
产品研发投资					
支付行政管理费					
其他现金收支情况登记					
支付利息/更新长期贷款/申请长期贷款		▨	▨	▨	
支付设备维护费		▨	▨	▨	
支付租金/购买厂房		▨	▨	▨	
计提折旧		▨	▨	▨	（　）
新市场开拓/ISO 资格认证投资		▨	▨	▨	
结账		▨	▨	▨	
现金收入合计					
现金支出合计					
期末现金对账（请填余额）					

第1年 订单登记表

订单号										合计
市场										
产品										
数量										
账期										
销售额										
成本										
毛利										
未售										

第1年 产品核算统计表

	P1	P2	P3	P4	合计
数量					
销售额					
成本					
毛利					

第1年 综合管理费用明细表

单位：百万

项　目	金　额	备　注
管理费		
广告费		
保养费		
租金		
转产费		
市场准入开拓		□区域　□国内　□亚洲　□国际
ISO 资格认证		□ISO9000　□ISO14000
产品研发		P2（　）　P3（　）　P4（　）
其他		
合计		

第1年 利润表

项 目	上 年 数	本 年 数
销售收入		
直接成本		
毛利		
综合费用		
折旧前利润		
折旧		
支付利息前利润		
财务收入/支出		
其他收入/支出		
税前利润		
所得税		
净利润		

第1年 资产负债表

资 产	期初数	期末数	负债和所有者权益	期初数	期末数
流动资产：			负债：		
现金			长期负债		
应收款			短期负债		
在制品			应付账款		
成品			应交税金		
原料			一年内到期的长期负债		
流动资产合计			负债合计		
固定资产：			所有者权益：		
土地和建筑			股东资本		
机器与设备			利润留存		
在建工程			年度净利		
固定资产合计			所有者权益合计		
资产总计			负债和所有者权益总计		

第 2 年

企业经营流程 请按顺序执行下列各项操作。	每执行完一项操作，CEO 请在相应的方格内打勾。 财务总监（助理）在方格中填写现金收支情况。				
新年度规划会议		/////	/////	/////	/////
参加订货会/登记销售订单		/////	/////	/////	/////
制订新年度计划		/////	/////	/////	/////
支付应付税		/////	/////	/////	/////
季初现金盘点（请填余额）					
更新短期贷款/还本付息/申请短期贷款（高利贷）					
更新应付款/归还应付款					
原材料入库/更新原料订单					
下原料订单					
更新生产/完工入库					
投资新生产线/变卖生产线/生产线转产					
向其他企业购买原材料/出售原材料					
开始下一批生产					
更新应收款/应收款收现					
出售厂房					
向其他企业购买成品/出售成品					
按订单交货					
产品研发投资					
支付行政管理费					
其他现金收支情况登记					
支付利息/更新长期贷款/申请长期贷款		/////	/////	/////	
支付设备维护费		/////	/////	/////	
支付租金/购买厂房		/////	/////	/////	
计提折旧		/////	/////	/////	（ ）
新市场开拓/ISO 资格认证投资		/////	/////	/////	
结账		/////	/////	/////	
现金收入合计					
现金支出合计					
期末现金对账（请填余额）					

第 2 年　订单登记表

订单号										合计
市场										
产品										
数量										
账期										
销售额										
成本										
毛利										
未售										

第 2 年　产品核算统计表

	P1	P2	P3	P4	合计
数量					
销售额					
成本					
毛利					

第 2 年　综合管理费用明细表

单位：百万

项　目	金　额	备　注
管理费		
广告费		
保养费		
租金		
转产费		
市场准入开拓		□区域　　□国内　　□亚洲　　□国际
ISO 资格认证		□ISO9000　　□ISO14000
产品研发		P2（　　）　P3（　　）　P4（　　）
其他		
合计		

第 2 年 利润表

项　　目	上　年　数	本　年　数
销售收入		
直接成本		
毛利		
综合费用		
折旧前利润		
折旧		
支付利息前利润		
财务收入/支出		
其他收入/支出		
税前利润		
所得税		
净利润		

第 2 年 资产负债表

资　　产	期初数	期末数	负债和所有者权益	期初数	期末数
流动资产：			负债：		
现金			长期负债		
应收款			短期负债		
在制品			应付账款		
成品			应交税金		
原料			一年内到期的长期负债		
流动资产合计			负债合计		
固定资产：			所有者权益：		
土地和建筑			股东资本		
机器与设备			利润留存		
在建工程			年度净利		
固定资产合计			所有者权益合计		
资产总计			负债和所有者权益总计		

第3年

企业经营流程 请按顺序执行下列各项操作。		每执行完一项操作，CEO 请在相应的方格内打勾。 财务总监（助理）在方格中填写现金收支情况。			
新年度规划会议					
参加订货会/登记销售订单					
制订新年度计划					
支付应付税					
季初现金盘点（请填余额）					
更新短期贷款/还本付息/申请短期贷款（高利贷）					
更新应付款/归还应付款					
原材料入库/更新原料订单					
下原料订单					
更新生产/完工入库					
投资新生产线/变卖生产线/生产线转产					
向其他企业购买原材料/出售原材料					
开始下一批生产					
更新应收款/应收款收现					
出售厂房					
向其他企业购买成品/出售成品					
按订单交货					
产品研发投资					
支付行政管理费					
其他现金收支情况登记					
支付利息/更新长期贷款/申请长期贷款					
支付设备维护费					
支付租金/购买厂房					
计提折旧					( )
新市场开拓/ISO 资格认证投资					
结账					
现金收入合计					
现金支出合计					
期末现金对账（请填余额）					

第 3 年　订单登记表

订单号										合计
市场										
产品										
数量										
账期										
销售额										
成本										
毛利										
未售										

第 3 年　产品核算统计表

	P1	P2	P3	P4	合计
数量					
销售额					
成本					
毛利					

第 3 年　综合管理费用明细表

单位：百万

项目	金额	备注
管理费		
广告费		
保养费		
租金		
转产费		
市场准入开拓		□区域　□国内　□亚洲　□国际
ISO 资格认证		□ISO9000　□ISO14000
产品研发		P2（　）　P3（　）　P4（　）
其他		
合计		

第3年 利润表

项　　目	上　年　数	本　年　数
销售收入		
直接成本		
毛利		
综合费用		
折旧前利润		
折旧		
支付利息前利润		
财务收入/支出		
其他收入/支出		
税前利润		
所得税		
净利润		

第3年 资产负债表

资　　产	期初数	期末数	负债和所有者权益	期初数	期末数
流动资产：			负债：		
现金			长期负债		
应收款			短期负债		
在制品			应付账款		
成品			应交税金		
原料			一年内到期的长期负债		
流动资产合计			负债合计		
固定资产：			所有者权益：		
土地和建筑			股东资本		
机器与设备			利润留存		
在建工程			年度净利		
固定资产合计			所有者权益合计		
资产总计			负债和所有者权益总计		

第 4 年

企业经营流程 请按顺序执行下列各项操作。		每执行完一项操作，CEO 请在相应的方格内打勾。 财务总监（助理）在方格中填写现金收支情况。			
新年度规划会议		/////	/////	/////	/////
参加订货会/登记销售订单		/////	/////	/////	/////
制订新年度计划		/////	/////	/////	/////
支付应付税		/////	/////	/////	/////
季初现金盘点（请填余额）					
更新短期贷款/还本付息/申请短期贷款（高利贷）					
更新应付款/归还应付款					
原材料入库/更新原料订单					
下原料订单					
更新生产/完工入库					
投资新生产线/变卖生产线/生产线转产					
向其他企业购买原材料/出售原材料					
开始下一批生产					
更新应收款/应收款收现					
出售厂房					
向其他企业购买成品/出售成品					
按订单交货					
产品研发投资					
支付行政管理费					
其他现金收支情况登记					
支付利息/更新长期贷款/申请长期贷款		/////	/////	/////	/////
支付设备维护费		/////	/////	/////	/////
支付租金/购买厂房		/////	/////	/////	/////
计提折旧		/////	/////	/////	/////	（ ）
新市场开拓/ISO 资格认证投资		/////	/////	/////	/////
结账		/////	/////	/////	/////
现金收入合计					
现金支出合计					
期末现金对账（请填余额）					

第 4 年　订单登记表

订单号										合计
市场										
产品										
数量										
账期										
销售额										
成本										
毛利										
未售										

第 4 年　产品核算统计表

	P1	P2	P3	P4	合计
数量					
销售额					
成本					
毛利					

第 4 年　综合管理费用明细表　　　　　　　　　　单位：百万

项　目	金　额	备　注
管理费		
广告费		
保养费		
租金		
转产费		
市场准入开拓		□区域　□国内　□亚洲　□国际
ISO 资格认证		□ISO9000　　□ISO14000
产品研发		P2（　　）　P3（　　）　P4（　　）
其他		
合计		

第 4 年　利润表

项　目	上　年　数	本　年　数
销售收入		
直接成本		
毛利		
综合费用		
折旧前利润		
折旧		
支付利息前利润		
财务收入/支出		
其他收入/支出		
税前利润		
所得税		
净利润		

第 4 年　资产负债表

资　产	期初数	期末数	负债和所有者权益	期初数	期末数
流动资产：			负债：		
现金			长期负债		
应收款			短期负债		
在制品			应付账款		
成品			应交税金		
原料			一年内到期的长期负债		
流动资产合计			负债合计		
固定资产：			所有者权益：		
土地和建筑			股东资本		
机器与设备			利润留存		
在建工程			年度净利		
固定资产合计			所有者权益合计		
资产总计			负债和所有者权益总计		

第 5 年

企业经营流程 请按顺序执行下列各项操作。		每执行完一项操作，CEO 请在相应的方格内打勾。 财务总监（助理）在方格中填写现金收支情况。			
新年度规划会议					
参加订货会/登记销售订单					
制订新年度计划					
支付应付税					
季初现金盘点（请填余额）					
更新短期贷款/还本付息/申请短期贷款（高利贷）					
更新应付款/归还应付款					
原材料入库/更新原料订单					
下原料订单					
更新生产/完工入库					
投资新生产线/变卖生产线/生产线转产					
向其他企业购买原材料/出售原材料					
开始下一批生产					
更新应收款/应收款收现					
出售厂房					
向其他企业购买成品/出售成品					
按订单交货					
产品研发投资					
支付行政管理费					
其他现金收支情况登记					
支付利息/更新长期贷款/申请长期贷款					
支付设备维护费					
支付租金/购买厂房					
计提折旧					（ ）
新市场开拓/ISO 资格认证投资					
结账					
现金收入合计					
现金支出合计					
期末现金对账（请填余额）					

第 5 年　订单登记表

订单号										合计
市场										
产品										
数量										
账期										
销售额										
成本										
毛利										
未售										

第 5 年　产品核算统计表

	P1	P2	P3	P4	合计
数量					
销售额					
成本					
毛利					

第 5 年　综合管理费用明细表

单位：百万

项　目	金　额	备　注
管理费		
广告费		
保养费		
租金		
转产费		
市场准入开拓		□区域　　□国内　　□亚洲　　□国际
ISO 资格认证		□ISO9000　　□ISO14000
产品研发		P2（　　）　P3（　　）　P4（　　）
其他		
合计		

第 5 年　利润表

项　目	上　年　数	本　年　数
销售收入		
直接成本		
毛利		
综合费用		
折旧前利润		
折旧		
支付利息前利润		
财务收入/支出		
其他收入/支出		
税前利润		
所得税		
净利润		

第 5 年　资产负债表

资　产	期初数	期末数	负债和所有者权益	期初数	期末数
流动资产：			负债：		
现金			长期负债		
应收款			短期负债		
在制品			应付账款		
成品			应交税金		
原料			一年内到期的长期负债		
流动资产合计			负债合计		
固定资产：			所有者权益：		
土地和建筑			股东资本		
机器与设备			利润留存		
在建工程			年度净利		
固定资产合计			所有者权益合计		
资产总计			负债和所有者权益总计		

第6年

企业经营流程
请按顺序执行下列各项操作。

每执行完一项操作，CEO 请在相应的方格内打勾。
财务总监（助理）在方格中填写现金收支情况。

新年度规划会议				
参加订货会/登记销售订单				
制订新年度计划				
支付应付税				
季初现金盘点（请填余额）				
更新短期贷款/还本付息/申请短期贷款（高利贷）				
更新应付款/归还应付款				
原材料入库/更新原料订单				
下原料订单				
更新生产/完工入库				
投资新生产线/变卖生产线/生产线转产				
向其他企业购买原材料/出售原材料				
开始下一批生产				
更新应收款/应收款收现				
出售厂房				
向其他企业购买成品/出售成品				
按订单交货				
产品研发投资				
支付行政管理费				
其他现金收支情况登记				
支付利息/更新长期贷款/申请长期贷款				
支付设备维护费				
支付租金/购买厂房				
计提折旧				（　）
新市场开拓/ISO 资格认证投资				
结账				
现金收入合计				
现金支出合计				
期末现金对账（请填余额）				

第 6 年　订单登记表

订单号										合计
市场										
产品										
数量										
账期										
销售额										
成本										
毛利										
未售										

第 6 年　产品核算统计表

	P1	P2	P3	P4	合计
数量					
销售额					
成本					
毛利					

第 6 年　综合管理费用明细表

单位：百万

项目	金额	备注
管理费		
广告费		
保养费		
租金		
转产费		
市场准入开拓		□区域　□国内　□亚洲　□国际
ISO 资格认证		□ISO9000　　□ISO14000
产品研发		P2（　）　P3（　）　P4（　）
其他		
合计		

第 6 年 利润表

项　　目	上　年　数	本　年　数
销售收入		
直接成本		
毛利		
综合费用		
折旧前利润		
折旧		
支付利息前利润		
财务收入/支出		
其他收入/支出		
税前利润		
所得税		
净利润		

第 6 年 资产负债表

资　　产	期初数	期末数	负债和所有者权益	期初数	期末数
流动资产：			负债：		
现金			长期负债		
应收款			短期负债		
在制品			应付账款		
成品			应交税金		
原料			一年内到期的长期负债		
流动资产合计			负债合计		
固定资产：			所有者权益：		
土地和建筑			股东资本		
机器与设备			利润留存		
在建工程			年度净利		
固定资产合计			所有者权益合计		
资产总计			负债和所有者权益总计		

（　　）公司广告投标单

产品	第1年本地 广告			产品	第2年本地 广告			产品	第3年本地 广告			产品	第4年本地 广告			产品	第5年本地 广告			产品	第6年本地 广告		
	9K	14K			9K	14K			9K	14K			9K	14K			9K	14K			9K	14K	
P1				P1				P1				P1				P1				P1			
P2				P2				P2				P2				P2				P2			
P3				P3				P3				P3				P3				P3			
P4				P4				P4				P4				P4				P4			

产品	第1年区域 广告			产品	第2年区域 广告			产品	第3年区域 广告			产品	第4年区域 广告			产品	第5年区域 广告			产品	第6年区域 广告		
	9K	14K			9K	14K			9K	14K			9K	14K			9K	14K			9K	14K	
P1				P1				P1				P1				P1				P1			
P2				P2				P2				P2				P2				P2			
P3				P3				P3				P3				P3				P3			
P4				P4				P4				P4				P4				P4			

产品	第1年国内 广告			产品	第2年国内 广告			产品	第3年国内 广告			产品	第4年国内 广告			产品	第5年国内 广告			产品	第6年国内 广告		
	9K	14K			9K	14K			9K	14K			9K	14K			9K	14K			9K	14K	
P1				P1				P1				P1				P1				P1			
P2				P2				P2				P2				P2				P2			
P3				P3				P3				P3				P3				P3			
P4				P4				P4				P4				P4				P4			

（　　）公司广告投标单

第1年亚洲					第2年亚洲					第3年亚洲					第4年亚洲					第5年亚洲					第6年亚洲				
产品	广告	9K	14K		产品	广告	9K	14K		产品	广告	9K	14K		产品	广告	9K	14K		产品	广告	9K	14K		产品	广告	9K	14K	
P1					P1					P1					P1					P1					P1				
P2					P2					P2					P2					P2					P2				
P3					P3					P3					P3					P3					P3				
P4					P4					P4					P4					P4					P4				

第1年国际					第2年国际					第3年国际					第4年国际					第5年国际					第6年国际				
产品	广告	9K	14K		产品	广告	9K	14K		产品	广告	9K	14K		产品	广告	9K	14K		产品	广告	9K	14K		产品	广告	9K	14K	
P1					P1					P1					P1					P1					P1				
P2					P2					P2					P2					P2					P2				
P3					P3					P3					P3					P3					P3				
P4					P4					P4					P4					P4					P4				

应收账款单

组 别	
交货期	
金 额	
账 期	

组 别	
交货期	
金 额	
账 期	

组 别	
交货期	
金 额	
账 期	

组 别	
交货期	
金 额	
账 期	

组 别	
交货期	
金 额	
账 期	

组 别	
交货期	
金 额	
账 期	

组 别	
交货期	
金 额	
账 期	

组 别	
交货期	
金 额	
账 期	

组 别	
交货期	
金 额	
账 期	

组 别	
交货期	
金 额	
账 期	

组 别	
交货期	
金 额	
账 期	

组 别	
交货期	
金 额	
账 期	

组 别	
交货期	
金 额	
账 期	

组 别	
交货期	
金 额	
账 期	

组 别	
交货期	
金 额	
账 期	

组 别	
交货期	
金 额	
账 期	

组 别	
交货期	
金 额	
账 期	

组 别	
交货期	
金 额	
账 期	

中阶篇
探索企业持续发展规律

制定企业战略规划与经营方案
探讨影响企业权益的关键要素
调节和控制企业运营活动的时机和节奏
寻求现金流运动规律,保证企业运营和发展
熟练应用手工实物和电子ERP沙盘相结合模拟企业经营活动

实训 7
熟悉电子 ERP 沙盘规则

 **实训目标**

- 理解并基本记住电子沙盘的各项规则。
- 能够在特定的经营条件下,依托教师的引导和提示,合理、巧妙的运用规则。
- 基本理解运营规则对于模拟企业的重要影响。

电子 ERP 沙盘继承了手工 ERP 实物沙盘的原始功能特点,又在手工实物沙盘的基础上有所创新和改进,实现了从广告投放、订单选择、经营模拟、报表生成等所有环节的电子操作,克服了手工实物沙盘在教学过程中教师忙于手工放单、报表录入、帮学生核对报表等事务性工作,而没有时间和精力对学生进行经营指导,难以对各组进行严格监控等问题。另外学生在经营过程中,也可以将电子沙盘和实物沙盘结合完成操作,电子沙盘是对实物沙盘的完美升级。

对于学生来说,电子 ERP 沙盘的学习是一次全新的体验,电子沙盘与实物沙盘相比,具有以下主要特点。

(1)创业者:一切从零开始

电子沙盘之所以称作"创业者",体现了它与实物沙盘的最大区别:一切从零开始。在实物沙盘中,学生接手的是一个现成的正常运作的模拟企业,有厂房、生产线、生产资格、市场准入、有原料和产成品库存、生产线上有在产品、有原料和产品订单、有贷款和应收款等。而在创业者电子沙盘中,除了若干创业启动资金以外什么都没有,一切都是从零开始,所以厂房投资、产品研发、市场开拓、融资贷款、生产线投资等所有的决策点都要求学生自己决策完成。

一切从零开始,意味着创业者电子沙盘充满了变数,出现失误的可能性更大,一个决策点失误,则可能满盘皆输;一切从零开始,也意味着学生决策难度和自由度加大,决策失误破产的可能性也就更大。

(2)操作过程:严格控制没有退路

在电子沙盘中,学生的所有操作均在创业者电子沙盘平台上完成,实现了对学生经营和操作的严格监督和控制。学生在电子沙盘操作过程中,通过关键操作步骤的激活来实现对于操作顺序的控制,经营操作较实物沙盘更加规范,可以有效防止学生随意操作和作弊。而一旦操作完成,也是没有办法像手工沙盘那样再随意退回去,不能反悔意味着出现操作失误的可能性更大,一旦失误带来的损失也是不可想象的。

所以从操作控制角度来说，电子沙盘更规范，难度更大。

（3）其他特点

此外，电子沙盘的参数设计、操作流程、运营规则、功能特点等还有很多与手工沙盘不一样的特点，这些有待学生在后续的学习过程中慢慢感受、仔细总结和体会。

电子沙盘的经营规则包括了生产线、融资、厂房、市场准入、资格认证、产品和原料、破产、违约、紧急采购、相关参数等，这些重要规则在创业者中以链接的形式展现，学生在学习过程中可以随时查看。下面就以某班级8组实训的规则为例，进行说明。以下章节除特殊说明外，均以此规则为参考，市场预测的分析也是以8组为例。

1. 生产线详见表2-7-1

表2-7-1

生产线	购置费	安装周期	生产周期	总转产费	转产周期	维修费	残值
手工线	5 M	无	3Q	0 M	无	1 M/年	1 M
半自动	10 M	2Q	2Q	1 M	1Q	1 M/年	2 M
自动线	15 M	3Q	1Q	2 M	1Q	1 M/年	3 M
柔性线	20 M	4Q	1Q	0 M	无	1 M/年	4 M

备注：（1）不论何时出售生产线，价格为残值，净值与残值之差计入损失；

（2）只有空生产线方可转产；

（3）当年建成生产线需要交维修费。

思考：

（1）不考虑其他因素的情况下（即产品生产资格已获得、原料充足等，下同），第二年第1季度开始投资生产线，手工线、半自动、全自动、柔性线分别何时可以上线生产？

（2）若想第二年第一季度开始上线生产，四种生产线分别应该在什么时候开始投资？第二年分别能产出多少产品？

2. 折旧（平均年限法）详见表2-7-2

表2-7-2

生产线	购置费	残值	建成第1年	建成第2年	年建成第3年	建成第4年	建成第5年
手工线	5 M	1 M	0 M	1 M	1 M	1 M	1 M
半自动	10 M	2 M	0 M	2 M	2 M	2 M	2 M
自动线	15 M	3 M	0 M	3 M	3 M	3 M	3 M
柔性线	20 M	4 M	0 M	4 M	4 M	4 M	4 M

思考：

第二年年初建成的生产线，第几年开始付维修费？第几年开始折旧？第几年折旧完成？

3. 融资见表 2-7-3

表 2-7-3

贷款类型	贷款时间	贷款额度	年息	还款方式
长期贷款	每年年初	所有长短贷之和不超过上年权益 3 倍	10%	年初付息,到期还本,10 倍数
短期贷款	每季度初		5%	到期一次还本付息,20 倍数
资金贴现	任何时间	视应收款额	12.5%（3 季,4 季）,10%（1 季,2 季）	变现时贴息
库存拍卖	100%（产品） 80%（原料）			

思考：（1）第一年 2 季度贷短贷 20 M,何时还？还多少？

（2）大小厂房贴现,分别能够拿到多少现金？

（3）现在资金缺口是 15 M,有 1 季应收款 13 M,2 季应收款 16 M。应该如何贴现？

4. 厂房见表 2-7-4

表 2-7-4

厂房	买价	租金	售价	容量	
大厂房	40 M	5 M/年	40 M	6	厂房出售得到 4 个账期的应收款,紧急情况下可厂房贴现,直接得到现金。
小厂房	30 M	3 M/年	30 M	4	

备注：厂房租入后,一年后可作租转买、退租等处理,续租系统自动处理。

5. 市场准入见表 2-7-5

表 2-7-5

市场	开发费	时间	
本地	1 M/年	1 年	开发费用按开发时间在年末平均支付,不允许加速投资。
区域	1 M/年	1 年	市场开发完成后,领取相应的市场准入证。
国内	1 M/年	2 年	
亚洲	1 M/年	3 年	
国际	1 M/年	4 年	

6. 资格认证见表 2-7-6

表 2-7-6

认证	ISO9000	ISO14000	
时间	2 年	2 年	平均支付,认证完成后可以领取相应的 ISO 资格证。可中断投资。
费用	1 M/年	2 M/年	

7. 产品物料清单见表 2-7-7

表 2-7-7

名称	开发费用	开发周期	加工费	直接成本	产品组成
P1	1 M/季	2 季	1 M/个	2 M/个	R1
P2	1 M/季	4 季	1 M/个	3 M/个	R2+R3
P3	1 M/季	6 季	1 M/个	4 M/个	R1+R3+R4
P4	2 M/季	6 季	1 M/个	5 M/个	R2+R3+2

思考：

（1）如果想第二年 1 季度开始生产 P1、P2，何时研发？

（2）1 季度研发 P3 产品，何时可以生产？如果拟投资全自动线生产 P3，那么这条生产线应该何时开始投资？

8. 原料设置见表 2-7-8

表 2-7-8

名称	购买价格	提前期
R1	1 M/个	1 季
R2	1 M/个	1 季
R3	1 M/个	2 季
R4	1 M/个	2 季

思考：

（1）某生产线第二年第 3 季度开始生产 P3 产品，采购总监如何下原料订单？

（2）第一年第 3 季度开始研发 P4 产品，何时可以生产？何时下原料订单？如何下原料订单？

9. 紧急采购

付款即到货，原材料价格为直接成本的 2 倍，成品价格为直接成为的 3 倍。（备注：采购差价年末计入综合管理费用表中的损失项。）

10. 选单规则

上年本市场所有产品销售额最高（无违约）优先，其次看本市场本产品广告额，再看本市场广告总额，再看市场销售排名，如仍无法决定，先投广告者先选单。

注意：第一年无订单。（备注：市场预测表中的第一年预测其实是无用的，请不要看错。）

11. 破产标准

现金断流或权益为负。

12. 关于交单

交单可提前，不可推后，违约收回订单。

在选单时请特别注意订单中的"交货期"一项，如果为 1Q 则为加急单，当年第一季度必须交单，4Q 为普通订单，可在当年任何一个季节交单。

13. 关于取整问题

违约金扣除——向下取整

库存拍卖所得现金——向下取整

贴现费用——向上取整

扣税——向下取整

（备注：关于取整的问题，除了贴息是向上取整以外，其他都为向下取整。）

14. 关于损失

库存折价拍价，生产线变卖，紧急采购，订单违约记入损失。

15. 重要参数见表 2-7-9

表 2-7-9

违约扣款百分比	20%	最大长贷年限	5 年
库存折价率（产品）	100%	库存折价率（原料）	80%
长期贷款利率	10%	短期贷款利率	5%
贷款额倍数	3 倍	初始现金（股东资本）	60 M
贴现率（1，2 期）	10%	贴现率（3，4 期）	12.5%
管理费	1 M/季	信息费	0 M/次
紧急采购倍数（原料）	2 倍	紧急采购倍数（产品）	3 倍
所得税率	25%	最大经营年限	7 年
选单时间	40 秒	选单补时时间	25 秒
间谍有效时间	600 秒	间谍使用间隔	3 000 秒
市场老大	存在		

备注：（1）所有参数教师可以在后台进行修改设定，因此参数表仅供参考，具体以实训时教师设定的为准。

（2）选单时间为 40 秒，就是轮到本组选单时，要在 40 秒之内完成选单，因有数据传输时差，故尽量不要卡在最后几秒选单，有可能出现选不上的情况。

（3）所谓选单补时时间 25 秒，为每一次开单时第一个选单的组补时时间，即最先选单的组选单时间为 40+25=65 秒。

（4）间谍有效时间为 600 秒，即从打开间谍功能开始，10 分钟之内要完成间谍任务。间谍使用间隔为 3 000 秒，即从本次使用间谍功能开始，到下次使用需间隔 50 分钟。

（5）市场老大是否存在，教师可以在后台进行设定。

实训 8 创业者电子沙盘初体验

实训目标

- 感受电子沙盘操作界面的特点，能够熟练打开和注册、登录电子沙盘界面。
- 能够熟练运用电子沙盘操作界面中的各功能板块。
- 理解和熟练掌握电子沙盘的操作流程、操作特点。
- 能够将经营计划准确的在电子沙盘中实现。

8.1 注册和登录

学生分组以后，按照指导教师提供的网址，首次打开创业者主页面会弹出如图 2-8-1 所示注册界面。用户名为 U01、U02、U03……，初始密码为 1，学生登录以后可以对原始密码进行修改。其他信息按照要求进行填写即可。

图 2-8-1 创业者注册界面

8.2 操作界面

注册成功以后，即打开如图 2-8-2 所示的操作主界面，以后每次登录也会出现这个主界面。图 2-8-3，为所有操作和运营的操作过程主界面。主界面包括了以下主要功能区域：企业基本信息（左上）、信息交流栏（左下）、操作任务栏（右）。

图 2-8-2　首次登录主界面

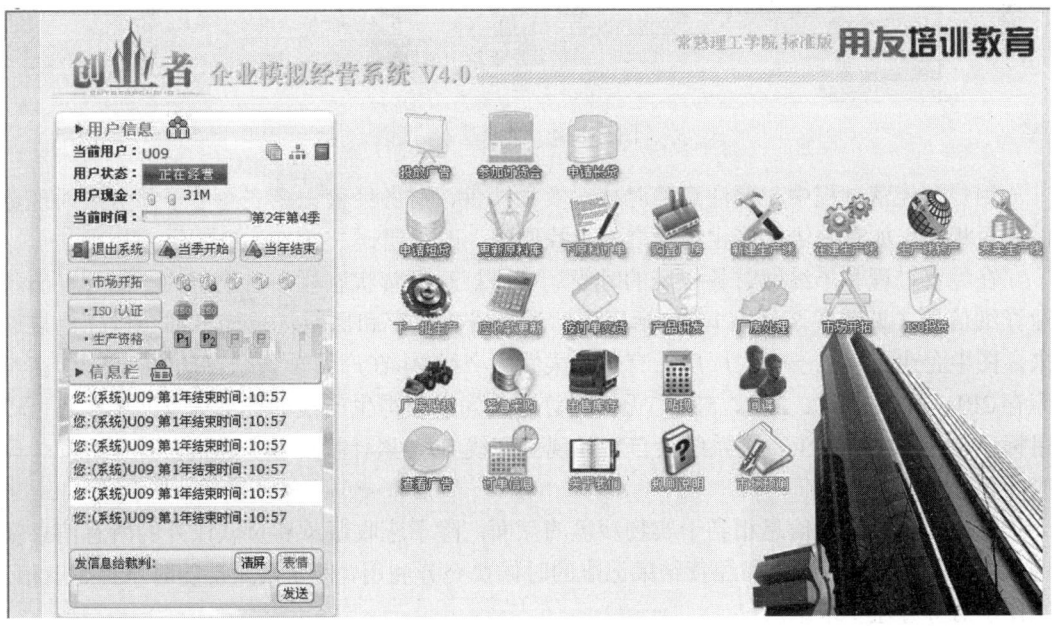

图 2-8-3　操作过程主界面

8.2.1 企业基本信息

企业基本信息见图 2-8-4,包括了经营状态栏(左上)、操作栏(左中,其中"当季开始"和"当季结束"用于配合操作任务完成经营过程)、资质信息栏(左下)等。从图中可以看出,目前 U09 组正处在第 2 年第 4 季度,企业账面现金为 31 M;取得的资质有(亮色显示):本地和区域市场准入、P1、P2 生产资格。

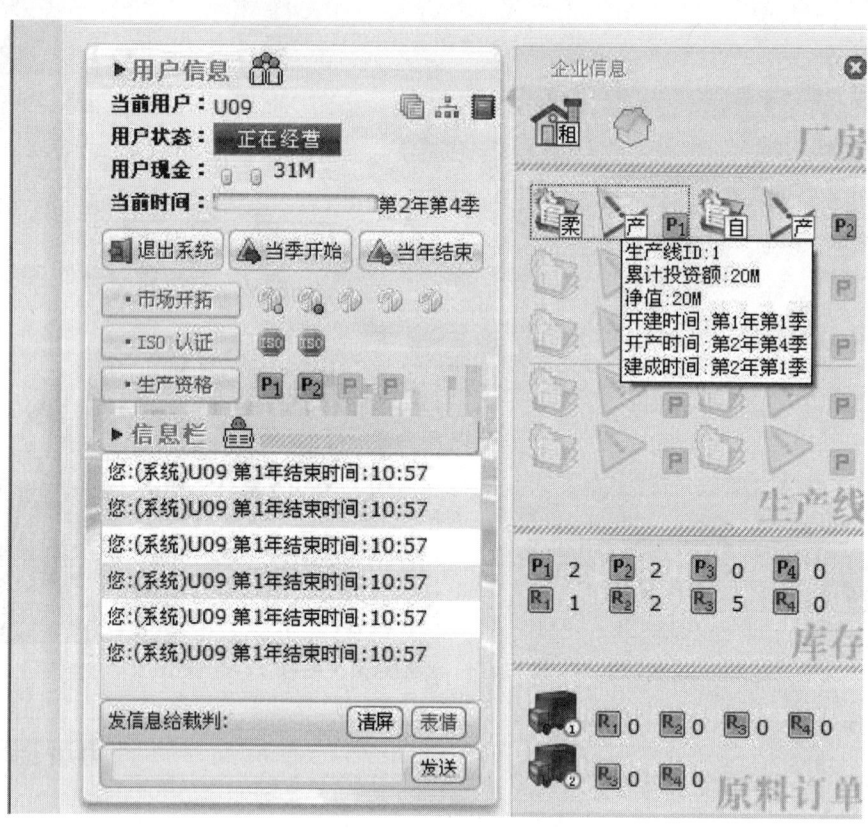

图 2-8-4　企业基本信息

用户在经营过程中,要注意随时核对实物沙盘、财务经营记录表与电子沙盘账面现金余额是否相同,如有差错,停止经营立刻查找原因,改正错误。

在经营过程和年终做财务报表的时候,可以打开经营状态栏中右上角的小图标,出现企业详细信息(见图 2-8-4 右),包括厂房、生产线、库存和原料订单信息都会以亮色显现出来,图中企业租用了一个大厂房,有一条柔性生产线 P1 在产、一条全自动生产线 P2 在产,库存 2P1、2P2、1R1、2R2、5R3,无原料订单。为了获得生产线的详细信息,用户还可以将鼠标移至某条生产线上,则系统会自动显现生产线 ID、累计投资额、净值、开建时间、开产时间、建成时间等。

综上,企业基本信息相当于实物沙盘的盘面,除了应收账款和贷款以外的所有信息都在这里,企业在经营过程中和经营结束记账的时候要充分利用,便于决策层随时掌握企业信息,也便于财务总监年末记账。

8.2.2 信息交流栏

如图 2-8-4 所示,信息交流栏主要用于师生之间的信息交流。教师会通过该栏向学生发送通知、各组年末财务状况等信息,学生也可以通过该栏向教师反馈信息。

8.2.3 操作任务栏

如图 2-8-3,操作任务栏包括了投放广告、参加订货会等 28 项企业经营过程中的用到的所有操作,亮色为企业当前可以操作的任务,暗色则不可以完成操作。具体特点和注意事项会在 8.3 操作步骤中详细讲述。

8.3 操 作 步 骤

首先对照电子沙盘经营记录表来了解一下电子沙盘操作任务以及与手工实物沙盘的区别。见表 2-8-1。

表 2-8-1 经营记录表

用户_____   第___年经营

每执行完一项操作,请 CEO 在相应的方格内打勾,请财务总监准确填写现金流量。

操作顺序	手工操作流程	系统操作	手工记录			
			1Q	2Q	3Q	4Q
年初	支付应付税	系统自动完成				
	支付长贷利息					
	更新长期贷款/长期贷款还款					
	◆投放广告					
	◆参加订货会					
	◆申请长期贷款	输入贷款数额并确认可重复操作				
	季初现金盘点(请填余额)					
*1	◆当季开始 关键步骤					
2	还本付息/更新短期贷款	系统自动完成				
	更新生产/完工入库					
	生产线完工/转产完工					
3	◆申请短期贷款	不可重复操作				
*4	更新原料库 需要确认金额,关键步骤					
5	◆下原料订单	不可重复操作				
6	◆购置厂房(租用)	无严格操作顺序,有些步骤可以重复操作,有些步骤必须要重复操作				
7	◆新建生产线					
8	◆在建生产线					
9	◆生产线转产					
10	◆变卖生产线					
11	◆下一批生产					

续表

操作顺序	手工操作流程	系统操作	手工记录 1Q	2Q	3Q	4Q
*12	◆应收款更新　　关键步骤，收现金额系统不提示					
13	◆按订单交货	选择要交货订单确认				
14	◆产品研发投资	选择并确认				
15	◆厂房处理	自动转四账期应收款				
*16	◆当季结束　　关键步骤					
17	支付行政管理费 支付租金 检测产品开发完成情况	系统自动完成				
18	◆厂房贴现					
19	◆紧急采购					
20	◆出售库存	可以随时进行				
21	◆贴现					
22	◆间谍					
23	组间交易	交易双方需到老师处登记				
24	其他收支（请注明）					
	季末现金流入合计					
	季末现金流出合计					
	季末现金对账（请填余额）					
年末	◆市场开拓 ◆ISO 投资 检测"新市场开拓，ISO 资格认证投资"完成情况 支付设备维修费 计提折旧 违约扣款 结账（请核对现金余额）	系统自动完成				（　）

注：在表 8-1 中，带*的操作任务为关键步骤，关键步骤的操作完成以后，前面的操作变为不可用的暗色，后面的操作变为可用的亮色。表中带◆符号的操作任务为电子沙盘主界面中的操作菜单。不带任何符号的操作步骤多为电子沙盘自动完成的操作，对于初学者来说，如果企业在经营过程中结合实物沙盘，千万不要忘记在实物沙盘中手工完成这些操作。

总体来说，电子沙盘操作任务包括了年初工作、每季度工作（表 2-8-1 中的 1–17 项）、可随时进行的操作（表 2-8-1 中的 18–22 项）、年末工作和其他操作等 5 大项。

8.3.1 年初工作

8.3.1.1 投放广告

除了第 1 年没有订单以外,每年年初的第 1 项操作任务便是投放广告,双击操作任务栏"投放广告",按照要求操作,依次弹出图 2-8-5 所示 2 个界面。

图 2-8-5 广告投放界面

可以看出,在投放广告的时候,系统也自动完成了支付应付税、支付长贷利息、更新长期贷款、长期贷款还款等操作。除此之外,还要注意以下几点:

(1)第 1 年不参加广告投放和订货会。

(2)一定要事先取得相应市场的准入资格才能投放广告,若未取得市场准入资格,则投放广告的时候系统显示为红色,不能投放相应市场的广告。产品广告的投放则没有资格也可投放,因此请不要投错广告。从图中可以看出,目前企业取得的市场准入资格包括本地、区域和国内市场,亚洲和国际市场显示为红色,说明还未取得市场准入资格。

(3)ISO 只要取得资格认证即可使用,无需额外投放广告。

(4)市场准入资格取得以后,若不卖产品也无需额外投放市场维护费用。

(5)所有组广告投放完成以后,可以查看其他组广告,等待订货会开始。教师在订货会之前会给时间查看其他组广告。

(6)即使不投广告不参加订货会也要将所有广告投放额填成 0 然后确认。

8.3.1.2 参加订货会

双击操作任务栏中的"参加订货会"进行网上选单。如图 2-8-6 所示。

在选单界面的左边显示的是参加订货会的企业组别、产品广告额、市场广告额等信息，右面则显示的是待选的所有订单。可以看出，目前是第 2 年本地 P2 产品的选单界面，目前等待选单的企业有 6 家，分别是 U09～U04 组，目前 09 组选单中。

按照选单顺序，其他企业在选单的时候，自己企业的选单界面中所有订单为红色，轮到自己企业选单的时候，所有订单变为白色，提示可以进行选单操作了。参看选单界面的右上角，所有被选订单可以按总价、产品数量、产品单价等几种方式排序，在其他企业和本企业选单的时候都可以点击随时选择不一样的排序方式。

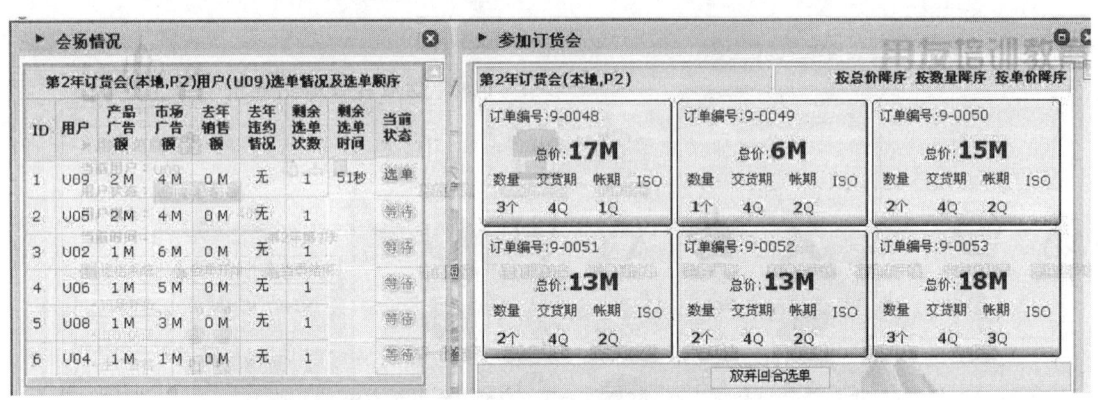

图 2-8-6 选单界面

学生在选单的时候，要注意以下问题：

（1）选单规则基本同于手工沙盘。若系统设置为有市场老大，则市场老大在投放了至少 1 M 广告的前提下优先选单。若没有市场老大，则选单顺序依据依次为产品广告额，市场广告额，去年销售额，广告提交时间。若想多轮选单，则在所有组选完单还有订单剩余的前提下，产品广告投放额度依次为至少 3 M 可 2 轮拿单，5 M 可 3 轮拿单，依次类推。

（2）各组选单时候允许的决策时间可在运营规则中查看。一般系统默认为 40 秒，第一个选单的企业有若干选单补时时间，系统默认为 25 秒。请同学们在选单的时候尽量不要等在最后几秒钟点击选单，因为系统有时差，可能选不到单。

（3）在每一个订单中，基本信息包括了订单编号、总价、数量、交货期、账期、ISO 要求等，请同学们在选单的时候一定要注意交货期。交货期为 1Q 的为加急单，当年第一季度必须交货；4Q 交货期的订单为普通单，可以在一年中的任何一个季度交货。

（4）各组在选单的时候可以随时退出选单界面，查看其他组广告、自己组已选的订单信息等，来辅助选单决策，然后再点击"参加订货会"回到选单界面。

8.3.1.3 申请长期贷款

选单结束后正式经营的第一项工作便是申请长期贷款，操作界面如图 2-8-7 所示。

系统会根据企业上一年的权益额和已经贷款额度，按照规则要求的倍数自动计算出最大贷款额度。企业在贷款的时候需要填写需贷款年限和需贷款额度两项即可。

在进行本项操作的时候，需要注意的问题有：
- 长期贷款额度为 10 M 的整数倍。
- 此项操作可以重复进行。
- 申请长贷为年初工作，若需贷款，一定要在"当季开始"前完成。
- 如无需贷款，可以不做此项操作。

图 2-8-7　申请长贷界面

8.3.2　每季度工作

8.3.2.1　当季开始

"当季开始"操作任务显示在主界面的左面企业基本信息栏，年初三项工作完成以后，便可点击当季开始，弹出界面如图 2-8-8 所示。

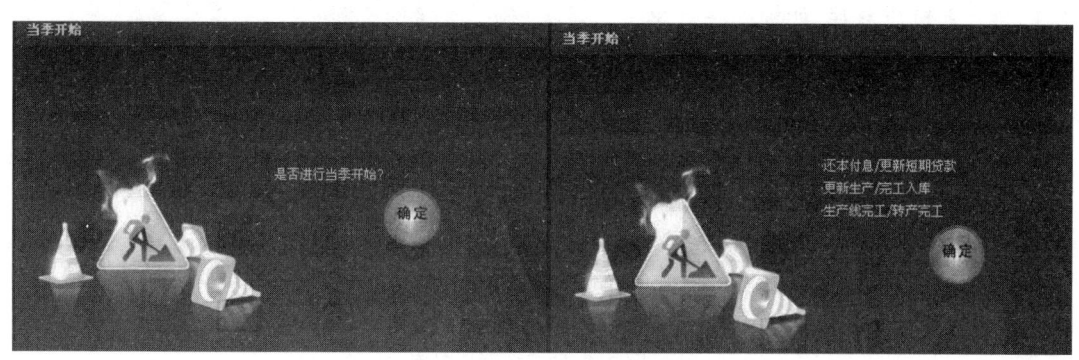

图 2-8-8　当季开始界面

系统首先会询问是否进行当季开始（图 2-8-8 左），点击确定，弹出图 8-8 右面的界面。可以看出，当季开始系统自动完成了还本付息/更新短期贷款、更新生产/完工入库、生产线完工/转产完工等操作。

当季开始注意事项如下。

（1）年初投放广告、参加订货会等必要步骤完成后，"当季开始"按钮即会高亮显示并一直闪烁，但是并不代表马上要去点击完成。点击之前请仔细检查核对年初工作如申请长贷是否都已完成，才能点击当季开始。"当季（年）结束"按钮也是一样。

（2）再次强调"当季开始"系统自动完成的内容包括还本付息/更新短期贷款、更新生产/

完工入库、生产线完工/转产完工等操作。

（3）当季开始为每个季度经营开始的必需步骤。

（4）当季开始为经营中的关键步骤。

8.3.2.2 申请短期贷款

申请短贷为每季度初非常重要的工作，操作界面如图 2-8-9 所示。

与长贷相同，系统会自动计算最大贷款额度，企业只需填写需贷款额即可。

- 与长贷可重复操作不同，短贷每季度只能申请一次，每个季度点击完成后，即变为暗色，不可重复操作。
- 贷款额度必须为 20 M 的整数倍。
- 若无需短贷，可以不进行此项操作。

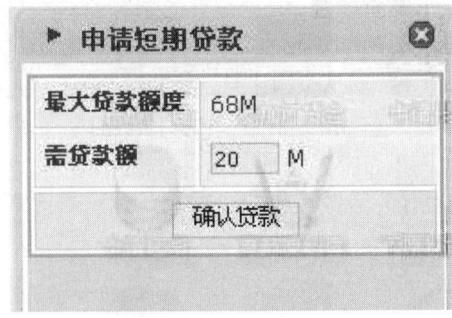

图 2-8-9　申请短贷界面

8.3.2.3 更新原料库/更新原料订单

系统会自动根据前面季度的原料订单情况计算更新原料库的应付现金额度，企业只能选择"确认更新"。系统会自动扣除现金。如图 2-8-10。

图 2-8-10　更新原料库

- 更新原料库为关键步骤。
- 在确认更新之前，要确保企业账面现金能够支付原料费用，否则系统没办法扣除现金。如果现金不够，则要想办法融资。
- 电子沙盘中的此步骤表现出来就是扣除现金，但是同步的手工沙盘不要忘记还包括了更新原料订单。
- 若前面季度没有下订单，则有可能此步骤现付金额为 0，即使为 0 也要确认更新。

8.3.2.4 下原料订单

下原料订单界面如图 2-8-11。企业在操作时需要根据原料需求情况，填写 4 种原料的订购量。
- 不需要的原料，订购量填写 0。
- 原料一旦确认订购，到了入库季节则一定要强制入库（付现），不能违约退单。

图 2-8-11　下原料订单界面

8.3.2.5　购置厂房

购置厂房操作见图 2-8-12。需要完成的包括选择厂房类型（大厂房、小厂房）和获得方式（买、租），确认后系统自动扣除相应的现金。

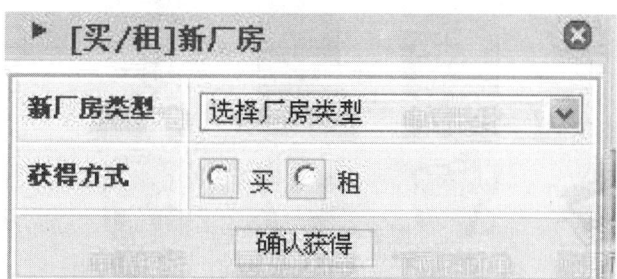

图 2-8-12　购置厂房

- 本步骤虽然每个季度都会亮起来可操作，但是多数时候买或租厂房是以年为单位计算的，所以不一定每个季度都需要完成此操作。
- 首次租厂房确认以后系统会扣除租金，下一年续租则不用理会此操作，系统会在下一年相同季度"当季结束"的时候自动扣除租金。（参见表 2-8-1 经营记录表中第 17 步）

8.3.2.6　新建生产线

新建生产线操作界面如图 2-8-13，需要完成的操作包括选择所属厂房（若只有一个厂房可用，则系统默认）、选择新生产线类型、生产的产品类型。

- 手工线和柔性线虽然可以任意转产，但在新建的时候也需要指定生产的产品类型。
- 此步骤操作一次只能新建一条生产线，可以重复操作，如果需要同时建多条生产线则必须要重复操作。
- 完成此步骤后,系统自动扣除新建费用,而非一次性扣除生产线的总价。
- 满的厂房则不能再新建生产线。

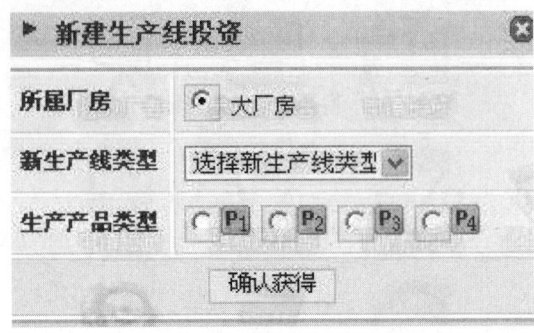

图 2-8-13　新建生产线

8.3.2.7　在建生产线投资

在建生产线投资如图 2-8-14 所示。系统会自动给出需要(可以)在建的生产线有哪些,操作时选择相应的生产线进行继续投资建设。

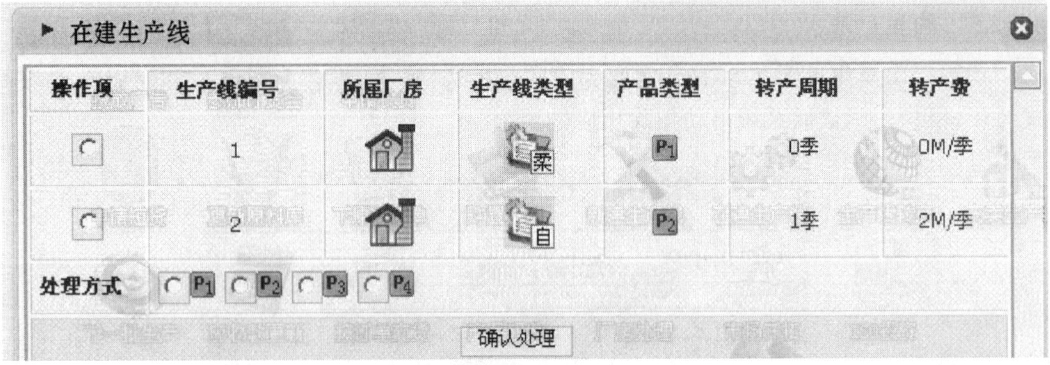

图 2-8-14　在建生产线

- 上个季度投资新建的生产线到本季度变成在建生产线。
- 不要忘记把"所有"计划进行在建投资的生产线选中以后再确认。
- 本步骤每季度只能操作一次,不可重复操作。

8.3.2.8　生产线转产

生产线转产操作界面如图 2-8-15。需要完成的操作包括选择转产的生产线、预转产的产品类型。

- 手工线和柔性线虽然转产周期和转产费用为 0,但是也需要进行转产操作,操作完成后当季便可生产。
- 只有空生产线才可以转产。
- 如果多条生产线转产,则需多次操作。

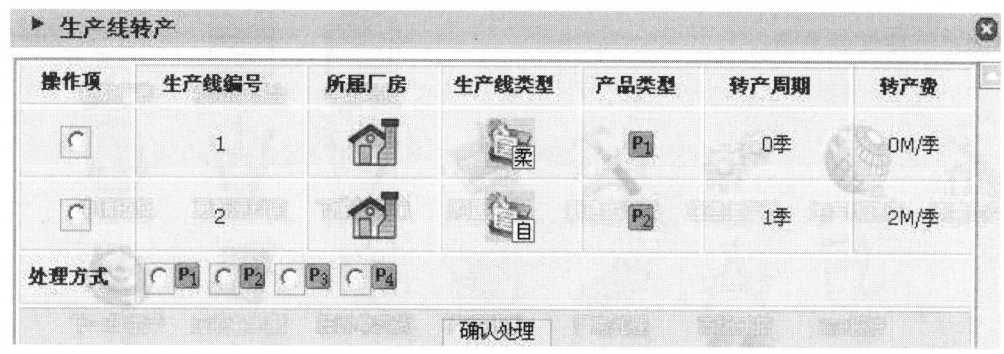

图 2-8-15　生产线转产

8.3.2.9　变卖生产线

变卖生产线操作如图 2-8-16，选择欲出售的生产线确认即可。

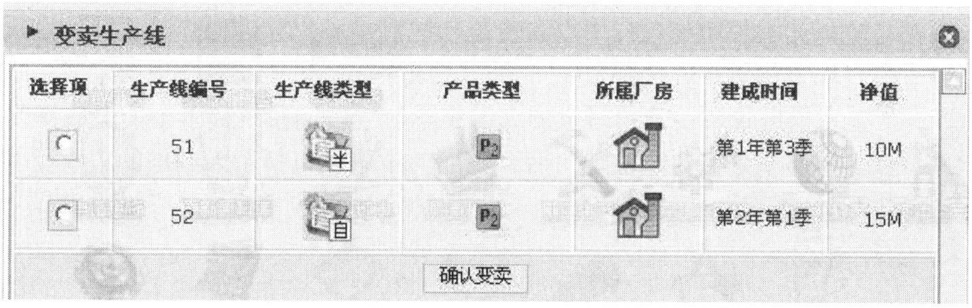

图 2-8-16　变卖生产线

- 此步骤对于生产线净值和残值的相应处理参考竞争规则。
- 系统会自动显示可以变卖的生产线。只有空生产线方可变卖。
- 此步骤可以重复操作，没有要变卖的生产线也可以跳过不操作。

8.3.2.10　下一批生产

开始下一批生产操作见图 2-8-17，选择相应生产线点击"开始生产"即可。

图 2-8-17　开始下一批生产

- 能够开始生产的前提是要取得生产资格认证、原料足够、加工费足够、生产线为空等。
- 系统会自动显示能够开始下一批生产的空生产线。
- 生产条件不具备可以停产。

8.3.2.11 应收款更新

应收款更新操作见图 2-8-18,操作时需要填写收现金额。点击确认更新。

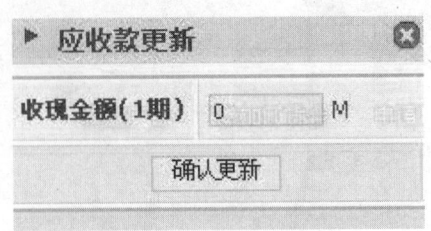

图 2-8-18 应收款更新

- 收现金额系统不会提示具体数字,默认显示为 0,需手工填写收现数字,填好方可确认更新。
- 此步骤为关键步骤。
- 因为系统不提示也无从查找应收款信息,故对于应收款的操作处理要特别规范谨慎。
- 填写的收现金额若小于实际数字,可以完成操作,未能及时收现的余额仍是 1 期应收账款,下一个季度仍可收现。若填写金额大于实际数字,则系统提示不能完成操作。
- 此步骤表现出来是应收款收现,后台完成的步骤还包括了未到期的应收款的更新,同步的手工沙盘不要忘记。

8.3.2.12 按订单交货

按订单交货操作如图 2-8-19,需要选择交货的订单点击"确认交货"。

- 按订单交货之前(随时)可以查看产品库存信息(参见图 2-8-4 企业基本信息)和企业订单信息(参见图 2-8-32 订单信息),以便安排交货计划。
- 系统会自动列出未交货的订单信息。
- 与实物沙盘相同,订单可提前交货但不可拖后(未按时交单视为违约)。

订单编号	产品	数量	市场	总价	得单年份	交货期	帐期	操作
9-0067	P2	3	d区域	20M	第2年	4季	2季	确认交货
9-0062	P1	3	d区域	15M	第2年	4季	3季	确认交货
9-0060	P1	2	d区域	9M	第2年	4季	2季	确认交货
9-0048	P2	3	本地	17M	第2年	4季	1季	确认交货
9-0047	P1	3	本地	15M	第2年	4季	4季	确认交货

图 2-8-19 按订单交货

8.3.2.13 产品研发投资

产品研发投资界面见图 2-8-20。钩选需要投资研发的产品,然后确认即可。

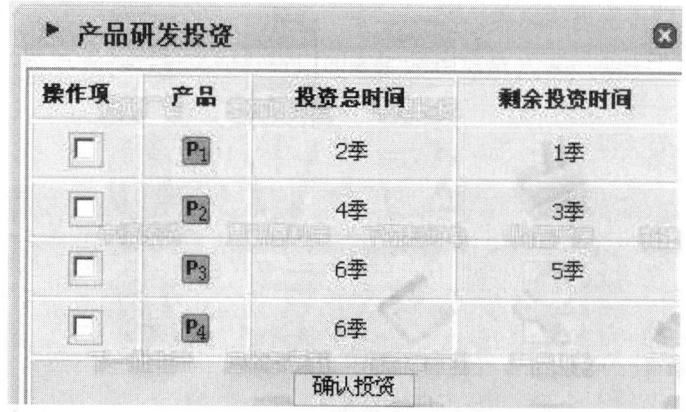

图 2-8-20　产品研发投资

- 产品研发投资为季度工作，且每季度只能操作一次，不要忘记。
- 研发投资期满结束后到季度末系统自动监测完成情况，发生产资格证。

8.3.2.14　厂房处理

厂房处理界面如图 2-8-21。需要选择厂房处理的方式（卖出、退租、租转买等）和待处理的厂房（大厂房、小厂房）。

图 2-8-21　厂房处理

- 厂房卖出的话，销售金额计入 4Q 应收账款。如果厂房内有生产线，则同时收取相应租金，系统会记下租借季度，下一年如不操作，到相应季度则自动收取下一年租金。
- 只有空厂房才可以退租。
- 租借厂房如果满一年，则可以进行租转买的操作，操作完成后，系统扣除买价等额现金，到季末（年末）不再扣除租金。
- 如不需要进行厂房处理，此步骤可以不进行操作。系统默认厂房状态跟以前年度一样。

8.3.2.15　当季结束

当季结束界面见图 2-8-22。系统首先会询问是否进行当季结束（图 2-8-22 左部分），点击确定，弹出图 2-8-22 右部分的界面。可以看出，当季结束系统自动完成了支付行政管理费、支付租金、检测产品研发完成情况等操作。

- 同当季开始一样，每个季度必要步骤完成后，"当季结束"按钮即会高亮显示并一直闪烁，但是并不代表马上要去点击完成。点击之前请仔细检查核对季度工作如产品研发等是否都已完成,才能点击当季结束。

● 再次强调"当季结束"系统自动完成的内容包括支付行政管理费、支付租金、检测产品研发完成情况等操作。

● 当季结束为关键步骤。

图 2-8-22　当季结束

8.3.3　可随时进行的操作

可随时进行的操作包括厂房贴现、紧急采购、出售库存、应收款贴现、间谍(有条件的随时进行)等。除间谍以外,这些操作一般都为非正常状态下的紧急操作,也是最容易出现错误的地方,同学在练习的时候要仔细体会。

8.3.3.1　厂房贴现

对于买下的大小厂房,可以随时进行贴现操作,厂房贴现操作界面如图 2-8-23 所示。

图 2-8-23　厂房贴现

● 厂房贴现操作一旦确认,系统自动完成三个步骤:出售厂房为 4 个账期的应收款、4 账期应收款全部贴现、收取租金。企业在厂房贴现之前可以计算一下,40 M 或 30 M 的大小厂房资金应该在实物沙盘中如何摆放,多少付贴息、多少变现、多少付租金。

8.3.3.2　紧急采购

原材料和产成品可以分别按照直接成本价 2 倍和 3 倍的价格紧急买入,紧急采购界面如图 2-8-24 所示。只需选中需要采购的原料或产成品,填写定购量便可完成操作。

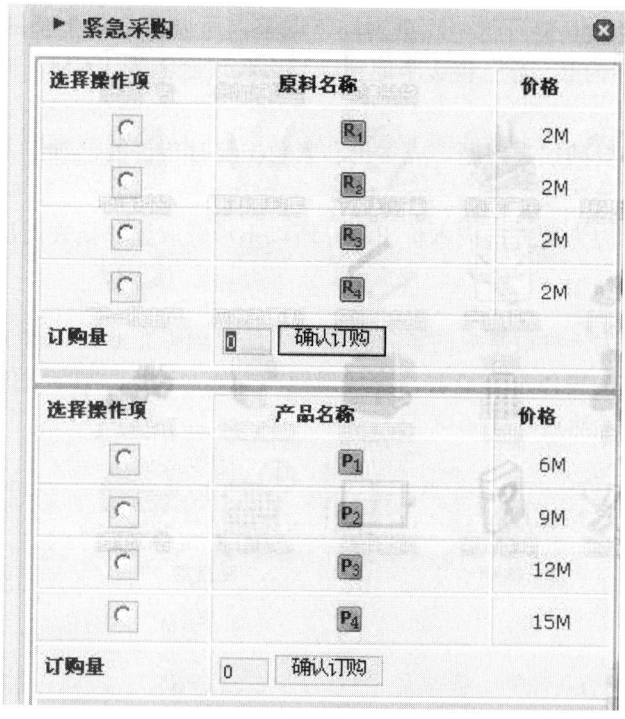

图 2-8-24 紧急采购

- 紧急采购操作完成后系统即扣除现金,关于年末记账,采购价和直接成本价的差额计入综合管理费用表中的损失项。如紧急采购了 1P1,支付现金为 3 倍直接成本价 3*2 = 6 M,年终损失项记入采购价 6 M–直接成本价 2 M=4 M。

8.3.3.3 出售库存

紧急融资的办法除了可以应收款贴现、厂房贴现、变卖生产线以外,还可以出售库存的原材料或产成品,原材料按照采购价的 8 折(向下取整)销售,产成品按照直接成本价出售。操作界面如图 2-8-25,分别填写出售的数量然后确认即可。

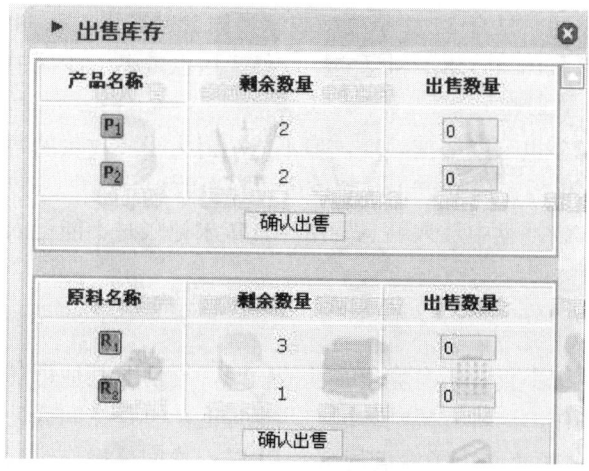

图 2-8-25 出售库存

- 出售原料涉及取整问题，注意为向下取整，所以若出售 1 个原料，那么收现金额为 0.8 M，向下取整后为 0，若出售 2 个原料，那么收现金额为 1.6 M，向下取整后为 1 M，以此类推。
- 出售原料涉及的损失问题、成本价和紧急出售时售价的差额记入年末综合管理费用表中的损失项。
- 出售产成品因为是直接成本价出售，所以不涉及取整和损失问题，直接收现即可。

8.3.3.4 贴现

应收款贴现作为一种最常见的紧急融资的办法，模拟企业在运营过程中几乎都会用到，因此贴现是最常见的操作也是最容易出现问题的操作之一。贴现界面如图 2-8-26 所示，操作时需填写贴现金额然后确认即可。

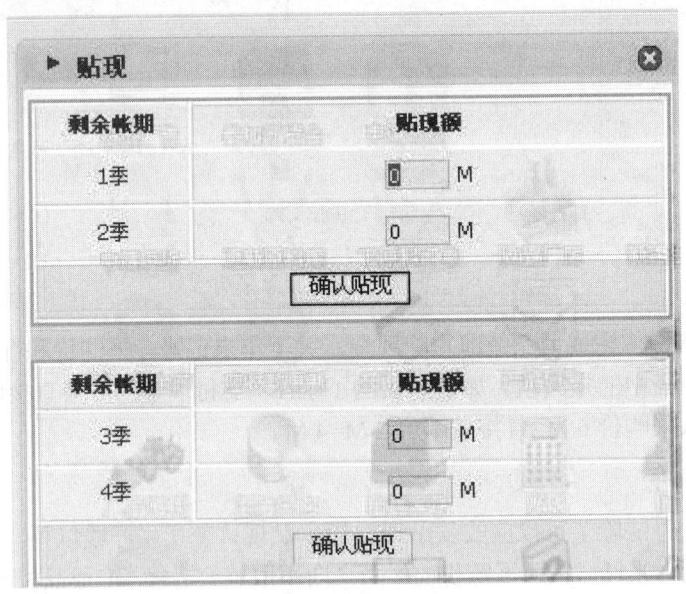

图 2-8-26　贴现

- 因贴现利息不同，只有 1、2 季度应收款可以合并贴现，3、4 季度应收款可以合并贴现。贴现利息分别为 1∶10 和 1∶8，利息向上取整（这也是电子沙盘中唯一一个向上取整的操作，其他地方均为向下取整）。
- 应收款可以部分也可以全部贴现，但不能填写大于应收款的数字金额进行贴现。部分贴现时剩下的应收款仍放在原处，正常每季度更新至收现。
- 贴现利息在实物沙盘中放入贴息费用栏，年末记账时不能记入损失，与长短贷利息一样记入财务费用。

8.3.3.5 间谍

间谍操作指在系统中查看所有竞争企业的信息，与前面其他可随时进行的操作不同，间谍是有限制的随时操作，这种有限制体现在两个方面。一是在间谍使用时间上系统会有限制（一般为 600 秒，具体可查看电子沙盘规则），二是一次间谍操作过后，下次间谍操作要等一段时间以后才可以（一般为 3 000 秒，具体可查看电子沙盘规则）。

根据电子沙盘规则，间谍可以收费，也可以免费（系统一般设计为免费）。

间谍操作界面如图 2-8-27 所示，打开间谍操作，系统首先会弹出 2-8-27 上部分的界面，询问是否购买间谍服务，点击确认购买，则在购买窗口弹出图 2-8-27 下部分左边的界面，里面显示了企业信息列表，可以打开任何一个企业进行信息的查看，如打开 U03 企业，显示的信息如图 2-8-27 下部分右边，可以看到，间谍可以查看的竞争对手信息包括市场开拓、ISO 认证、产品研发等的完成情况、生产线信息等。

 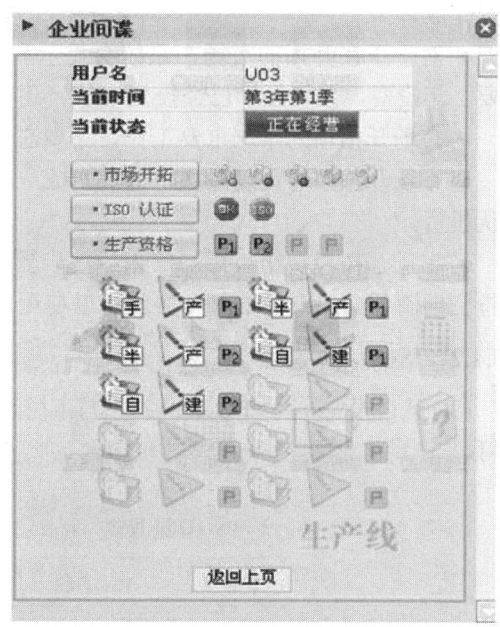

图 2-8-27　间谍

8.3.4　年末工作

在操作界面中，完成了季度的必需工作后，就可以启动年末的各项工作了。完成应收款更新以后，因后面的按订单交货、产品研发投资、厂房处理等步骤为非必要操作步骤，因此，年末工作也随着应收款更新完成而亮起来。即完成了应收款更新，年末的工作就可以操作了，年末要完成的工作包括市场开拓、ISO 投资、当年结束等。

8.3.4.1 市场开拓

市场开拓界面如图 2-8-28。钩选预开拓的市场，点击确认投资即可。

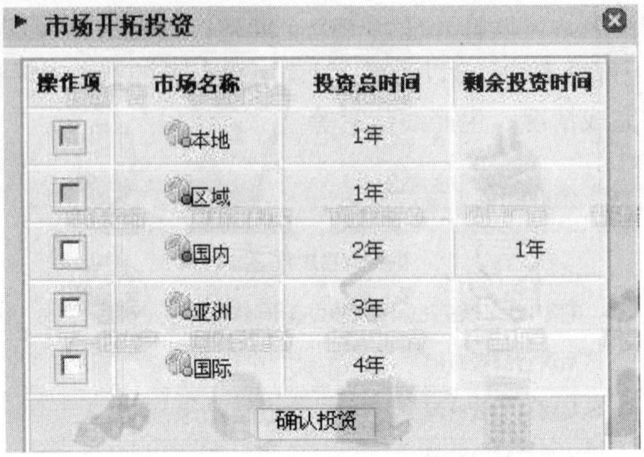

图 2-8-28 市场开拓

- 已经开拓成功的市场系统显示不可钩选。如图 2-8-28 中，本地市场和区域市场已经投资完成。
- 对于正在开拓的市场，系统会显示剩余投资时间，如图 2-8-28 中的国内市场，一共需要 2 年投资，系统显示已经投资 1 年，还要 1 年即完成投资。
- 市场开拓项为年末重要工作，不要忘记。
- 市场开拓不可重复操作，因此，应一次将待投资开拓的市场全部钩选上，才可以点击确认投资。
- 市场开拓投资结束后，年末后续步骤（当年结束步骤）会自动检测开拓完成情况，因此投资期满下一年市场准入资格就可以使用。

8.3.4.2 ISO 认证投资

ISO 认证投资界面如图 2-8-29。与市场开拓步骤相同，钩选预开拓的市场，点击确认投资即可。

图 2-8-29 ISO 认证投资

- 与市场开拓步骤相同：已经投资完成取得资格的认证系统显示不可钩选；对于正在投资的认证，系统会显示剩余投资时间。
- ISO 投资项为年末重要工作，如果计划要投资，操作的时候不要忘记。

- ISO 认证不可重复操作，因此，应一次将待投资的认证全部钩选上，才可以点击确认投资。
- ISO 投资结束后，年末后续步骤（当年结束步骤）会自动检测投资完成情况，因此投资期满下一年 ISO 资格就可以使用。
- 取得 ISO 资格认证后，不需要额外再投广告费，系统默认可以拿相应资格要求的订单。

8.3.4.3 当年结束

参见 8.3.2.15 当季结束，每个季度（1-3 季度）必需步骤完成以后，当季结束即高亮显示并一直闪烁提示可以操作了，在第 4 季度，因已经是一年中的最后一个季度，取代当季结束高亮显示的为当年结束，操作界面如图 2-8-30。

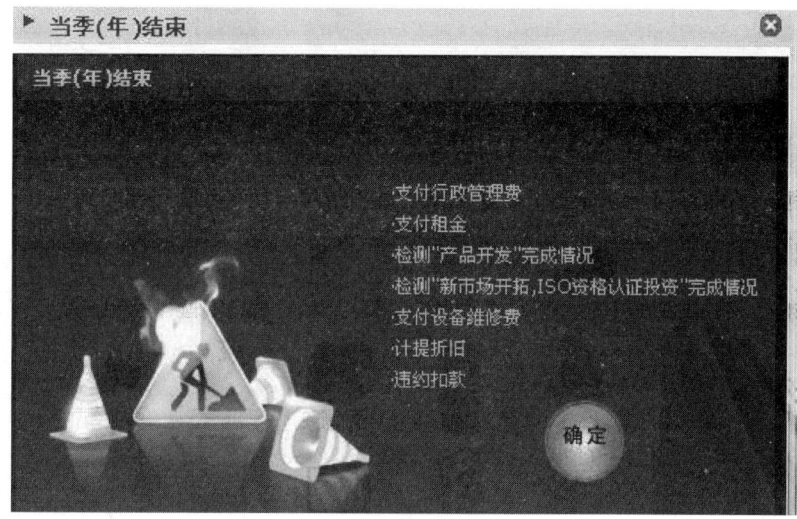

图 2-8-30　当年结束

系统首先会询问是否进行当年结束，点击确定，弹出图 2-8-30 的界面。可以看出，当年结束与当季结束相似，系统自动完成了支付行政管理费、支付租金、检测产品研发完成情况等操作，此外还额外完成了检测新市场开拓/ISO 资格认证投资完成情况、支付设备维修费、计提折旧、违约扣款等每年一次的操作。

- 同当季结束一样，第 4 季度必要步骤完成后，"当年结束"按钮即会高亮显示并一直闪烁，但是并不代表马上要去点击完成。点击之前请仔细检查核对季度工作如产品研发等是否都已完成，才能点击当年结束。
- 再次强调"当年结束"系统自动完成的内容包括支付行政管理费、支付租金、检测产品研发完成情况、检测新市场开拓/ISO 资格认证投资完成情况、支付设备维修费、计提折旧、违约扣款等操作。
- 当年结束为关键步骤。

8.3.5　其他操作

其他操作包括查看广告、订单信息、规则说明、市场预测等，可以看出，这些多数为随时可以进行的免费查询操作（查看广告除外，只有在每年所有组广告投完后、选单结束前这段时间才可查看），企业在运营时要注意充分利用这些查询功能。

8.3.5.1 查看广告

查看广告为有时间限制的免费查询操作，每年所有企业广告投放完成后一直到订货会结束，期间都可以随时打开查看所有企业的广告投放情况，其他时间则不能查询。查看广告界面如图 2–8–31 所示。

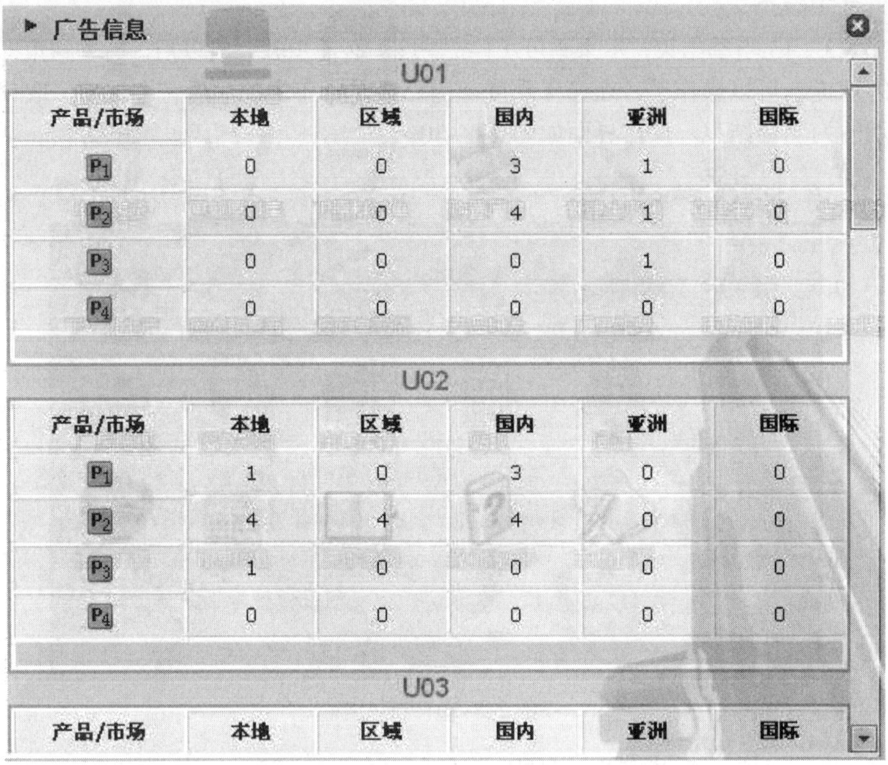

产品/市场	本地	区域	国内	亚洲	国际
P1	0	0	3	1	0
P2	0	0	4	1	0
P3	0	0	0	1	0
P4	0	0	0	0	0

产品/市场	本地	区域	国内	亚洲	国际
P1	1	0	3	0	0
P2	4	4	4	0	0
P3	1	0	0	0	0
P4	0	0	0	0	0

产品/市场	本地	区域	国内	亚洲	国际

图 2–8–31 查看广告

- 企业在订货会开始前和订货会期间可以充分利用此查询功能，以便在竞单的时候能够知己知彼。
- 在订货会时可以查询广告，查询后可以再打开订货会界面，继续参加订货会。

8.3.5.2 订单信息

企业可以随时打开订单信息查询本企业所有（不只是本年，还包括前面各年度）订单，订单信息查询界面如图 2–8–32。可以看出，除了产品种类、单价、总价、市场等订单基本信息外，还可以查看得单年份、订单是否交单（或违约）、交货时间等。企业在按订单交货时、查询应收账款时、参加订货会时、年末记账时等都要充分利用订单查询功能。

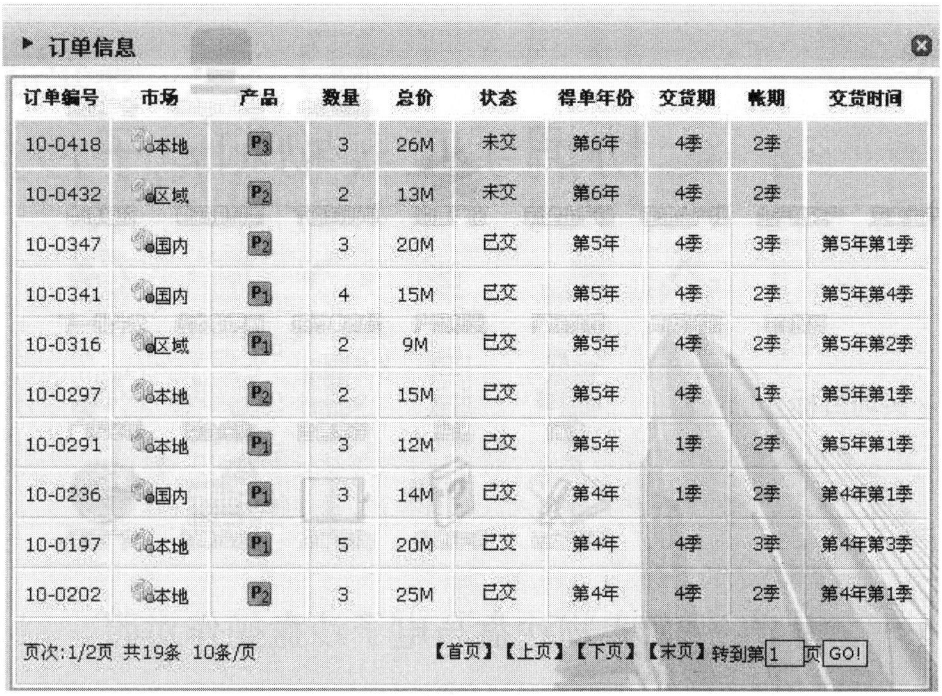

订单编号	市场	产品	数量	总价	状态	得单年份	交货期	帐期	交货时间
10-0418	本地	P3	3	26M	未交	第6年	4季	2季	
10-0432	区域	P2	2	13M	未交	第6年	4季	2季	
10-0347	国内	P2	3	20M	已交	第5年	4季	3季	第5年第1季
10-0341	国内	P1	4	15M	已交	第5年	4季	2季	第5年第4季
10-0316	区域	P1	2	9M	已交	第5年	4季	2季	第5年第2季
10-0297	本地	P2	2	15M	已交	第5年	4季	1季	第5年第1季
10-0291	本地	P1	3	12M	已交	第5年	1季	2季	第5年第1季
10-0236	国内	P1	3	14M	已交	第4年	1季	2季	第4年第1季
10-0197	本地	P1	5	20M	已交	第4年	4季	3季	第4年第3季
10-0202	本地	P2	3	25M	已交	第4年	4季	2季	第4年第1季

页次:1/2页 共19条 10条/页   【首页】【上页】【下页】【末页】转到第 1 页 GO!

图 2-8-32 订单信息

实训 9 协调手工实物和电子沙盘

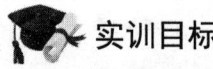 实训目标

- 在充分理解实物和电子沙盘操作的基础上能够很好地协调实物和电子沙盘操作。
- 对于电子沙盘中的特殊操作形成认识并体会其操作特点。

9.1 手工实物沙盘与电子沙盘操作对照

学生一般是在学完手工实物沙盘后再学习电子沙盘,在学习电子沙盘的时候,即使很熟练的学生,老师一般也会建议实物和电子沙盘一起同步来完成。学生在学习过程中,既要有实物沙盘的基础,理解什么是沙盘、操作特点、经营思路、对于规则的灵活理解和把握等,又要跳出实物沙盘的固定模式,尽快适应电子沙盘的特点。

手工实物沙盘与电子沙盘的操作对照可以参考表 8–1 经营记录表,再结合实训 8 中的操作步骤,可以看出,手工实物沙盘与电子沙盘的操作既有联系,又有区别,下面就一些有区别的步骤进行说明。

(1)操作顺序

电子沙盘与手工实物沙盘的最大区别之一就是操作顺序更加严谨苛刻。例如申请/偿还长贷操作,手工实物沙盘是在年末完成的,而电子沙盘则在年初支付完年初各项费用后完成,所以体现在实际运营中,实物沙盘下,年末做完发现现金不充裕可以马上申请长贷,但是在电子沙盘下,很多企业可能到了年初投放广告的时候,又要扣广告费、又要支付长贷利息、长贷还款,有些还要支付应付税金,这才发现现金不足,但是在这个时候却不可申请长贷,因此,对企业预算要求会更高一些。

(2)投放广告

在电子沙盘中,投放广告的同时系统自动完成支付应付税、支付长贷利息、更新长期贷款/长期贷款还款等操作。

(2)当季开始

当季开始确认以后,系统自动完成的步骤包括(短贷)还本付息、更新短期贷款、更新生产、完工入库、生产线完工、转产完工等操作。

(3)更新原料库

更新原料库时,电子沙盘系统提示入库时应支付的原料购买费用,在同步操作的实物沙

盘中，不仅入库的原料订单需要更新，未入库的 R3、R4 订单也需要更新，同学在操作过程中，往往会忘记。

（4）更新应收款

更新应收款为电子沙盘的关键步骤，在更新时，系统不提示应收现的金额，需要同学根据账面和实物沙盘的信息，填写收现额。另外没有收现的 2-4 期应收款也要同步更新，实物沙盘不要忘记操作。

（5）当季（年）结束

当季结束确认后，系统自动完成的步骤包括支付行政管理费、支付租金、检测产品开发完成情况等操作。

当年结束除了要完成以上操作外，还有检测新市场开拓和 ISO 认证投资完成情况、支付设备维修费、计提折旧、违约扣款等操作。

（6）关于融资

在实物沙盘中，如果模拟企业出现现金短缺的情况，除了贷款、贴现、出售库存等常规融资手段外，还可以向老师申请高利贷，但是在电子沙盘中，没有该项融资操作，请同学们注意。

9.2 电子沙盘常见问题说明

9.2.1 系统重置

初学者在进行电子沙盘操作的时候，难免会出现各种失误，常见的问题有年初忘记申请长期贷款、原料订单填写错误、在建生产线投资只投了一条忘记投其他的、应收款收现金额忘记填写或填写错误、忘记按订单交货、忘记进行产品研发投资等，因此在操作过程中除了要特别注意。如果出现失误，也不要紧，可以向管理员（教师）申请重置。

教师操作完成后，重新登录或刷新页面，用户即回到当年年初参加完订货会的状态，本年基本就可以重新经营了。

但是需要注意的是，系统重置只能回到当年年初，不能回到去年或更久以前；另外很多组在投完广告以后，查看各组广告的时候发现自己组广告投错市场或投错产品了，在这种情况下，因为已经看到其他组广告，所以不能重置。

9.2.2 破产处理

企业在经营过程中资金链断裂或年末结束时，报表计算下来权益为负即破产。资金链断裂不是指账面现金为负，而是能够变卖贴现的所有库存、厂房、产线、应收款等系统计算下来，仍不能完成支付，系统即提示用户已经破产。

一旦被系统提示破产，则不能再进行操作，需向管理员（教师）报告，教师会根据企业情况进行追加投资或其他处理，企业方可继续经营。

9.2.3 损失项

年末在填写综合管理费用明细表的时候，非常容易填错的地方就是损失项。在报表的后面已经提示只有四种情况记入损失项：库存折价销售、生产线变卖、紧急采购、订单违约记入损失。例如某企业为了融资，将净值 12 M 的一条全自动生产线卖掉了，实际收入现金为 3 M（残值），那么年末记入的损失项应为 12 M（净值）–3 M（残值）=9 M。再如某企业某年紧急采购了 3R2 和 2P2，原料 R 按照 2 倍价格采购，产成品 P 按照直接成本价的 3 倍采购，共花费 3R2×2 M/个+2P2×3 M/个×3 倍=24 M，损失项应为采购价减掉购买的产品或原料的直接成本，为 24 M–3R2×1 M/个–2P2×3 M/个=15 M。

根据以上规则，请同学们思考，某企业某年折价销售 2P2、3R1、紧急采购 1P3、违约一张总价为 20 M 的订单，那么年末损失项为多少？

9.2.4　组间交易

电子沙盘中允许组间进行交易，交易双方谈判确定好交易产品和价格，直接到管理员（教师）处登记即可，教师录入系统后，刷新电子沙盘页面，可以看出出货方库存产品数量减少，现金增加，入货方库存产品增加，现金减少。

图 2-9-1　组间交易（教师端）

● 交易双方处在哪个季度不限，季度可以不同步，但是必须处在同一经营年度，不同经营年度的双方不能进行交易。

● 组间交易为现金现货交易，交易之前卖方必须保证有交易数量的库存产品，而买方要有足够交易金额的现金，否则不能完成交易登记。

● 关于记账，出货方将组间交易视为一张订单，正常记入年底利润表中的产品销售额、直接成本和毛利；入货方将交易视为紧急采购，售价和直接成本的差额计入综合管理费用明细表中的损失项。

实训 10
企业战略规划

实训目标

- 能够根据市场预测表进行准确的市场预测、并指导企业的经营决策。
- 熟练运用甘特图进行生产计划及采购计划编制。
- 体会现金预算对于企业运营的重要意义,能够以自己企业独有的方式进行三年以上的现金预算。

10.1 市 场 预 测

在电子沙盘中,市场预测表可以随时在系统中查看,预测表的分析方法同实物沙盘,不同的是在电子沙盘中,第一年没有订单,因此尽管预测表中第一年有需求量,但是查看市场预测表时仍然需要从第二年开始。

为了更客观、准确的识别市场机会,做好战略规划,细心的营销总监可以根据市场预测表将不同市场、不同产品、不同年份的需求量和价格进行统计分析,绘制统计表格或图表。

如图 2-10-1 为创业者 8 组本地市场预测,根据预测表,统计出来的需求量和价格表格如表 2-10-1。同学们在实际运营的时候,也可以参照这种方法,将所有市场、所有产品、所有年份的市场预测以更直观的图或者表的形式展现出来,以便于更好的识别市场机会。

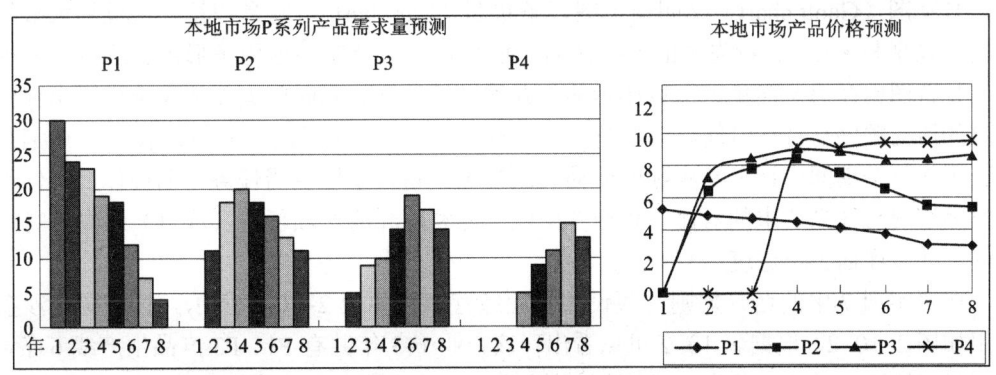

本地市场将会持续发展,对低端产品的需求可能要下滑,伴随着需求的减少,低端产品的价格很有可能走低。后几年,随着高端产品的成熟,市场对 P3、P4 产品的需求将会逐渐增大。由于客户对质量意识的不断提高,后几年可能对产品的 ISO9000 和 ISO14000 认证有更多的需求。

图 2-10-1 创业者 8 组本地市场预测

表 2-10-1　创业者 8 组本地市场预测表

年份		第 2 年	第 3 年	第 4 年	第 5 年	第 6 年
数目	P1	24	23	19	18	12
	P2	11	18	20	18	16
	P3	5	9	10	14	19
	P4	—	—	5	9	11
均价	P1	4.92	4.65	4.42	4.17	3.67
	P2	6.27	7.78	8.30	7.50	6.44
	P3	7.20	8.22	8.90	8.86	8.42
	P4	—	—	9.20	9.11	9.36
毛利	P1	2.92	2.65	2.42	2.17	1.67
	P2	3.27	4.78	5.30	4.50	3.44
	P3	3.20	4.22	4.90	4.86	4.42
	P4	—	—	4.20	4.11	4.36

10.2　生产及采购计划

企业在运营过程中经常会遇到如何计算产品产能、如何下原料订单等问题，一不小心就可能会出现产能计算有误，导致年底完不成订单产量，交不出货只能违约。或者原料订单下得有偏差，导致产线停产或是大量原料库存占用现金的问题。如果转产次数多，以上问题可能会更加明显，导致计划不能实施，或是造成企业巨大的经济损失。甘特图则提供了一个很好的方法来解决产品产能和原料订单的问题。

甘特图（Gantt chart）又叫横道图、条状图（Bar chart）。它是在第一次世界大战时期发明的，以亨利·L·甘特先生的名字命名，他制定了一个完整地用条形图表示进度的标志系统。甘特图内在思想简单，即以图示的方式通过活动列表和时间刻度形象地表示出任何特定项目的活动顺序与持续时间。基本是一条线条图，横轴表示时间，纵轴表示活动（项目），线条表示在整个期间中计划和实际的活动完成情况。它直观地表明任务计划在什么时候进行，及实际进展与计划要求的对比。管理者由此可便利地弄清一项任务（项目）还剩下哪些工作要做，并可评估工作进度。①

按照实训 7 中的运营规则，假设某企业经营轨迹如表 2-10-2 所示。甘特图在沙盘中的应用如图 2-10-2。根据表 10-2 可以看出，该企业 1—3 年共有 P1、P3 产品生产线 6 条，那么根据经营轨迹，将这 6 条生产线绘制在甘特图中，如图 2-10-2 所示。

---

① 此段来源于百度百科 http://baike.baidu.com/view/1653.htm

表 2-10-2　某企业 1-3 年产品和产线投资情况

年份	主要经营轨迹（产品、产线等）	完成情况
第一年	1Q 购买大厂房 1Q-4Q 投资 1 条柔性线生产 P1 产品（代号①） 2-4Q 投资 1 条全自动线生产 P1 产品（代号②） 3Q 投资 1 条半自动线生产 P1 产品（代号④） 4Q 投资 1 条全自动线生产 P3 产品（代号⑤） 1Q-4Q 研发 P3，3Q 开始研发 P1 市场开拓等其他投资略	4QP1 产品开发完成
第二年	3Q 投资 1 条手工线生产 P3 产品（代号⑥） 1-2Q 全自动线（代号⑤）继续投资	1Q①②④号生产线投资完成 2QP3 产品开发完成 3Q⑤~⑥号生产线投资完成
第三年	2Q②号全自动线转产 P3 产品 其他产线继续生产	3Q②号全自动线转产完成

备注：此经营轨迹仅做甘特图绘制参考，举例的目的只是为了教会同学们绘制甘特图，不作为运营时的投资参考。

生产线		第 1 年				第 2 年				第 3 年			
		1Q	2Q	3Q	4Q	1Q	2Q	3Q	4Q	1Q	2Q	3Q	4Q
1 柔性 生产线	产品	---	---	---	---	P1	P1	P1	P1	P1	P1	P1	P1
	原料				R1	R1	R1	R1	R1	R1	R1	R1	(R1)
2 ___ 生产线	产品	---	---	---	---	---	P1	P1	P1	P1	P1	---	P3
	原料				R1	R1	R1	R1	R1	R1 R4	R1 R4	(R3) (R4)	(R1) (R3) (R4)
3 全自动 生产线	产品												
	原料												
4 半自动 生产线	产品			---	---	---	---	P1	P1	P1	P1	P1	P1
	原料				R1		R1		R1		R1		(R1)
5 全自动 生产线	产品				---	---	---	---	P3	P3	P3	P3	P3
	原料			R3 R4	R1 R4	R3 R4	R1 R4	R3 R4	R1 R4	R3 R4	R1 R4	(R3) (R4)	(R1) (R3) (R4)
6 手工 生产线	产品								P3				
	原料					R3 R4	R1	R3 R4	R1			(R3) (R4)	(R1)
合计	产品					2P1	3P1	2P1 1P3	3P1 1P3	2P1 1P3	2P1 1P3	2P1 1P3	1P1 2P3
	原料			3R1	2R1 2R3 2R4	5R1 1R3 1R4	3R1 1R3 1R4	4R1 2R3 2R4	3R1 2R3 2R4	4R1 2R3 2R4	3R1 3R3 3R4	5R1 2R3 2R4

图 2-10-2　生产计划及采购计划编制

备注：① 图中所有原料指的是原料订单；② 图中虚线表示产线在建或是停产、转产等，实线表示产品在产；③ 图中产线中凡是标注产品的，为产品下线；④ 假设产线第四年按照原状态继续生产，图中用圆形圈出来的原料代码为第四年继续生产所需原料订单。

思考：（1）请同学们尝试改变第四年的生产计划和产线状态，试试看，原料订单应该如何响应变化？

（2）图中所有原料指的是原料订单，请采购总监思考，每个季度相应的不同原料入库数量和费用分别是多少？该如何计算？

10.3 现金预算

在教学过程中，教师经常会发现很多企业知道可以贷款，不管三七二十一，先把长贷拉满；还有很多企业出现经营还不到两年，资金就开始紧张，不断贴现，财务费用大增，越贴越困难，弄成了恶性循环。归其原因，就是现金预算没有做好。

在企业运营过程中，对现金的收入和支出、以及筹资方案都要有个量化的预测，这就是现金预算，一般的情况下，模拟企业最少做出 2 年甚至 3 年以上的现金预算表，才能保证在实际运营的时候能够得心应手。

财务总监在做现金预算的时候可以在经营记录表的基础上进行，也可以结合企业战略计划，自己编制现金预算表。

- 现金预算表以每年的经营计划为基础，例如：生产线投资、产品研发、市场开拓、广告投放、买或租厂房等，需要将所有有现金支出的项目都罗列出来。
- 期初和期末现金余额盘点很重要，能够及时发现资金缺口。需要进行盘点的时间包括年初、季初、季末、年末等。
- 对于现金预算表中的销售收入，应设立假设，包括了根据市场预测表做出的售价假设、根据预测表和本企业投资计划做出的销量假设、应收账款账期假设，等等。在进行售价假设的时候，可以参考预测表中的本市场本产品本年度平均价格，进行预测。在进行销量假设的时候，一般前几年的市场竞争比较激烈，可以进行保守的估计，比如取市场预测表中总需求量的某个百分比，到后期因为产品需求量的增加，新市场和新产品的不断开发完成，企业之间的竞争会拉开差距，产品的销售量也可以根据市场竞争的情况，进行相应乐观一点的估计，比如假设能够实现零库存。应收账款账期的假设，可以做得保守一点，比如假设平均账期为 2Q 以上。
- 关于融资，做现金预测表的一个重要目的就是要能够及时发现资金缺口，做好融资计划。一旦发现某年度或某季度出现了资金缺口，则要进行融资，来填补缺口。现金预测表是建立在很多假设、计划和估计的基础上的，细节数字可以也必然会出现偏差，不必过于强求完美。在真正运营的过程中需要根据实际情况及时调整和完善。

例如：某企业假设第 2 年订单见表 2-10-3，第 1~2 年的现金预算（见图 2-10-3、图 2-10-4）。

第一年备注：

- 1Q 租用大厂房。
- 1Q-4Q 投资两条柔性线生产 P1 产品，第二年 1Q 建成投产。
- 1Q-4Q 研发 P2、P3 产品，第一年 4QP2 研发成功，第二年 1Q 投产，第二年 2QP3 研发成功，3Q 投产。
- 2Q-4Q 投资四条全自动线，其中两条生产 P2 产品，第二年 1Q 建成投产，另外两条生产 P3 产品，第二年 1Q 建成，3Q 投产。
- 3Q-4Q 研发 P1 产品，4Q 研发成功，第二年 1Q 投产。
- 年末投资开拓本地、区域、国内、亚洲市场，年末本地和区域市场开拓完成。
- 年末投资 ISO9000 和 ISO14000 认证。

用户 **001**　　　　　　　　　　　　　　第 **1** 年经营（预算）

每执行完一项操作，请 CEO 在相应的方格内打勾，请财务总监准确填写现金流量。

操作顺序	手工操作流程	系统操作	1Q	2Q	3Q	4Q
年初	支付应付税	系统自动完成				
	支付长贷利息					
	更新长期贷款/长期贷款还款					
	投放广告					
	参加订货会					
	申请长期贷款	输入贷款数额并确认可重复操作	180			
	季初现金盘点（请填余额）		240	222	189	155
*1 当季开始　关键步骤						
2	还本付息/更新短期贷款	系统自动完成				
	更新生产/完工入库					
	生产线完工/转产完工					
3	申请短期贷款	不可重复操作				
*4 更新原料库　需要确认金额，关键步骤						
5	下原料订单	不可重复操作				
6	购置厂房（租用）	无严格操作顺序，有些步骤可以重复操作，有些步骤必须重复操作	−5			
7	新建生产线		−10	−20		
8	在建生产线			−10	−30	−30
9	生产线转产					
10	变卖生产线					
11	下一批生产					
*12 应收款更新　关键步骤，收现金额系统不提示						
13	按订单交货	选择要交货订单确认				
14	产品研发投资	选择并确认	−2	−2	−3	−3
15	厂房处理	自动转四账期应收款				
*16 当季结束　关键步骤						
17	支付行政管理费	系统自动完成	−1	−1	−1	−1
	支付租金					
	检测产品开发完成情况					
18	厂房贴现	可以随时进行				
19	紧急采购					
20	出售库存					
21	贴现					
22	间谍					
23	组间交易	交易双方需到老师处登记				
24	其他收支（请注明）					
	季末现金流入合计					
	季末现金流出合计		−18	−33	−34	−34
	季末现金对账（请填余额）		222	189	155	121
年末	市场开拓	系统自动完成				−4
	ISO 投资					−3
	检测"新市场开拓，ISO 资格认证投资"完成情况					
	支付设备维修费					
	计提折旧					（　）
	违约扣款					
	结账（请核对现金余额）					114

图 2-10-3　某模拟企业第一年现金预算

用户 **001**　　　　　　　　　　　　　　　　　　第 **2** 年经营（预算）

每执行完一项操作，请CEO在相应的方格内打勾，请财务总监准确填写现金流量。

操作顺序	手工操作流程	系统操作	手工记录 1Q	2Q	3Q	4Q
年初	支付应付税	系统自动完成				
	支付长贷利息		−18			
	更新长期贷款/长期贷款还款					
	投放广告		−9			
	参加订货会					
	申请长期贷款	输入贷款数额并确认 可重复操作				
	季初现金盘点（请填余额）		87	70	58	39
*1	当季开始　关键步骤					
2	还本付息/更新短期贷款	系统自动完成				
	更新生产/完工入库					
	生产线完工/转产完工					
3	申请短期贷款	不可重复操作				
*4	更新原料库　需要确认金额，关键步骤		−6	−6	−12	−12
5	下原料订单	不可重复操作				
6	购置厂房（租用）	无严格操作顺序，有些步骤可以重复操作，有些步骤必须要重复操作				
7	新建生产线					
8	在建生产线					
9	生产线转产					
10	变卖生产线					
11	下一批生产		−4	−4	−6	−6
*12	应收款更新　关键步骤，收现金额系统不提示					15
13	按订单交货	选择要交货订单确认				
14	产品研发投资	选择并确认	−1	−1		
15	厂房处理	自动转四账期应收款				
*16	当季结束　关键步骤					
17	支付行政管理费	系统自动完成	−1	−1	−1	−1
	支付租金		−5			
	检测产品开发完成情况					
18	厂房贴现	可以随时进行				
19	紧急采购					
20	出售库存					
21	贴现					
22	间谍					
23	组间交易	交易双方需到老师处登记				
24	其他收支（请注明）					
	季末现金流入合计					15
	季末现金流出合计		−17	−12	−19	−19
	季末现金对账（请填余额）		70	58	39	35
年末	市场开拓	系统自动完成				−2
	ISO投资					−3
	检测"新市场开拓，ISO资格认证投资"完成情况					
	支付设备维修费					−6
	计提折旧					(　)
	违约扣款					
	结账（请核对现金余额）					24

图 2-10-4　某模拟企业第二年现金预算

- 年末报表权益预计为 34 M。

第二年备注：
- 年初投放广告 9 M。
- 年初支付长贷利息 18 M。
- 原料按照生产计划正常采购，0 库存。
- 1–2Q 继续研发 P3 产品，2QP3 产品研发成功，两条全自动线开始生产。
- 年末继续开拓国内和亚洲市场，年末国内市场开拓完成。
- 继续投资 ISO9000 和 ISO14000 认证，年末投资完成取得资格。
- 支付设备维修费 6 M。
- 总产能：6P1+6P2+2P3 产品，取得的订单（假设）。
- 年末报表权益预计为 24 M。

表 2–10–3　第 2 年预计订单

市场	产品	数量	单额	账期	预计交货期	预计收现期
本地	P1	2	10 M	3Q	2Q	第三年 1Q
本地	P2	2	15 M	2Q	2Q	4Q
本地	P3	2	15 M	3Q	4Q	第三年 3Q
区域	P1	3	15 M	3Q	4Q	第三年 3Q
区域	P2	2	14 M	3Q	3Q	第三年 2Q

问题：根据该企业 1~2 年的计划和现金预算，分析以下问题。
- 你觉得该企业的战略可行吗？为什么？风险在哪里？
- 分析该企业的融资方案，按照该企业的战略计划，第一年年初将长贷拉满是否是可行的唯一方法？测算一下其他的融资方法是否可行？
- 为该企业进行第三年、第四年的现金预算分析。有必要的话对该企业的战略进行完善。

实训 11 企业战略完善

实训目标

- 理解企业运营过程中的关键决策点。
- 感受细节对于企业运营的影响。
- 在战略规划和实际运营中形成用量化分析指导决策的思维和行为习惯,在此基础上能够进行正确的经营决策。

11.1 知识点:目标市场模式

在以往的沙盘模拟中,企业出现经营不善而破产的情况一般就是盲目贷款、盲目投资。创业者一切从零开始,赋予学生更多的决策自由和主动性,因此很多模拟企业拿到钱以后开始了大规模的扩张,同时研发所有 4 种产品,开拓所有 5 个市场及 ISO,大规模上生产线,等等。而将理论知识放于一边,下面我们回顾一下目标市场模式(见图 2-11-1),能不能找到一些决策的理论基础,你还会盲目扩张吗?

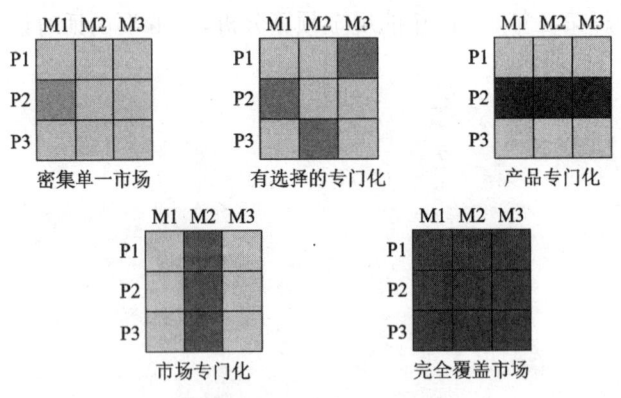

图 2-11-1 目标市场模式

(1)密集单一市场(市场集中化)。最简单的模式是企业只选择一个细分市场。通过集中营销,企业能更清楚地了解细分市场的需求,从而树立良好的信誉,在细分市场上建立巩固的市场地位。同时企业通过生产、销售和促销的专业化分工,提高经济效益。一旦企业在细分市场上处于领导地位,它将获得很高的投资效益。但对某些特定的细分市场,一旦消费者在该细分市场上的消费意愿下降或其他竞争对手进入该细分市场，那么企业将面临很大的风险。

实物沙盘的初始状态就是密集单一市场，只有 P1 产品和本地市场，虽然在现实中有运用该模式取得成功的企业，但是在沙盘模拟中，某种策略的优缺点会被放大显示，密集单一市场很难实现持续盈利和企业的成长壮大。

（2）有选择的专业化。在这种情况下，企业有选择地进入几个不同的细分市场。从客观上讲，每个细分市场都具有吸引力，且符合企业的目标和资源水平。这些细分市场之间很少或根本不发生联系，但在每个细分市场上都可盈利。这种多细分市场覆盖策略能分散企业的风险。因为即使其中一个细分市场丧失了吸引力，企业还可以在其他细分市场上继续盈利。

这种模式体现在沙盘中就是企业根据市场预测和竞争情况，有选择的研发 P1~P4 产品中的 2~3 种，市场开拓也会有所选择和侧重 3~5 个，甚至在后期投放广告的时候，因为第四年以后产品需求量往往会大于供给量，很多企业不会无目的地投放已开发的所有产品和所有市场，而是会根据市场预测（需求和价格）和竞争情况，有选择的投放广告，也能够保证完成当年的销售任务。

这种模式的优点就是前几年市场上供大于求的时候可以依靠多个市场和产品的广泛覆盖实现销售和盈利，后期则比较灵活，可以有选择的投放广告，压力也会小一些，但是前期市场开拓和产品研发的费用也是相对比较高的，另外需要能够实现灵活转产，对模拟企业的管理水平要求也比较高。

在实际的运营中，可以供参考的模式有 P1+P2 策略、P1+P4 策略、P1+P3 策略、P2+P3 策略、P2+P4 策略、P1+P2+P3 策略等，每一种有什么样的特点，需要注意哪些问题，请同学们自己思考讨论。

（3）产品专业化。指企业同时向几个细分市场销售一种产品。在这种情况下，一旦有新的替代品出现，那么企业将面临经营滑坡的危险。

产品专业化体现在沙盘中就是只经营一种产品，这种策略有优点就是能够节省很多产品研发和购买生产线的费用（一种产品不需要转产，不需要柔性线），比较简单易操作。但是因为企业的命运赌在一种产品上，风险也是很大的，因此专卖产品的选择很重要，例如可以选择中期毛利很高的 P2 产品、也可以选择很多企业不太可能选择的 P4 产品，但是 P2 产品作为开发相对比较容易的较"初级"产品，而且毛利很高，很多企业也会选择开发，那么这样就加剧了竞争，P2 专卖能否消化每年的产能实现持续盈利就有很大的不确定性。P4 专卖虽然可能竞争会弱一些，但是根据市场预测，P4 产品在各个市场上最早也要第三年才能够有需求，因此前两年企业只能埋头生产，不能实现销售，也是损失了一年的盈利机会。

（4）市场专业化。这时企业集中满足某一特定消费群体的各种需求。企业专门为某个消费群体服务并争取树立良好的信誉。企业还可以向这类消费群推出新产品，成为有效的新产品销售渠道。但如果由于种种原因，使得这种消费群体的支付能力下降的话，企业就会出现效益下滑的危险。

市场专业化体现在沙盘中就是只开发一个市场，来销售产品，在实际运营的时候，同密集单一一样，这种模式很难实现持续盈利和企业的成长壮大。

（5）市场全面覆盖。这时企业力图为所有消费群提供他们所需的所有产品。一般来讲，只有实力较强的大企业才可能采取这种营销战略。当采用这种营销战略时，企业通常通过无差异性营销和差异性营销两种途径全面进入整个市场。

我们看到在运营的过程中，有的组同时开发P1～P4所有产品、本地~国际所有市场，ISO9000和ISO14000也没忘记同时投资，典型的市场全面覆盖。同学们根据目标市场模式想一想，在企业资金有限的情况下，走市场完全覆盖的道路合适吗？市场完全覆盖虽然能够实现广泛销售，但是在沙盘模拟中，资金都是有限的，有多少企业能够支撑得起这种高投入的战略。

除了模式的选择以外，企业的成长轨迹也是有讲究的，曾经有一家模拟企业，好不容易在第一年拿到了市场老大，结果很快就丢掉了，从他们的经营过程来看，是因为没有及时开发其他系列产品，而进一步开发了更多的市场，结果导致产品单一，被其他企业抢了市场老大。同学们请根据目标市场模式想一想，在已经拿到了市场老大的情况下，如果资金有限，是继续开发新市场，走有选择的专门化或产品专门化道路合适，还是开发更多产品，走市场专门化道路稳定市场以后再开发其他市场比较合适？当然了，市场的开发就那么几年的时间，也是很紧急的。所以这种情况也要看企业的战略，很多企业在首次开发新市场的时候，会不惜一切代价去争市场老大，我们暂且不去"一刀切"的给出"争市场老大不划算"的定论，但是，在狠砸广告费的时候，我们的模拟企业有没有想一想，你的目标市场模式是哪一种？即使争得了市场老大，未来几年能不能守得住老大的位置？

企业之间真正有效的竞争应该是差异化的竞争，而不是大家都集中在同一个市场、同一种产品上拼广告拼个你死我活。4种产品、5个市场可以组合出多少种不同的战略计划，同学们可以在市场预测表的基础上，测算一下可能实现盈利的目标市场模式有哪些，再进行理性的、有计划的投资。

11.2　厂　房　投　资

电子沙盘在经营的过程中，面临的首要一个问题就是厂房如何购置？是租还是买？是大厂房还是小厂房？同学们在决策的时候往往根据感觉和经验进行决策，经营过程中也没有考虑过厂房购置对企业现金流和权益的影响，往往出现厂房闲置浪费（如买了大厂房却到最后也只铺了4条线），或是过于保守（如租了小厂房，后来才发现很快就把4条线铺满了，想扩充生产规模却面临了厂房容量的限制），最后六年经营下来，虽然觉得厂房投资欠考虑，但仍是糊里糊涂。下面我们就厂房投资进行一个量化的分析，希望同学们能够有所启发。

11.2.1　租与买

关于厂房到底是应该租还是应该买的问题，我们首先进行一个量化的分析。

如果是企业自有资金或是资金充裕的情况下，因厂房既不折旧也不需要付维修费等，那么无疑是购买比较划算的，可以省下来3M（小厂房）或5M（大厂房）的租金，这也是很多企业后来做到4年以后，有了资金以后会选择厂房租转买的原因。

在企业资金不充裕的情况下，如果想买厂房，只能通过长贷或短贷来支付购买费用，在这种情况下，就要考虑利息的问题。一般厂房作为一种固定资产的较长期投资，主要考虑用长期贷款，因此下面的分析是以长贷为例。

厂房类型	买价	租金	长贷利息
大厂房	40 M	5 M/年	4 M/年
小厂房	30 M	3 M/年	3 M/年

由此可见，不管是大厂房还是小厂房，在运营初期贷款买下来是最起码不亏的，而且是租的话第一年就需要付租金，如果贷款买的话是从贷款的下一年开始付利息的。因此，同学们在做战略的时候，可以考虑贷款来购买厂房，但是也有的企业战略比较勇敢大胆，规模比较大，新创企业需要很多资金开发产品、投资很多生产线、开拓很多市场等。在这种情况下，有限的资金到底应该支持企业的战略还是应该投资厂房，就要另当别论了。

另外值得注意的一点是，很多企业前几年的权益会一降再降，到后来资金短缺的时候想贷款也贷不到了，考虑到这种情况，企业会选择初期多贷款来购买厂房，到了资金短缺的时候将购买的厂房卖掉变现，这也是一个可以参考的办法，需要注意的是这种办法需要做好现金预算，因为出售厂房拿到的四个账期的应收款，在做预算的时候如果预料到现金短缺，如能提前将厂房出售，而不是临时进行厂房贴现，会省掉贴现的利息。

11.2.2 大厂房与小厂房

在进行厂房租或买的时候，到底选择大厂房还是小厂房也是一个决策点。买也好，租也罢，选择大小厂房的依据应该是本企业的投资计划。典型的就是如果我们的计划中，第 1 年一次性投资 6 条生产线，以后不再进行生产线的投资，那么肯定是买或租用大厂房比较合适。现实经营中企业很少有这种极端的情况，多数会面临二次投资生产线的决策，下面我们就来举个例子：

假如某企业从第 4 年开始新一轮的生产线投资，有这样几种可能性。如图 2-11-2。

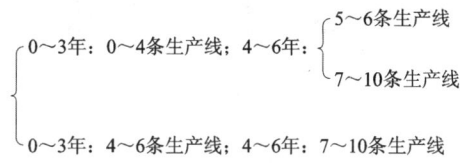

图 2-11-2 可能的生产线二次投资情况

请同学们测算一下，在图 2-11-2 中的这几种情况下，厂房如何选择。

值得说明的是，很多企业在二次投资生产线的时候比较为难的是，目前的厂房已经铺满，我想再投资生产线，就得租用（或买）新的厂房，增加 1 条线，厂房租金也会最起码增加 3 M/年（租用小厂房），因此，比较为难。在这种情况下，如果资金充裕，需求旺盛，那么企业在进行生产线投资决策的时候就不要被厂房、租金等限制住。可以测算一下：假如第 4 年 2Q 需要租用一个厂房投资 1 条全自动生产线，那么这条生产线在 4~6 年的支出为 14 M（小厂房）或 20 M（大厂房），这其中包括了维修费 2 M+折旧 3 M+厂房租金 3 年×3 M（或 5 M）/年；这条线在 4~6 年生产的产品为 7 个；可以看出，如果单位产品的毛利在 2 M 以上，租用小厂房投资就是划算的，如果单位产品毛利在 20 M/7 约为 3 M 以上，租用大厂房就是划算的。

11.2.3　厂房处理

厂房处理的操作包括卖出（买转租）、退租、租转买等（参见 8.3.2.14 厂房处理），还包括了厂房贴现（参见 8.3.3.1 厂房贴现），一般常用到的操作为卖出（买转租）、租转买、厂房贴现等。

企业资金充裕的情况下，原来租用的厂房可以选择租转买，可以节省相应的租金，选择租转买的时候需要注意的是操作的时机。每个季度在"更新应收款"关键步骤完成以后，"厂房处理"操作就会高亮显示可操作，但是具体能否操作，还要看租用厂房的季度，首次租用厂房的季度系统会自动记录下来。如果不处理厂房，则系统会在下一年的相应季度继续收取租金，即并不是所有厂房租金都是在 1Q 收取的，如果你首次租用厂房的时间是 2Q，则以后每年 2Q 季末系统扣除租金，在这种情况下，你的厂房租转买的操作只能在 2Q 季末之前（系统扣租之前）完成，提前在 1Q 是不能完成这一操作的。

如果企业资金出现紧缺，也可以选择厂房卖出或是厂房贴现，因为厂房卖出的话收到是 4 个账期的应收款，所以比较明智的办法就是在做预算的时候如果算出资金会紧缺，那么提前将厂房卖出（这个操作是每个季度都可以完成的，同首次租用厂房一样，系统会同时扣除租金，并记录下你买转租的时间，以后每年同期季末自动扣除租金），就可以在需要的时候将应收款收现，即使不能收现，如果卖厂房的应收款已经更新为 1–2 期，也比 4 期应收款省掉了贴现的费用（全额贴现的话，大厂房和小厂房均可以省 1 M 贴息）。万不得已的做法还有厂房贴现，这个是随时可以进行的操作，扣除租金的办法同于卖出（买转租），请同学们根据规则，还有前面部分的讲解，来算一算大小厂房贴现，在实物沙盘上如何完成操作，能够收到多少现金。

11.3　生产线投资

11.3.1　生产线投资

关于生产线投资，学生在运营的过程中常见方案有以下几种。

（1）根据产品研发的情况，同步购买生产线，产品研发出来，生产线也已经建好可以生产。

（2）沿用实物沙盘的思维方式，仍然购买手工和半自动生产线。

（3）虽然第一年没有订单，但是很多同学考虑到以后可以多销售产品，因此选择在第 1 年第 1 季度购买生产线。

（4）考虑到付维修费和折旧的问题，算好时间差，年初正好生产线可以建成生产（比如 2Q 投全自动、1Q 投柔性，年末投完但还在建，下一年年初建成投产）。表 2-11-1 将各种方式进行一个量化对比，孰优孰劣，请同学们自己分析把握。同学们还可以按照同样的方式，对 P2、P3、P4 产品的生产线投资方案进行量化分析。

表 2-11-1 不同投线方案量化对比分析

(以 P1 产品为例)

投线方式	测算指标	第1年	第2年	第3年	第4年	第5年	第6年	合计
第1年2Q投全自动 第2年1Q建成投产	产能		3	4	4	4	4	19
	折旧			3	3	3	3	12
	维修费		1	1	1	1	1	5
	净值	15	15	12	9	6	3	3
第1年1Q投全自动 第1年4Q建成投产	产能		4	4	4	4	4	20
	折旧		3	3	3	3	—	12
	维修费	1	1	1	1	1	1	6
	净值	15	12	9	6	3	3	3
第1年3Q或之前投手工 第1年3Q投产	产能		1	2	1	1	2	7
	折旧		1	1	1	1	—	5
	维修费	1	1	1	1	1	1	6
	净值	5	4	3	2	1	1	1
第1年1Q投半自动 第1年3Q建成投产	产能		2	2	2	2	2	10
	折旧		2	2	2	2	—	8
	维修费	1	1	1	1	1	1	6
	净值	10	8	6	4	2	2	2

备注：因研发最快的 P1 也需要 2 个季度，因此最早也要 3 季度才能有产品上线。

同学们看了投资方案的量化分析可能会吓一跳。原来手工线效率这么低下，那为什么电子沙盘里面还要给出手工线呢？在一些特定的情况下，手工线是可以发挥特殊作用的，因为它是唯一投建当年就能产出 1 个产品的生产线，同学们可以想一想，在什么情况下，手工线可用，可用的前提是什么？

11.3.2 柔性生产线的运用

柔性生产线因其高效的生产效率、无需转产周期和转产费用等优点，受到了模拟企业的欢迎，很多企业选择投资 3～5 条甚至基本以柔性线为主，却没有考虑投线成本的问题（每条柔性线总价 20 M，而同样生产效率的全自动线只要 15 M）。有些学生可能认为：虽然总价高了些，但是可以省掉转产费呀，还不用停产来转产，还可以随时需要生产什么产品就生产什么产品，多花 5 M 值得！真的是这样吗？

在企业战略规划很清晰的情况下，真的需要那么多柔性线不停的转产吗？即使需要，所谓的柔性线，真的完全柔性吗？我们知道，在经营的前几年，现金往往非常的宝贵，为了充分有效的利用资金，采购总监最好做到原料零库存，那么在原料零库存的情况下，每年 1 条柔性线能真正"柔性"的生产几个 Px 呢？下面我们来测算一下。

假设某企业第一年 1Q 开始连续研发了 P1～P4 所有产品，同时第一年 1Q 投资一条柔性线生产 P1 产品。根据规则，P1 产品在第一年 2Q 取得生产资格，第一年 3Q 可以上线生产；

P2 产品在第一年 4Q 取得生产资格，第二年 1Q 可以开始生产；P3、P4 产品在第二年 2Q 取得生产资格，3Q 可以开始生产。此条柔性生产线第二年 1Q 投资完成，可以开始生产。假设原料零库存，那么该条柔性线的生产情况见表 2-11-2。

表 2-11-2 柔性线产能

时间	第二年				第三年				第四年				第五年			
	1Q	2Q	3Q	4Q	1Q	2Q	3Q	4Q	1Q	2Q	3Q	4Q	1Q	2Q	3Q	4Q
产成品	—	1P1	1P1	1Px	1P	1P	1Px	1Px	1P	1P	1Px	1Px	1P	1P	1Px	1Px
备注	1Q 没有产品下线				每年 1Q、2Q 下线何种产品，取决于上年度 3Q 和 4Q 的原料订单，不是真正意义上的 Px											

综上，企业需要理性的投资购买柔性生产线。在购买之前，应该思考以下几点。

（1）我们在经营过程中真的需要很多条生产线不断的去转产吗？

（2）在原料零库存的情况下，每条柔性线真正柔性生产的 Px 有多少？真的需要我们去生产那么多的 Px 吗？

（3）我们的采购总监、生产总监能驾驭得了那么多不断转产的柔性线吗？

（4）如何才能实现柔性线真正的 4 个季度都能够柔性生产 Px？

11.4 市场老大

关于市场老大，为了模拟实训时候的精彩激烈，教师一般会设定系统承认市场老大，那么就意味着企业一定要争得头破血流去抢市场老大吗？下面我们根据实训班级市场老大的数据来看一看，市场老大到底是美丽的"陷阱"还是真正的"香馍馍"。

我们暂且不去研究到底多少广告费能争得市场老大，我们来看看市场老大到底能省多少广告费。因第二年首次投放广告时只有本地和区域市场，本地和区域市场的经营年份也最长，因此这里只讨论本地和区域市场的市场老大，国内、亚洲和国际市场最早要在第 3 年开放，这时企业的差距已拉开，角逐已不再单纯是靠广告费砸出市场老大，而且经营时间很短，因此不做分析。

三个实训班级的市场老大的资料见表 2-11-3，下面我们来核算一下，本地和区域市场老大的广告费和销售额总额，再选一组做得比较好的非市场老大作为参照组，来看看市场老大到底能不能省广告费，省多少广告费。

表 2-11-3 三个实训班级各年市场老大分布

班级	年份	市场老大				
		本地	区域	国内	亚洲	国际
1班	2	无	U02	—	—	—
	3	U08	U08	U05	—	—
	4	U08	U08	U05	U08	—
	5	U08	U02	U02	U08	U05
	6	U01	U02	U02	U08	U04

续表

班级	年份	市场老大				
		本地	区域	国内	亚洲	国际
2班	2	U02	U01	—	—	—
	3	U06	U01	U04	—	—
	4	U06	U07	U07	U03	—
	5	U01	U07	U07	U04	U01
	6	U06	U05	U06	U04	U01
3班	2	U07	U02	—	—	—
	3	U02	U02	U01	—	—
	4	U02	U02	U01	U05	—
	5	U02	U02	U02	U05	U05
	6	U02	U08	U03	U05	U05

1班本地市场以U08组为主，区域市场以U02为主，我们选择做得比较好的U01组作为参照组；2班本地市场老大以U06组为主，区域市场老大以U01、U07组为主，我们选择U08组作为参照组。对照下来的广告费总额和销售额总额如表2-11-4所示。

表2-11-4　市场老大和对照组对比分析

班级	市场	组别	对比项			
			首度赢得市场老大时广告费（单位M）	广告费总额（单位M）	销售总额（单位M）	单位广告销售额（销售总额/广告费总额）
1班	本地市场	市场老大U08	7	18	321	17.83
		对照组U01	—	19	273	14.37
	区域市场	市场老大U02	6	24	255	10.63
		对照组U01	—	17	146	8.59
2班	本地市场	市场老大U06	9	28	345	12.32
		对照组U08	—	14	345	24.64
	区域市场	市场老大U01	5	11	158	14.36
		市场老大U07	6	21	208	9.90
		对照组U08	—	17	84	4.94

由表2-11-4可以看出，总体来说，市场老大的单位广告销售额还是比较高的，所以市场老大还是有优势的。从老大组首度赢得市场老大时的广告费来看，学生还都是比较明智的，假如将赢得市场老大时的广告额增加到10~15M，同学们可以算一下，市场老大还划算吗？

其次，我们看看市场老大能不能守得住。从表2-11-4三个班5个选单年度和5个市场的老大分布情况看，本地和区域市场老大均出现了两次甚至三次易主，而后来开出来的市场如国内、亚洲市场，市场老大易主的可能性就相对小了些。比较悲惨的情况就是第二年投放了巨额广告争夺了市场老大，结果第三年就被抢了位置（如 2 班本地的 U02 组，3 班本地的 U07 组）。所以，企业在争夺市场老大的时候，也要分析，即使我夺得了市场老大，怎么样才能守得住呢？

说来说去，市场老大的诱惑确实是存在的，也确实是能节省广告费的，但是老大不是靠广告费砸出来的，而是要靠实力争夺来的，为什么到了亚洲市场、国际市场等老大易主的可能性就比较小了呢？因为在后几年，企业的实力已经拉开差距了，能夺得市场老大的，多是实力比较强的企业，因此，老大的位置守得也是比较牢。因此，希望同学们能够理性面对市场老大的诱惑，苦练基本功、完善战略、缜密经营、提升实力，这才是沙盘模拟竞争的根本。

11.5 紧急采购

创业者里面允许企业进行原材料和产成品的紧急采购，当然了，价格是相当高的（参见前面电子沙盘规则，原料 2 倍成本价采购，产成品 3 倍直接成本价采购），很多同学可能会祈祷：我永远不要紧急采购！因为常规出现紧急采购的情况是原料订单有误导致的产品不能生产或是产能计算错误导致的不能交单，才会无奈的去采购原料或产品。

除了以上非常无奈的情况以外，紧急采购还有什么作用呢，怎样灵活运用呢？下面的情况，请同学们算一算，紧急采购划不划算。

以 P2 产品为例，假如某年产能为 8（两条全自动），竞单时已经拿到的订单为 5 个 P2，还剩 3 个 P2，目前有一张订单为 4 个 P2 售价 28 M，这张订单要不要？请同学们核算一下，是紧急采购 1 个 P2 拿下这张单，还是放弃拿单？订单单额最少在多少的时候拿下不划算？除了可以紧急采购以外，还可以有什么办法？

11.6 关注权益

所有者权益作为财务的重要经营指标，是必须要去关注的，创业者的比赛甚至将最终权益的排名作为比赛成绩，所以对权益的关注就显得格外重要。

所有者权益（Owner's Equities）是指资产扣除负债后由所有者应享的剩余利益。即一个会计主体在一定时期所拥有或可控制的具有未来经济利益资源的净额。通俗的讲，所有者权益是企业投资人对企业净资产的所有权。

在沙盘模拟中，所有者权益是股东资本、利润留存和年度净利的合计，在股东资本一定的情况下，权益的高低主要取决于利润留存和年度净利，也就是各年的净利润。那么如何才能提高净利润呢？哪些是会减少净利润的呢？

提高权益（净利润）的办法只有一个：卖产品，所有的净利都来源于销售收入，会直接降低净利润（损伤权益）的有各种费用，包括综合管理费用明细表中的各项（管理费、广告费、维修费、损失、转产费、厂房租金、新市场开拓、ISO 认证投资、产品研发、信息费等）以及利润表中的折旧、财务费用（利息）和所得税三项。总体而言，就是所有需要支付现金的项目，凡是现金付出去没有换回任何能够体现在资产负债表中的资产的情况，就是有损权益的。所以如果需要节省权益，就要在这些方面想办法省钱。在国家级比赛中，很多组为了节省权益，在第 6 年 4Q 的时候，最后一批产品下线以后将已经折旧仅剩下残值的生产线卖掉，这样就可以节省维修费，也就是节省权益。

还有很多同学会问，采购原料会不会损伤权益？购买厂房对权益有没有影响？投资生产线能不能省权益？请同学们结合这些问题，看看自己是不是真的理解了权益的意义。

11.7 支付应交税金

11.7.1 税金的算法

所得税在沙盘中为模拟企业的盈利部分需要交的税费，按照规则，税率一般为25%向下取整，当然了，不是说企业盈利了就一定需要交税，首先要弥补以前的亏损，如果还有盈余，那么就需要付税了。同学们在计算所得税的时候，一般常出现的问题就是不知道什么时候开始交税、交多少、如何记账、如何支付等，下面分别说明。

11.7.1.1 首次交税

请看某企业首年交税的情况。见表2–11–5。

表2–11–5 某企业6年利润表和资产负债表（部分）　　　　　　　单位：百万元

利润表						
项目/年度	第1年	第2年	第3年	第4年	第5年	第6年
税前利润	−26	−18	21	51	41	34
所得税	0	0	0	7	10	8
年度净利润	−26	−18	21	44	31	26
资产负债表						
项目/年度	第1年	第2年	第3年	第4年	第5年	第6年
股东资本	60	60	60	60	60	60
利润留存	0	−26	−44	−23	21	52
年度净利	−26	−18	21	44	31	26
所有者权益合计	34	16	37	81	112	138

模拟企业在前几年多会出现亏损，体现在账面上就是年末的利润表中年度净利为负，资产负债表中的所有者权益在不断下降。这种情况下，企业是不需要交税的。当到了第3年或第4、5年的时候，如果企业出现了盈利，并且弥补上年亏损以后仍有盈余，才需要计算所得税。

从利润表中可以看出，该企业第3年即开始出现盈利，但是需要弥补1~2年的亏损，所以算下来第3年的所有者权益仍小于股东资本，不需要交税，需要交税的起始年为第4年，第4年，财务总监在年末做账的时候，先不要算所得税，按照税前利润51 M来计入年度净利，这样算下来第4年的所有者权益为60+（−23）+51=88 M，发现超过了原始股东资本，意味着需要交税了，应交税的具体算法为（88−60）×25%=7，算好以后，回头再改利润表中的所得税、年度净利润，以及资产负债表中的应交税金、年度净利、所有者权益合计等项。

值得注意的是，如果算下来某企业在某年没算税金之前的所有者权益合计为 63，按照首次交税的算法，应交税金为（63–60）×25%=0.75，向下取整以后为 0，所以本年不需要交税，但是这个不是意味着本年度实现了合理避税，因为系统本年度的盈利（弥补亏损以后）没有征税，所以会累积到下一年一并征税。如果下一年度税前利润为 37，系统会收取（37+3（上年度盈余））×25%=10 M 的税金，而不是 37×25%=9.25 向下取整 9 M 的税金。

根据这个道理，请同学们分析一下表 2–11–6 中的企业为什么第 4 年没有交税，第 5 年为什么需要交 10 M 的税金。

表 2–11–6 某企业 3–5 年利润表和资产负债表（部分）

利润表			
项目/年度	第 3 年	第 4 年	第 5 年
税前利润	4	30	39
所得税	0	0	10
年度净利润	4	30	29
资产负债表			
项目/年度	第 3 年	第 4 年	第 5 年
股东资本	60	60	60
利润留存	–33	–29	1
年度净利	4	30	29
所有者权益合计	31	61	90

11.7.1.2 常规付税

首年实现盈利（弥补亏损以后）付税以后，基本上企业就度过了艰难的亏损期，以后每年基本就可以实现持续盈利了，那么以后每年的税金的算法就是直接在利润表中的"税前利润"项数字的基础上，直接乘以税率，算出税金额度，利润表中净利润、资产负债表中的应交税金、年度净利、所有者权益合计都正常计算下来就可以了。

11.7.1.3 税金的记账和支付

每一年税金计算完成以后，不是当年就支付的，而是计入资产负债表中的应交税金处，为什么是负债呢？因为这是企业待支付给政府的，所以属于负债。

这个负债（税金）什么时候支付呢？在电子沙盘中，第二年的年初投放广告的时候，系统会自动扣除掉上年的应交税金，所以很多企业在投放广告时，系统显示现金不足，不能完成广告的投放，原因可能就在这里，假如某企业年末现金余额为 20 M，应交税金为 5 M，长贷为 3 桶（60 M），那么年初投放广告的时候，扣除掉长贷利息 6 M 和应交税金 5 M，只剩下 9 M 可以用来投放广告，如果投放的广告额度大于 9，系统就会显示现金不足。

11.7.2 合理避税

很多同学在经营的后几年，实现了大规模盈利，在高兴的同时也很难过，因为看到自己辛辛苦苦赚的利润，25%都要作为税金上交，很是心疼。需要指出的是，企业实现了盈利而交税是一件好事情，而且作为企业这也是该尽的义务，所以不能逃税、要依法纳税，但是我们可以考虑在规则范围内合理避税。

懂得了税金的算法，那么合理避税就成为可能，假如某企业在交税的第二年，税前利润是 36 M，按照税金的算法，需要支付 36×25%=9 M 的税金。按照税金向下取整的规则，如果税前利润降低 1 M 为 35 M，则只需要交纳 35×25%向下取整为 8 M 的税金，可以节省 1 M！关键是从哪里可以将税前利润降低 1 M 呢，可以考虑贴现 10 M（1 期或 2 期）来增加现金，也可以考虑提前 1 年开拓一个本打算下一年开拓的市场或是投资 ISO 等，当然了，这些都是建立在非常周密严谨的经营计划和现金预算的基础上的，同学们切不可舍本逐末，因为想方设法避点税而忽略了企业的正常经营，还是要在战略上、细节上、过程中多下功夫，实现企业的发展壮大。

实训 12　实际运营及体会

实训目标

- 完成战略计划基础上的电子沙盘实际运营。
- 对于自己管理者角色的职责以及角色之间的协作有更深入的认识和体会。
- 总结和分析成败的原因，理解模拟企业运营的本质。
- 完成实训报告。

12.1　企业实际运营

在完善的战略计划的基础上，模拟企业就可以完成实际运营了，即将企业的战略计划在实物和电子沙盘中落实。在实际运营的过程中，增加了很多不确定的因素，再完善的战略计划，在实际运营的时候也是需要不断去更改和进一步完善，来适应经营中的不确定因素的，因此，需要同学们在实际运营的时候能够灵活地面对和解决各种问题。实际运营过程中的不确定因素可能有以下几方面。

（1）竞争对手的计划和反应能力：竞争对手的融资办法、产品研发、生产线投资、市场开拓、广告投放等。

（2）经营过程中的操作失误：自己的操作失误和竞争对手的操作失误，如忘下或下错原料订单、忘申请贷款、在建生产线只投资了一条、应收账款忘记更新或弄错、忘记产品研发、忘记市场开拓、折旧提错，等等。

（3）竞单中的不确定因素：竞争对手的广告投放直接影响本企业的选单、广告投放失误（填错数字、现金预算没做好导致的广告费用不足、市场-产品的广告投放矩阵中行列看错、在未开拓的市场和未取得生产资格的产品上投放广告等）、选错订单（点错、未注意订单的交货期等）、考虑时间太长超时未选到订单，等等。

（4）组间交易：组间交易为模拟企业提供了一个解决库存过剩或订单太多产能不足的问题、互利互惠的好办法，企业在实际运营过程中可以充分利用。

12.2　运营体会

在每一年结束以后，以及六年经营完成以后，请同学们从以下几个角度进行运营体会的总结和交流。

（1）战略计划及经营目标是否完成？出现了哪些不确定因素？这些不确定因素对你们企业造成了哪些影响？你们做了哪些计划的调整？你感觉你们的战略计划如何？

（2）是否合格完成了自己的本职工作？你对你角色如何理解？跟哪些角色进行了交流和协作？

（3）你们企业成功和失败之处在哪里？你是否理解了企业经营过程中的关键点？你认为企业经营的本质是什么？

12.3　完成实训报告

请同学们按照教师和实验室的统一要求完成电子沙盘的实训报告，报告字数不限，格式按照实验室实验报告的统一要求，报告的内容可以包括以下方面。

（1）实训步骤（参考实训 7–12）及步骤中的主要问题及内容。

（2）经营成果。

（3）经营中的主要成绩和存在的问题（可以结合自己角色来分析）。

（4）自己对于角色的理解和把握。

（5）对于企业运营的实质的理解。

（6）实训的感受和体会。

中阶篇附录 1
电子沙盘市场预测

7 组市场预测

市场		年份	第 2 年	第 3 年	第 4 年	第 5 年	第 6 年
本地市场	数量	P1	22	20	16	11	8
		P2	9	16	16	15	14
		P3	5	9	10	14	17
		P4	—	—	5	8	11
	均价	P1	4.91	4.65	4.38	4.00	3.63
		P2	6.22	7.81	8.31	7.47	6.43
		P3	7.20	8.22	8.90	8.86	8.35
		P4	—	—	9.20	9.13	9.36
区域市场	数量	P1	10	8	8	5	4
		P2	12	13	14	15	13
		P3	5	7	8	9	10
		P4	—	5	7	8	9
	均价	P1	4.90	4.88	4.75	4.80	4.75
		P2	6.83	7.92	7.43	6.13	6.38
		P3	7.80	8.00	8.50	9.11	8.20
		P4	—	8.80	8.86	9.38	9.33
国内市场	数量	P1	—	16	17	10	8
		P2	—	14	14	11	11
		P3	—	7	10	11	12
		P4	—	—	—	4	7
	均价	P1	—	4.94	4.35	4.10	3.75
		P2	—	8.14	8.07	7.00	6.18
		P3	—	8.14	8.20	8.18	8.50
		P4	—	—	—	8.75	9.00
亚洲市场	数量	P1	—	—	15	12	9
		P2	—	—	16	14	13
		P3	—	—	8	9	11
		P4	—	—	—	9	10
	均价	P1	—	—	4.00	3.83	3.22
		P2	—	—	6.63	6.50	6.62
		P3	—	—	8.75	9.00	9.00
		P4	—	—	—	9.44	9.90
国际市场	数量	P1	—	—	—	18	19
		P2	—	—	—	12	14
		P3	—	—	—	7	9
		P4	—	—	—	—	7
	均价	P1	—	—	—	5.78	6.00
		P2	—	—	—	7.00	7.29
		P3	—	—	—	7.71	8.22
		P4	—	—	—	—	9.29

8 组市场预测

市场		年份	第 2 年	第 3 年	第 4 年	第 5 年	第 6 年
本地市场	数量	P1	24	23	19	18	12
		P2	11	18	20	18	16
		P3	5	9	10	14	19
		P4	—	—	5	9	11
	均价	P1	4.92	4.65	4.42	4.17	3.67
		P2	6.27	7.78	8.30	7.50	6.44
		P3	7.20	8.22	8.90	8.86	8.42
		P4	—	—	9.20	9.11	9.36
区域市场	数量	P1	12	11	10	8	7
		P2	13	15	17	15	13
		P3	7	9	10	11	13
		P4	—	5	7	8	9
	均价	P1	4.83	5.00	4.80	4.88	4.43
		P2	6.77	7.87	7.47	6.13	6.38
		P3	7.86	7.89	8.50	9.18	8.31
		P4	—	8.80	8.86	9.38	9.33
国内市场	数量	P1	—	18	20	14	12
		P2	—	16	14	14	13
		P3	—	9	11	12	13
		P4	—	3	5	5	9
	均价	P1	—	5.00	4.40	4.29	3.92
		P2	—	8.13	8.07	6.93	6.23
		P3	—	8.22	8.27	8.17	8.46
		P4	—	8.33	9.20	8.80	9.22
亚洲市场	数量	P1	—	—	15	12	10
		P2	—	—	18	15	14
		P3	—	—	11	12	13
		P4	—	—	—	10	12
	均价	P1	—	—	4.00	3.83	3.30
		P2	—	—	6.72	6.47	6.64
		P3	—	—	8.73	8.92	8.92
		P4	—	—	—	9.50	9.83
国际市场	数量	P1	—	—	—	22	23
		P2	—	—	—	14	17
		P3	—	—	—	9	12
		P4	—	—	—	—	10
	均价	P1	—	—	—	5.73	6.00
		P2	—	—	—	7.14	7.29
		P3	—	—	—	7.67	8.25
		P4	—	—	—	—	9.40

9 组市场预测

市场	年份		第 2 年	第 3 年	第 4 年	第 5 年	第 6 年
本地市场	数量	P1	27	25	23	20	14
		P2	13	21	23	19	18
		P3	7	10	14	17	21
		P4	—	—	7	11	11
	均价	P1	4.96	4.64	4.48	4.15	3.71
		P2	6.31	7.76	8.26	7.53	6.50
		P3	7.14	8.30	8.86	8.88	8.43
		P4	—	—	9.29	9.18	9.36
区域市场	数量	P1	14	12	11	8	7
		P2	14	16	19	15	13
		P3	9	9	10	11	13
		P4	—	7	7	8	9
	均价	P1	4.79	5.00	4.82	4.88	4.43
		P2	6.79	7.88	7.47	6.13	6.38
		P3	7.78	7.89	8.50	9.18	8.31
		P4	—	—	8.86	9.38	9.33
国内市场	数量	P1	—	20	21	16	15
		P2	—	18	16	16	15
		P3	—	12	11	12	15
		P4	—	3	5	8	12
	均价	P1	—	5.00	4.43	4.31	4.00
		P2	—	8.11	8.06	6.94	6.27
		P3	—	8.25	8.27	8.17	8.60
		P4	—	8.33	9.20	9.00	9.33
亚洲市场	数量	P1	—	—	19	12	12
		P2	—	—	19	17	15
		P3	—	—	12	14	16
		P4	—	—	—	10	12
	均价	P1	—	—	4.00	3.83	3.42
		P2	—	—	6.74	6.41	6.67
		P3	—	—	8.75	8.93	8.88
		P4	—	—	—	9.50	9.83
国际市场	数量	P1	—	—	—	26	27
		P2	—	—	—	17	21
		P3	—	—	—	12	15
		P4	—	—	—	—	13
	均价	P1	—	—	—	5.69	5.85
		P2	—	—	—	7.29	7.33
		P3	—	—	—	8.75	8.27
		P4	—	—	—	—	9.38

10 组市场预测

市场		年份	第2年	第3年	第4年	第5年	第6年
本地市场	数量	P1	30	25	24	20	15
		P2	13	23	26	24	21
		P3	10	12	14	19	24
		P4	—	—	7	11	13
	均价	P1	5.00	4.64	4.50	4.15	3.73
		P2	6.31	7.74	8.27	7.50	6.43
		P3	7.20	8.33	8.86	8.84	8.46
		P4	—	—	9.29	9.18	9.38
区域市场	数量	P1	16	14	14	10	7
		P2	18	18	19	16	14
		P3	9	11	12	14	13
		P4	—	7	7	12	12
	均价	P1	4.81	5.07	4.79	4.90	4.71
		P2	6.78	7.83	7.47	6.19	6.36
		P3	7.89	7.82	8.42	9.14	8.31
		P4	—	8.86	8.86	9.25	9.42
国内市场	数量	P1	—	24	23	19	17
		P2	—	20	20	19	17
		P3	—	15	15	15	17
		P4	—	5	8	8	12
	均价	P1	—	5.00	4.43	4.37	3.94
		P2	—	8.10	8.00	6.89	6.35
		P3	—	8.27	8.27	8.20	8.65
		P4	—	8.40	9.13	9.00	9.33
亚洲市场	数量	P1	—	—	21	15	12
		P2	—	—	21	17	16
		P3	—	—	12	14	17
		P4	—	—	—	10	14
	均价	P1	—	—	4.05	3.80	3.42
		P2	—	—	6.76	6.41	6.63
		P3	—	—	8.75	8.93	8.88
		P4	—	—	—	9.50	9.79
国际市场	数量	P1	—	—	—	28	32
		P2	—	—	—	17	23
		P3	—	—	—	13	18
		P4	—	—	—	—	13
	均价	P1	—	—	—	5.68	5.75
		P2	—	—	—	7.29	6.96
		P3	—	—	—	8.08	8.39
		P4	—	—	—	—	9.46

中阶篇附录 2
经营过程表单

（　　）公司广告投标单

第二年

产品/市场	本地	区域	国内	亚洲	国际
P1					
P2					
P3					
P4					

第三年

产品/市场	本地	区域	国内	亚洲	国际
P1					
P2					
P3					
P4					

第四年

产品/市场	本地	区域	国内	亚洲	国际
P1					
P2					
P3					
P4					

第五年

产品/市场	本地	区域	国内	亚洲	国际
P1					
P2					
P3					
P4					

第六年

产品/市场	本地	区域	国内	亚洲	国际
P1					
P2					
P3					
P4					

经营记录表

_____公司   第__1__年经营

每执行完一项操作，请CEO在相应的方格内打勾，请财务总监准确填写现金流量。

操作顺序	手工操作流程	系统操作	手工记录			
			1Q	2Q	3Q	4Q
年初	支付应付税	系统自动完成				
	支付长贷利息					
	更新长期贷款/长期贷款还款					
	投放广告					
	参加订货会					
	申请长期贷款	输入贷款数额并确认 可重复操作				
	季初现金盘点（请填余额）					
*1	当季开始　关键步骤					
2	还本付息/更新短期贷款	系统自动完成				
	更新生产/完工入库					
	生产线完工/转产完工					
3	申请短期贷款	不可重复操作				
*4	更新原料库　需要确认金额，关键步骤					
5	下原料订单	不可重复操作				
6	购置厂房（租用）	无严格操作顺序，有些步骤可以重复操作，有些步骤必须要重复操作				
7	新建生产线					
8	在建生产线					
9	生产线转产					
10	变卖生产线					
11	下一批生产					
*12	应收款更新　关键步骤，收现金额系统不提示					
13	按订单交货	选择要交货订单确认				
14	产品研发投资	选择并确认				
15	厂房处理	自动转四账期应收款				

续表

操作顺序	手工操作流程	系统操作	手工记录			
			1Q	2Q	3Q	4Q
*16	当季结束　关键步骤					
17	支付行政管理费	系统自动完成				
	支付租金					
	检测产品开发完成情况					
18	厂房贴现	可以随时进行				
19	紧急采购					
20	出售库存					
21	贴现					
22	间谍					
23	组间交易	交易双方需到老师处登记				
24	其他收支（请注明）					
	季末现金流入合计					
	季末现金流出合计					
	季末现金对账（请填余额）					
年末	市场开拓	系统自动完成				
	ISO 投资					
	检测"新市场开拓，ISO 投资"完成情况					
	支付设备维修费					
	计提折旧					(　)
	违约扣款					
	结账（请核对现金余额）					
本年备注						

第 1 年财务报表

综合管理费用明细表

项　　目	金　　额
管理费	
广告费	
维修费	
损失	
转产费	
厂房租金	

续表

项　　目	金　　额
新市场开拓	
ISO 资格认证	
产品研发	
信息费	
合计	

● 库存折价销售，生产线变卖，紧急采购，订单违约记入损失

利润表

项　　目	算　　符	金　　额
销售收入		
直接成本	−	
毛利	=	
综合费用	−	
折旧前利润	=	
折旧	−	
支付利息前利润	=	
财务费用（利息）	−	
税前利润	=	
所得税	−	
净利润	=	

资产负债表

资　　产	金额	负债和所有者权益	金额
流动资产：		负债：	
现金		长期负债	
应收款		短期负债	
在制品		应交税金	
产成品		—	
原料		—	
流动资产合计		负债合计	
固定资产：		所有者权益：	
土地和建筑		股东资本	
机器与设备		利润留存	
在建工程		年度净利	
固定资产合计		所有者权益合计	
资产总计		负债和所有者权益总计	

_____公司　　　　　第__2__年经营

每执行完一项操作，请 CEO 在相应的方格内打勾，请财务总监准确填写现金流量。

操作顺序	手工操作流程	系统操作	手工记录			
			1Q	2Q	3Q	4Q
年初	支付应付税	系统自动完成				
	支付长贷利息					
	更新长期贷款/长期贷款还款					
	投放广告					
	参加订货会					
	申请长期贷款	输入贷款数额并确认 可重复操作				
	季初现金盘点（请填余额）					
*1	当季开始　关键步骤					
2	还本付息/更新短期贷款	系统自动完成				
	更新生产/完工入库					
	生产线完工/转产完工					
3	申请短期贷款	不可重复操作				
*4	更新原料库　需要确认金额，关键步骤					
5	下原料订单	不可重复操作				
6	购置厂房（租用）	无严格操作顺序，有些步骤可以重复操作，有些步骤必须要重复操作				
7	新建生产线					
8	在建生产线					
9	生产线转产					
10	变卖生产线					
11	下一批生产					
*12	应收款更新 关键步骤，收现金额系统不提示					
13	按订单交货	选择要交货订单确认				
14	产品研发投资	选择并确认				
15	厂房处理	自动转四账期应收款				
*16	当季结束　关键步骤					
17	支付行政管理费	系统自动完成				
	支付租金					
	检测产品开发完成情况					
18	厂房贴现	可以随时进行				
19	紧急采购					
20	出售库存					
21	贴现					
22	间谍					

续表

操作顺序	手工操作流程	系统操作	手工记录			
			1Q	2Q	3Q	4Q
23	组间交易	交易双方需到老师处登记				
24	其他收支（请注明）					
	季末现金流入合计					
	季末现金流出合计					
	季末现金对账（请填余额）					
年末	市场开拓	系统自动完成				
	ISO 投资					
	检测"新市场开拓，ISO 投资"完成情况					
	支付设备维修费					( )
	计提折旧					
	违约扣款					
	结账（请核对现金余额）					

本年备注

第 2 年财务报表

综合管理费用明细表

项　　目	金　　额
管理费	
广告费	
维修费	
损失	
转产费	
厂房租金	
新市场开拓	
ISO 资格认证	
产品研发	
信息费	
合计	

● 库存折价销售，生产线变卖，紧急采购，订单违约记入损失

利润表

项　目	算　符	金　额
销售收入		
直接成本	−	
毛利	=	
综合费用	−	
折旧前利润	=	
折旧	−	
支付利息前利润	=	
财务费用（利息）	−	
税前利润	=	
所得税	−	
净利润	=	

资产负债表

资　产	金额	负债和所有者权益	金额
流动资产：		负债：	
现金		长期负债	
应收款		短期负债	
在制品		应交税金	
产成品			—
原料			—
流动资产合计		负债合计	
固定资产：		所有者权益：	
土地和建筑		股东资本	
机器与设备		利润留存	
在建工程		年度净利	
固定资产合计		所有者权益合计	
资产总计		负债和所有者权益总计	

_____公司　　　　第__3__年经营

每执行完一项操作，请 CEO 在相应的方格内打勾，请财务总监准确填写现金流量。

操作顺序	手工操作流程	系统操作	手工记录			
			1Q	2Q	3Q	4Q
年初	支付应付税	系统自动完成				
	支付长贷利息					
	更新长期贷款/长期贷款还款					
	投放广告					
	参加订货会					
	申请长期贷款	输入贷款数额并确认 可重复操作				
	季初现金盘点（请填余额）					

续表

操作顺序	手工操作流程	系统操作	手工记录			
			1Q	2Q	3Q	4Q
*1	当季开始　关键步骤					
2	还本付息/更新短期贷款	系统自动完成				
	更新生产/完工入库					
	生产线完工/转产完工					
3	申请短期贷款	不可重复操作				
*4	更新原料库　需要确认金额，关键步骤					
5	下原料订单	不可重复操作				
6	购置厂房（租用）	无严格操作顺序，有些步骤可以重复操作，有些步骤必须要重复操作				
7	新建生产线					
8	在建生产线					
9	生产线转产					
10	变卖生产线					
11	下一批生产					
*12	应收款更新　关键步骤，收现金额系统不提示					
13	按订单交货	选择要交货订单确认				
14	产品研发投资	选择并确认				
15	厂房处理	自动转四账期应收款				
*16	当季结束　关键步骤					
17	支付行政管理费	系统自动完成				
	支付租金					
	检测产品开发完成情况					
18	厂房贴现	可以随时进行				
19	紧急采购					
20	出售库存					
21	贴现					
22	间谍					
23	组间交易	交易双方需到老师处登记				
24	其他收支（请注明）					
	季末现金流入合计					
	季末现金流出合计					
	季末现金对账（请填余额）					

操作顺序	手工操作流程	系统操作	手工记录			
			1Q	2Q	3Q	4Q
年末	市场开拓	系统自动完成				
	ISO 投资					
	检测"新市场开拓,ISO 投资"完成情况					
	支付设备维修费					( )
	计提折旧					
	违约扣款					
	结账(请核对现金余额)					

本年备注

第 3 年财务报表

综合管理费用明细表

项　　目	金　　额
管理费	
广告费	
维修费	
损失	
转产费	
厂房租金	
新市场开拓	
ISO 资格认证	
产品研发	
信息费	
合计	

● 库存折价销售、生产线变卖、紧急采购、订单违约记入损失

利润表

项　　目	算　　符	金　　额
销售收入		
直接成本	−	
毛利	=	
综合费用	−	
折旧前利润	=	

续表

项 目	算 符	金 额
折旧	−	
支付利息前利润	=	
财务费用（利息）	−	
税前利润	=	
所得税	−	
净利润	=	

资产负债表

资 产	金额	负债和所有者权益	金额
流动资产：		负债：	
现金		长期负债	
应收款		短期负债	
在制品		应交税金	
产成品		—	
原料		—	
流动资产合计		负债合计	
固定资产：		所有者权益：	
土地和建筑		股东资本	
机器与设备		利润留存	
在建工程		年度净利	
固定资产合计		所有者权益合计	
资产总计		负债和所有者权益总计	

_____公司　　　第__4__年经营

每执行完一项操作，请 CEO 在相应的方格内打勾，请财务总监准确填写现金流量。

操作顺序	手工操作流程	系统操作	手工记录			
			1Q	2Q	3Q	4Q
年初	支付应付税	系统自动完成		▓	▓	▓
	支付长贷利息			▓	▓	▓
	更新长期贷款/长期贷款还款			▓	▓	▓
	投放广告			▓	▓	▓
	参加订货会			▓	▓	▓
	申请长期贷款	输入贷款数额并确认 可重复操作		▓	▓	▓
季初现金盘点（请填余额）						

续表

操作顺序	手工操作流程		系统操作	手工记录			
				1Q	2Q	3Q	4Q
*1	当季开始　关键步骤						
2		还本付息/更新短期贷款	系统自动完成				
		更新生产/完工入库					
		生产线完工/转产完工					
3	申请短期贷款		不可重复操作				
*4	更新原料库　需要确认金额，关键步骤						
5	下原料订单		不可重复操作				
6	购置厂房（租用）		无严格操作顺序，有些步骤可以重复操作，有些步骤必须要重复操作				
7	新建生产线						
8	在建生产线						
9	生产线转产						
10	变卖生产线						
11	下一批生产						
*12	应收款更新　关键步骤，收现金额系统不提示						
13	按订单交货		选择要交货订单确认				
14	产品研发投资		选择并确认				
15	厂房处理		自动转四账期应收款				
*16	当季结束　关键步骤						
17		支付行政管理费	系统自动完成				
		支付租金					
		检测产品开发完成情况					
18	厂房贴现		可以随时进行				
19	紧急采购						
20	出售库存						
21	贴现						
22	间谍						
23	组间交易		交易双方需到老师处登记				
24	其他收支（请注明）						
	季末现金流入合计						
	季末现金流出合计						
	季末现金对账（请填余额）						

续表

操作顺序	手工操作流程	系统操作	手工记录			
			1Q	2Q	3Q	4Q
年末	市场开拓					
	ISO 投资					
	检测"新市场开拓，ISO 投资"完成情况	系统自动完成				
	支付设备维修费					
	计提折旧					( )
	违约扣款					
	结账（请核对现金余额）					
本年备注						

第 4 年财务报表

综合管理费用明细表

项　目	金　额
管理费	
广告费	
维修费	
损失	
转产费	
厂房租金	
新市场开拓	
ISO 资格认证	
产品研发	
信息费	
合计	

● 库存折价销售，生产线变卖，紧急采购，订单违约记入损失

利润表

项　目	算　符	金　额
销售收入		
直接成本	−	
毛利	=	
综合费用	−	
折旧前利润	=	

续表

项　目	算　符	金　额
折旧	－	
支付利息前利润	＝	
财务费用（利息）	－	
税前利润	＝	
所得税	－	
净利润	＝	

资产负债表

资　产	金额	负债和所有者权益	金额
流动资产：		负债：	
现金		长期负债	
应收款		短期负债	
在制品		应交税金	
产成品		—	
原料		—	
流动资产合计		负债合计	
固定资产：		所有者权益：	
土地和建筑		股东资本	
机器与设备		利润留存	
在建工程		年度净利	
固定资产合计		所有者权益合计	
资产总计		负债和所有者权益总计	

_____公司　　　第__5__年经营

每执行完一项操作，请 CEO 在相应的方格内打勾，请财务总监准确填写现金流量。

操作顺序	手工操作流程	系统操作	手工记录			
			1Q	2Q	3Q	4Q
年初	支付应付税	系统自动完成		▩	▩	▩
	支付长贷利息			▩	▩	▩
	更新长期贷款/长期贷款还款			▩	▩	▩
	投放广告			▩	▩	▩
	参加订货会			▩	▩	▩
	申请长期贷款	输入贷款数额并确认 可重复操作		▩	▩	▩
季初现金盘点（请填余额）						

续表

操作顺序	手工操作流程	系统操作	手工记录			
			1Q	2Q	3Q	4Q
*1	当季开始　关键步骤					
2	还本付息/更新短期贷款	系统自动完成				
	更新生产/完工入库					
	生产线完工/转产完工					
3	申请短期贷款	不可重复操作				
*4	更新原料库　需要确认金额，关键步骤					
5	下原料订单	不可重复操作				
6	购置厂房（租用）	无严格操作顺序，有些步骤可以重复操作，有些步骤必须要重复操作				
7	新建生产线					
8	在建生产线					
9	生产线转产					
10	变卖生产线					
11	下一批生产					
*12	应收款更新　关键步骤，收现金额系统不提示					
13	按订单交货	选择要交货订单确认				
14	产品研发投资	选择并确认				
15	厂房处理	自动转四账期应收款				
*16	当季结束　关键步骤					
17	支付行政管理费	系统自动完成				
	支付租金					
	检测产品开发完成情况					
18	厂房贴现	可以随时进行				
19	紧急采购					
20	出售库存					
21	贴现					
22	间谍					
23	组间交易	交易双方需到老师处登记				
24	其他收支（请注明）					
	季末现金流入合计					
	季末现金流出合计					
	季末现金对账（请填余额）					

操作顺序	手工操作流程	系统操作	手工记录			
			1Q	2Q	3Q	4Q
年末	市场开拓	系统自动完成				
	ISO 投资					
	检测"新市场开拓，ISO 投资"完成情况					
	支付设备维修费					( )
	计提折旧					
	违约扣款					
	结账（请核对现金余额）					

本年备注

第 5 年财务报表

综合管理费用明细表

项　　目	金　　额
管理费	
广告费	
维修费	
损失	
转产费	
厂房租金	
新市场开拓	
ISO 资格认证	
产品研发	
信息费	
合计	

- 库存折价销售，生产线变卖，紧急采购，订单违约记入损失

利润表

项　　目	算　　符	金　　额
销售收入		
直接成本	−	
毛利	=	
综合费用	−	
折旧前利润	=	

续表

项 目	算 符	金 额
折旧	−	
支付利息前利润	=	
财务费用（利息）	−	
税前利润	=	
所得税	−	
净利润	=	

资产负债表

资　产	金额	负债和所有者权益	金额
流动资产：		负债：	
现金		长期负债	
应收款		短期负债	
在制品		应交税金	
产成品		—	
原料		—	
流动资产合计		负债合计	
固定资产：		所有者权益：	
土地和建筑		股东资本	
机器与设备		利润留存	
在建工程		年度净利	
固定资产合计		所有者权益合计	
资产总计		负债和所有者权益总计	

_____公司　　　　第__6__年经营

每执行完一项操作，请 CEO 在相应的方格内打勾，请财务总监准确填写现金流量。

操作顺序	手工操作流程	系统操作	手工记录			
			1Q	2Q	3Q	4Q
年初	支付应付税	系统自动完成				
	支付长贷利息					
	更新长期贷款/长期贷款还款					
	投放广告					
	参加订货会					
	申请长期贷款	输入贷款数额并确认 可重复操作				
季初现金盘点（请填余额）						

续表

操作顺序	手工操作流程	系统操作	手工记录			
			1Q	2Q	3Q	4Q
*1	当季开始　关键步骤					
2	还本付息/更新短期贷款	系统自动完成				
	更新生产/完工入库					
	生产线完工/转产完工					
3	申请短期贷款	不可重复操作				
*4	更新原料库　需要确认金额，关键步骤					
5	下原料订单	不可重复操作				
6	购置厂房（租用）	无严格操作顺序，有些步骤可以重复操作，有些步骤必须要重复操作				
7	新建生产线					
8	在建生产线					
9	生产线转产					
10	变卖生产线					
11	下一批生产					
*12	应收款更新　关键步骤，收现金额系统不提示					
13	按订单交货	选择要交货订单确认				
14	产品研发投资	选择并确认				
15	厂房处理	自动转四账期应收款				
*16	当季结束　关键步骤					
17	支付行政管理费	系统自动完成				
	支付租金					
	检测产品开发完成情况					
18	厂房贴现	可以随时进行				
19	紧急采购					
20	出售库存					
21	贴现					
22	间谍					
23	组间交易	交易双方需到老师处登记				
24	其他收支（请注明）					
	季末现金流入合计					
	季末现金流出合计					
	季末现金对账（请填余额）					

续表

操作顺序	手工操作流程	系统操作	手工记录			
			1Q	2Q	3Q	4Q
年末	市场开拓	系统自动完成				
	ISO 投资					
	检测"新市场开拓，ISO 投资"完成情况					
	支付设备维修费					( )
	计提折旧					
	违约扣款					
	结账（请核对现金余额）					

本年备注

第 6 年财务报表

综合管理费用明细表

项　目	金　额
管理费	
广告费	
维修费	
损失	
转产费	
厂房租金	
新市场开拓	
ISO 资格认证	
产品研发	
信息费	
合计	

● 库存折价销售，生产线变卖，紧急采购，订单违约记入损失

利润表

项　目	算　符	金　额
销售收入		
直接成本	−	
毛利	=	
综合费用	−	
折旧前利润	=	

续表

项 目	算 符	金 额
折旧	−	
支付利息前利润	=	
财务费用（利息）	−	
税前利润	=	
所得税	−	
净利润	=	

资产负债表

资 产	金额	负债和所有者权益	金额
流动资产：		负债：	
现金		长期负债	
应收款		短期负债	
在制品		应交税金	
产成品		—	
原料		—	
流动资产合计		负债合计	
固定资产：		所有者权益：	
土地和建筑		股东资本	
机器与设备		利润留存	
在建工程		年度净利	
固定资产合计		所有者权益合计	
资产总计		负债和所有者权益总计	

生产计划及采购计划编制

生产线		第__1__年				第__2__年				第__3__年			
		1Q	2Q	3Q	4Q	1Q	2Q	3Q	4Q	1Q	2Q	3Q	4Q
1___生产线	产品												
	材料												
2___生产线	产品												
	材料												
3___生产线	产品												
	材料												
4___生产线	产品												
	材料												
5___生产线	产品												
	材料												

续表

生产线		第_1_年				第_2_年				第_3_年			
		1Q	2Q	3Q	4Q	1Q	2Q	3Q	4Q	1Q	2Q	3Q	4Q
6___ 生产线	产品												
	材料												
7___ 生产线	产品												
	材料												
8___ 生产线	产品												
	材料												
9___ 生产线	产品												
	材料												
10___ 生产线	产品												
	材料												
合计	产品												
	材料												

生产计划及采购计划编制

生产线		第_4_年				第_5_年				第_6_年			
		1Q	2Q	3Q	4Q	1Q	2Q	3Q	4Q	1Q	2Q	3Q	4Q
1___ 生产线	产品												
	材料												
2___ 生产线	产品												
	材料												
3___ 生产线	产品												
	材料												
4___ 生产线	产品												
	材料												
5___ 生产线	产品												
	材料												
6___ 生产线	产品												
	材料												
7___ 生产线	产品												
	材料												
8___ 生产线	产品												
	材料												
9___ 生产线	产品												
	材料												
10___ 生产线	产品												
	材料												
合计	产品												
	材料												

高阶篇
ERP 沙盘模拟经营方案管理器

构造 ERP 沙盘模拟经营方案管理器
熟悉和掌握 ERP 沙盘模拟经营方案管理器各组成部分的逻辑关系
利用方案管理器制定模拟经营方案
开发基于 Excel 的 ERP 沙盘模拟经营方案管理器
ERP 沙盘模拟经营方案制定、模拟、选优

实训 13
构造 ERP 沙盘模拟经营方案管理器

 实训目标

- 理解 ERP 沙盘模拟经营方案管理器的基本概念及组成。
- 掌握 ERP 沙盘模拟经营方案管理器的结构与关系。
- 制定 ERP 沙盘模拟经营可行方案。

13.1 ERP 沙盘模拟经营方案管理器的基本结构

在进行 ERP 沙盘模拟经营对抗赛的过程中,各参赛团队必须应对经营环境与经营规则的变化。赛前活动的重点,是面对新的竞赛规则和市场环境,能迅速制定多种战略规划和经营方案。赛前反复进行方案的论证和比较,确定基本方案、理想方案和环境最不利时的可行方案。才能在比赛过程中,根据现场状态及时应对、调整和控制,取得经营的成功。

由于 ERP 沙盘模拟经营方案,要受到多种决策因素的影响和制约。参赛团队在制定和评价经营战略规划方案时,一方面针对 CEO 和营销总监提出的经营思想和市场开发和广告投放方案,运营总监、采购总监不能及时提供生产能力和采购信息,而财务总监对于资金平衡和财务报表也会经常出现差错。另一方面,团队成员之间往往会为了评价不同的经营方案优劣,而争论的面红耳赤,他们往往只会定性推测或站在各自的角度来评价方案的优劣。因此,需要开发一套 ERP 沙盘模拟经营方案管理器,对经营战略规划方案的制定、评价和优化方案提供有力的支持工具。

ERP 沙盘模拟经营方案管理器,就是一整套能够反映 ERP 沙盘经营模拟运行过程的计算表格。通过 ERP 沙盘模拟经营方案管理器,可以方便地制定各种可行性经营方案,从而进行模拟方案的评价与选优。

13.1.1 制定 ERP 沙盘模拟经营方案的信息

在制订 ERP 模拟经营方案过程中,所需的信息主要分成三大类:

第一类,经营规则和市场预测等经营环境信息。这类信息是制订 ERP 沙盘经营模拟方案的基础信息。每一个团队成员,应该非常熟悉这些规则,并能在经营模拟方案制定过程中,熟练运用。

第二类，经营决策方案信息。这类信息，是参赛团队，根据比赛规则和市场预测信息，做出的企业经营决策方案。如：每一年的生产线、市场开发、产品研发、厂房等投资规划；每一年的广告方案、生产安排、订单选择、原材料采购等生产经营决策方案；每一年的银行贷款、订单交货、应收款贴现等资金筹措方案。在运用 ERP 沙盘经营模拟方案管理器时，只要输入经营决策方案信息，就能快速产生模拟企业的运行结果。

第三类，模拟经营企业运行结果信息。这类信息，是根据经营规则信息与经营方案信息结合，计算获得的企业运行结果信息。

13.1.2 ERP 沙盘模拟经营方案管理器的基本结构

ERP 沙盘模拟经营方案管理器的整体结构，由 19 个数据和计算表格组成。包括：

经营环境数据表 2 张（竞赛规则、市场预测）；投资、生产运营表 4 张（投资预算、生产安排、原料采购、产品库存）；广告、订单表 3 张（广告投放、订单登记、交货排单）；财务费用计算表 3 张（应收账款、贷款、维修折旧）；年度经营及财务报表 6 张（第 1-6 年）；竞赛总成绩计算表 1 张。

13.2 ERP 沙盘模拟经营竞赛规则及市场预测

全国用友杯 ERP 沙盘经营模拟竞赛，经历了手工沙盘、创业者电子沙盘、商战电子沙盘三个版本。目前大赛采用商战电子沙盘的竞赛规则，但每年的竞赛规则及市场预测有所变化。现以 2012 年第八届全国大学生"用友杯"沙盘模拟经营大赛全国总决赛比赛规则为例，来说明，构造 ERP 沙盘模拟经营方案管理器的过程。

13.2.1 ERP 沙盘模拟经营竞赛规则

1. 生产线（如表 3-13-1 所示）

表 3-13-1 生产线情况表

生产线	购置费	安装周期	生产周期	总转产费	转产周期	维修费	残值
手工线	35 W	无	2Q	0 W	无	5 W/年	5 W
租赁线	0 W	无	1Q	20 W	1Q	60 W/年	-100 W
自动线	150 W	3Q	1Q	20 W	1Q	20 W/年	30 W
柔性线	200 W	4Q	1Q	0 W	无	20 W/年	40 W

不论何时出售生产线，从生产线净值中取出相当于残值的部分计入现金，净值与残值之差计入损失。

只有空的并且已经建成的生产线方可转产。

当年建成的生产线、转产中生产线都要交维修费。

生产线不允许在不同厂房移动。

租赁线不需要购置费，不用安装周期，不提折旧，维修费可以理解为租金。其在出售时（可理解为退租），系统将扣 100 W/条的清理费用，记入损失。该类生产线不计小分。

手工线不计小分。

2. 折旧（平均年限法如表 3-13-2 所示）

表 3-13-2 折旧情况表

生产线	购置费	残值	建成第1年	建成第2年	建成第3年	建成第4年	建成第5年
手工线	35 W	5 W	0	10 W	10 W	10 W	
自动线	150 W	30 W	0	30 W	30 W	30 W	30 W
柔性线	200 W	40 W	0	40 W	40 W	40 W	40 W

当年建成生产线当年不提折旧，当净值等于残值时生产线不再计提折旧，但可以继续使用。

3. 融资（如表 3-13-3 所示）

表 3-13-3 融资情况表

贷款类型	贷款时间	贷款额度	年息	还款方式
长期贷款	每年年初	所有长贷和短贷之和不能超过上年权益的3倍	10%	年初付息，到期还本，每次贷款为不小于10整数。
短期贷款	每季度初		5%	到期一次还本付息，每次贷款为不小于10整数。
资金贴现	任何时间	视应收款额	10%（1季, 2季），12.5%（3季, 4季）	变现时贴息，可对1，2季应收联合贴现（3，4季同理）。
库存拍卖	原材料八折，成品按成本价			

提请注意：

长贷利息计算，所有不同年份长贷加总再乘以利率，然后四舍五入算利息。短贷利息是按每笔短贷分别计算。

4. 厂房（如表 3-13-4 所示）

表 3-13-4 厂房情况表

厂房	买价	租金	售价	容量	
大厂房	440 W	44 W/年	440 W	4 条	厂房出售得到4个账期的应收款，紧急情况下厂房可贴现（4季贴现），直接得到现金，如厂房中有生产线，同时要扣租金。
中厂房	300 W	30 W/年	300 W	3 条	
小厂房	180 W	18 W/年	180 W	2 条	

每季均可租或买，租满一年的厂房在满年的季度（如第二季租的，则在以后各年第二季为满年，可进行处理），需要用"厂房处理"进行"租转买"、"退租"（当厂房中没有任何生产线时）等处理。如果未加处理，则原来租用的厂房在满年季末自动续租，厂房不计提折旧，生产线不允许在不同厂房间移动。

厂房使用可以任意组合，但总数不能超过四个，如租四个小厂房或买四个大厂房或租一个大厂房买三个中厂房。

5. 市场准入（如表 3-13-5 所示）

表 3-13-5　市场准入情况表

市场	开发费	时间
本地	10 W/年	1 年
区域	10 W/年	1 年
国内	10 W/年	2 年
亚洲	10 W/年	3 年
国际	10 W/年	4 年

开发费用按开发时间在年末平均支付，不允许加速投资，但可中断投资。
市场开发完成后，领取相应的市场准入证。

无须交维护费，中途停止使用，也可继续拥有资格并在以后年份使用。市场开拓，只有在第四季度才可以点击。

6. 资格认证（如表 3-13-6 所示）

表 3-13-6　资格认证情况表

认证	ISO9000	ISO14000
时间	2 年	2 年
费用	10 W/年	15 W/年

开发费用按开发时间在年末平均支付，不允许加速投资，但可中断投资。
ISO 开发完成后，领取相应的认证。

无须交维护费，中途停止使用，也可继续拥有资格并在以后年份使用。ISO 认证，只有在第四季度才可以点击。

7. 产品（如表 3-13-7 所示）

表 3-13-7　产品情况表

名称	开发费用	开发周期	加工费	直接成本	产品组成
P1	10 W/季	2 季	10 W/个	20 W/个	R1
P2	10 W/季	3 季	10 W/个	30 W/个	R2+R3
P3	10 W/季	4 季	10 W/个	40 W/个	R1+R3+R4
P4	10 W/季	5 季	10 W/个	50 W/个	R2+R3+P1（注意 P1 为中间品）

8. 原料（如表 3-13-8 所示）

表 3-13-8　原料情况表

名称	购买价格	提前期
R1	10 W/个	1 季
R2	10 W/个	1 季
R3	10 W/个	2 季
R4	10 W/个	2 季

9. 紧急采购

付款即到货，原材料价格为直接成本的 2 倍，成品价格为直接成本的 3 倍。

紧急采购原材料和产品时，直接扣除现金。上报报表时，成本仍然按照标准成本记录，紧急采购多付出的成本计入费用表损失项。

10. 选单规则

投 5 W 广告有一次选单机会，每增加 10 W 多一次机会，如果投小于 5 W 广告则无选单机会，但仍扣广告费，对计算市场广告额有效，广告投放可以是非 5 倍数，如 6 W，7 W。

投广告，只有裁判宣布的最晚时间，没有最早时间。即你在系统经营结束后可以马上投广告。

市场老大有优先选单权。然后以本市场本产品广告额投放大小顺序依次选单。如果两队本市场本产品广告额相同，则看本市场广告投放总额；如果本市场广告总额也相同，则看上年本市场销售排名；如仍无法决定，先投广告者先选单。第一年无订单。

选单时，两个市场同时开单，各队需要同时关注两个市场的选单进展，其中一个市场先结束，则第三个市场立即开单，即任何时候会有两个市场同开，除非到最后只剩下一个市场选单未结束。如某年有本地、区域、国内、亚洲四个市场有选单。则系统将本地、区域同时放单，各市场按 P1、P2、P3、P4 顺序独立放单，若本地市场选单结束，则国内市场立即开单，此时区域、国内二市场保持同开，紧接着区域结束选单，则亚洲市场立即放单，即国内、亚洲二市场同开。选单时各队需要点击相应"市场"按钮，一市场选单结束，系统不会自动跳到其他市场。

需要注意的问题还有：

● 出现确认框要在倒计时大于 5 秒时按下确认按钮，否则可能造成选单无效；

● 在某细分市场（如本地、P1）有多次选单机会，只要放弃一次，则视同放弃该细分市场所有选单机会；

● 本次比赛有市场老大；市场老大指在该市场上年销售额最高且无违约，若有多个队满足则老大随机或者没有；

● 破产队可以参加选单，市场老大有效。

11. 竞单会（系统一次同时放 3 张订单同时竞，并显示所有订单，竞单年份随市场预测同时公布）

参与竞标的订单标明了订单编号、市场、产品、数量、ISO 要求等，而总价、交货期、账期三项为空。竞标订单的相关要求说明如下。

竞拍会的单子，价格、交货期、账期都是根据各个队伍的情况自己填写选择的，系统默认的总价是成本价，交货期为 1 期交货，账期为 4 账期，如要修改需要手工修改。

（1）投标资质

参与投标的公司需要有相应市场、ISO 认证的资质，但不必有生产资格。

中标的公司需为该单支付 5 W 标书费，在竞标会结束后一次性扣除，计入广告费里面。

（如果已竞得单数+本次同时竞单数）×5>现金余额，则不能再竞。即必须有一定现金库存作为保证金。如同时竞 3 张订单，库存现金为 28 W，已经竞得 3 张订单，扣除了 15 W 标书费，还剩余 13 W 库存现金，则不能继续参与竞单，因为万一再竞得 3 张，13 W 库存现金不足支付标书费 15 W。

为防止恶意竞单，对竞得单张数进行限制，如果某队已竞得单张数>ROUND（3×该年竞单总张数/参赛队数），则不能继续竞单。

提请注意：
- ROUND 表示四舍五入；
- 如上式为等于，可以继续参与竞单；
- 参赛队数指经营中的队伍，若破产继续经营也算在其内，破产退出经营则不算其内。

如某年竞单，共有 40 张，20 队（含破产继续经营）参与竞单，当一队已经得到 7 张单，因为 7>ROUND（3×40/20），所以不能继续竞单；但如果已经竞得 6 张，可以继续参与。

（2）投标

参与投标的公司须根据所投标的订单，在系统规定时间（90 秒，以倒计时秒形式显示）填写总价、交货期、账期三项内容，确认后由系统按照以下公式计算得分。

$$得分=100+(5-交货期)×2+应收账期-8×总价/(该产品直接成本×数量)$$

以得分最高者中标。如果计算分数相同，则先提交者中标。

提请注意：
- 总价不能低于（可以等于）成本价，也不能高于（可以等于）成本价的三倍；
- 必须为竞单留足时间，如在倒计时小于等于 5 秒再提交，可能无效；
- 竞得订单与选中订单一样，算市场销售额；
- 竞得订单与选中订单一样，算市场销售额，对计算市场老大有效；
- 竞单时不允许紧急采购，不允许市场间谍；
- 破产队不可以参与投标竞单。

12. 订单违约

订单必须在规定季或提前交货，应收账期从交货季开始算起。应收款收回系统自动完成，不需要各队填写收回金额。

13. 取整规则（均精确或舍到个位整数）

违约金扣除——四舍五入（每张单分开算）

库存拍卖所得现金——四舍五入

贴现费用——向上取整

扣税——四舍五入

长短贷利息——四舍五入

14. 特殊费用项目

库存折价拍卖、生产线变卖、紧急采购、订单违约、计入其他损失；增减资计入股东资本或特别贷款（均不算所得税）。

提请注意：增资只适用于破产队。

15. 重要参数

重要参数如图 3-13-1 所示。

提请注意：
- 每市场每产品选单时第一个队选单时间为 65 秒，自第二个队起，选单时间 40 秒；
- 初始资金为 600 W；
- 信息费 1 W/次/队，即交 1 W 可以查看一队企业信息，交费企业以 Excel 表格形式获得被间谍企业详细信息，间谍无法看到对手的选单情况。

图 3-13-1　重要参数图

16. 竞赛排名

完成预先规定的经营年限，将根据各队的最后分数进行评分，分数高者为优胜。

总成绩=所有者权益×(1+企业综合发展潜力/100)−罚分+市场老大加分

企业综合发展潜力如表 3-13-9 所示。

表 3-13-9　竞赛排名表

项　　目	综合发展潜力系数
自动线	+8/条
柔性线	+10/条
本地市场开发	+7
区域市场开发	+7
国内市场开发	+8
亚洲市场开发	+9
国际市场开发	+10
ISO9000	+8
ISO14000	+10
P1 产品开发	+7
P2 产品开发	+8
P3 产品开发	+9
P4 产品开发	+10
P5 产品开发	+11

提请注意：

● 如有苦干队分数相同，则最后一年在系统中先结束经营（而非指在系统中填制报表）者排名靠前。

● 生产线建成即加分，无须生产出产品，也无须有在制品。手工线、租赁线、厂房无加分。

● 市场老大不计入综合发展潜力系数，单独算分，得一个第 2、3、4、5 年市场老大加 50 分，得一个第 6 年市场老大加 100 分。

17. 罚分规则

（1）运行超时扣分

运行超时有两种情况：一是指不能在规定时间完成广告投放(可提前投广告)；二是指不

能在规定时间完成当年经营(以点击系统中"当年结束"按钮并确认为准)。

处罚：按总分 20 分/分钟（不满一分钟算一分钟）计算罚分，最多不能超过 10 分钟，如果到 10 分钟后还不能完成相应的运行，将取消其参赛资格。

提请注意：投放广告时间、完成经营时间及提交报表时间系统均会记录，作为扣分依据。

（2）其他违规扣分

在运行过程中下列情况属违规：

对裁判正确的判罚不服从；

在比赛期间擅自到其他赛场走动；

指导教师擅自进入比赛现场；

其他严重影响比赛正常进行的活动；

如有以上行为者，视情节轻重，扣除该队总得分的 200–500 分。

18. 破产处理

当参赛队权益为负（指当年结束系统生成生成资产负债表时为负）或现金断流时（权益和现金可以为零），企业破产。

参赛队破产后，由裁判视情况适当增资后继续经营。破产队不参加有效排名。

为了确保破产队不过多影响比赛的正常进行，限制破产队每年用于广告投放总和不能超过 30 W。不允许参加竞单。

19. 操作要点

● 生产线转产、下一批生产、出售生产线均在相应生产线上直接操作；

● 应收款收回由系统自动完成，不需要各队填写收回金额；

● 只显示可以操作的运行图标；

● 选单时必须注意各市场状态（正在选单、选单结束、无订单），选单时各队需要点击相应"市场"按钮，一市场选单结束，系统不会自动跳到其他市场。

13.2.2 关于所得税的计算的详细方法

所得税，在用友 ERP 沙盘中是一个综合概念，大概可以理解成你模拟的企业经营盈利部分所要交的税费。交税需满足以下几个条件。

● 经营当年盈利（税前利润为正）；

● 连续弥补了前面至多 5 年亏损后，仍盈利。

以利润表为计算依据最为清晰，下面以实例说明。

所得税计算案例 1

表 3–13–10 所得税计算表

年份	第 1 年	第 2 年	第 3 年	第 4 年	第 5 年	第 6 年
税前利润	–10	50	–20	–30	40	130
所得税	0	10	0	0	0	30
年度净利润	–10	40	–20	–30	40	100

如表 3–13–10 所示，第 1 年亏损当然不交，第 2 年盈利 50，补了第 1 年亏损后盈利 40，

税率为25%，则所得税为10。第3、4年亏损，不交税，第5年盈利，但不足以弥补第3、4年亏损，故不交税。此处要注意，第1年虽然亏损，但在第2年已经弥补，所以第5年不需要再次弥补第1年亏损。第6年盈利，需要与未交税的第3、4、5年累计计算应税利润，为（−20）+(−30)+40+130=120，所得税为30。

总之，从当年开始，与前面连续无所得税年份（最多5年）的税前利润累加，得到应税利润，若大于零，则有所得税。

系统中只取整数，对小数如何处理呢？下面以两个例子说明。

所得税计算案例 2

表 3–13–11 所得税计算表

年份	第1年	第2年	第3年	第4年
税前利润	−160	50	111	5
所得税	0	0	0	2
年度净利润	−160	50	111	3

如表 3–13–11 所示，第3年累计税前利润为 1 W，应税利润为 1 W，所得税为 0.25 W，四舍五入，当年不交。由于第3年没有交，则当年 1 W 应税利润要累计到下年，第4年税前利润为 5 W，应税利润为 6 W，四舍五入，所得税为 2 W。

所得税计算案例 3

表 3–13–12 所得税计算表

年份	第1年	第2年	第3年	第4年
税前利润	−160	50	115	5
所得税	0	0	1	1
年度净利润	−160	50	114	4

如表 3–13–12 所示，第3年累计税前利润为 5 W，应税利润为 5 W，所得税为 1.25 W，四舍五入为 1 W。由于第3年交了税，则当年的 1 W 未交应税利润不要累计到下年，第4年税前利润为 5 W，应税利润为 5 W，所得税为 1 W。

从以上两例看出，即使有小数，还是符合以下原则：从当年开始，与前面连续无所得税年份（最多5年）的税前利润累加，得到应税利润，若大于零，则有所得税。

13.2.3 市场预测（见表 3–13–13 和表 3–13–14）

表 3–13–13 市场预测——平均价格

序号	年份	产品	本地	区域	国内	亚洲	国际
1	第2年	P1	51.7	51.83	0	0	0
2	第2年	P2	71.72	78.39	0	0	0
3	第2年	P3	98.06	90.04	0	0	0

续表

序号	年份	产品	本地	区域	国内	亚洲	国际
4	第2年	P4	131.1	119.65	0	0	0
5	第3年	P1	55.47	52.47	49.12	0	0
6	第3年	P2	74.85	72.97	74.93	0	0
7	第3年	P3	86.97	85.31	88.38	0	0
8	第3年	P4	118.92	118.4	115.77	0	0
9	第4年	P1	50.33	48.83	45.29	0	0
10	第4年	P2	62.72	64.28	62.53	0	0
11	第4年	P3	87.83	88	84.41	89.18	0
12	第4年	P4	114.18	112.04	115.24	116.81	0
13	第5年	P1	55.85	54.5	54.69	51	58.65
14	第5年	P2	66.4	67.62	68.17	73.77	73.05
15	第5年	P3	81.3	86.03	82.87	84.94	86.68
16	第5年	P4	0	0	113.12	126.87	117.35
17	第6年	P1	54.91	58.74	0	0	56.56
18	第6年	P2	69.07	67.15	67.59	0	0
19	第6年	P3	92.03	86.07	81.74	83.85	88.7
20	第6年	P4	0	0	119.48	117.11	121.55

表3-13-14 市场预测——需求量

序号	年份	产品	本地	区域	国内	亚洲	国际
1	第2年	P1	43	59	0	0	0
2	第2年	P2	36	31	0	0	0
3	第2年	P3	34	25	0	0	0
4	第2年	P4	51	40	0	0	0
5	第3年	P1	49	38	8	0	0
6	第3年	P2	41	37	28	0	0
7	第3年	P3	36	32	21	0	0
8	第3年	P4	26	30	13	0	0
9	第4年	P1	61	30	31	0	0
10	第4年	P2	72	29	38	0	0
11	第4年	P3	30	30	37	33	0
12	第4年	P4	22	24	21	26	0
13	第5年	P1	59	22	35	33	34
14	第5年	P2	40	32	23	13	20
15	第5年	P3	33	30	47	32	37
16	第5年	P4	0	0	26	31	26
17	第6年	P1	35	57	0	0	27
18	第6年	P2	44	46	17	0	0
19	第6年	P3	29	30	35	39	37
20	第6年	P4	0	0	31	37	11

13.3 飞达公司模拟经营方案（Ⅰ）第1年运营

飞达公司管理团队，在认真细致地研究了大赛规则和市场预测相关资料后，希望通过模拟不同决策思路下，获得多种经营方案，并进一步分析和评价这些方案，从而选择优化的方案。我们通过该公司的模拟经营方案的制定过程，来构造 ERP 沙盘模拟经营方案管理器。

13.3.1 投资、生产运营表

投资、生产运营表包括：投资预算、生产安排、原料采购、产品库存，4 张表。

13.3.1.1 投资预算表

根据商战沙盘大赛规则，公司经营第 1 年，拥有 600 万元的创办资金，可以获得银行 1 800 万元的长期或短期贷款额度。创办企业首先需要进行投资决策。图 3-13-1 投资预算表，可以计算出第 1 年各种投资项目的资金需求量。

		C 1季 数量	D 2季 数量	E 3季 数量	F 4季 数量	G	H 1季 金额	I 2季 金额	J 3季 金额	K 4季 金额	L 合计
		\multicolumn{10}{c}{投资预算表}
		\multicolumn{10}{c}{第1年}
生产线	手工线			2			0	0	70	0	70
	自动线		4	5	5		0	200	250	250	700
	柔性线	1	1	1	1		50	50	50	50	200
	合计						50	250	370	300	970
	租赁线									0	0
厂房	买大厂房						0	0	0	0	0
	买中厂房						0	0	0	0	0
	买小厂房						0	0	0	0	0
	小计						0	0	0	0	0
	租大厂房	1	1				44	44	0	0	88
	租中厂房						0	0	0	0	0
	租小厂房						0	0	0	0	0
	小计						44	44	0	0	88
	合计						44	44	0	0	88
市场开发	本地				1					10	10
	区域				1					10	10
	国内				1					10	10
	亚洲				1					10	10
	国际				1					10	10
	合计									50	50
产品开发	P1	1	1				10	10			20
	P2		1	1	1			10	10	10	30
	P3	1	1	1	1		10	10	10	10	40
	P4	1	1	1	1		10	10	10	10	40
	合计						30	40	30	30	130
认证	ISO9000									0	0
	ISO14000									0	0
	合计									0	0

图 3-13-1 投资预算表

在图 3-13-1 投资预算表中，左侧的白色区域输入决策信息。右侧阴影区域可以计算获得所需的资金。从图 3-13-1 投资预算表可以看出以下几点。

公司生产线建设，从第 1 季度起投资建设 1 条柔性线，每季度需要资金 50 万元；第 2

季度投资建设 4 条自动线，需要资金 200 万元；第 3、4 季度投资建设 5 条自动线，分别需要 250 万元；第 3 季度，投资建成 2 条手工生产线，需要资金 70 万元。

这样，第 1 年共投资建设 8 条生产线，已经完成 7 条生产线，包括：2 条手工线第 3 季度可以投入生产；4 条自动线和 1 条柔性线，在第 2 年第 1 季度可以投入生产。1 条自动线在建，在第 2 年第 2 季度可以投入生产。

第 1 年，投入生产线建设资金，合计需要 970 万元，1～4 季度分别需要 50 万元、200 万元、250 万元、250 万元。

由于投资建设了 8 条生产线，公司决定在第 1 季度和第 2 季度，分别各租 1 个大厂房，以满足生产线对厂房的需要。因此，分别需要支付租金 44 万元，共需厂房租金 88 万元。

公司决定投资开发，本地、区域、国内、亚洲、国际全部市场，在第 4 季度共需资金 50 万元。

公司决定研发所有产品。从第 1 季度开始，分别研发 P1、P3、P4 产品；从第 2 季度开始，研发 P2 产品。这样，P1 产品在第 3 季度可以获得生产资格；P2、P3 产品，在第 2 年第 1 季度可以获得生产资格；P4 产品在第 2 年第 2 季度可以获得生产资格。第 1 年，需投入产品研发资金合计 130 万元，1～4 季度分别需要 30 万元、40 万元、30 万元、30 万元。

13.3.1.2 生产安排表

生产安排，首先需要决策的是，8 条生产线各生产什么产品？在图 3-13-2 生产安排表中左侧白色区域输入决策信息，即每一条生产线各生产什么产品，以及每一季度产品的生产运营状况；在右侧的阴影区域，可以统计获得 P1、P2、P3、P4，各种产品生产，上线和在线的状况。由于手工生产线，生产周期是 2 个季度，其他生产线是 1 个季度，因此需要分别统计。然后，再进行合计汇总。

如图 3-13-2 生产安排表所示，公司决定：生产线 1 为柔性线，在第 2 年第 1 季度生产 P3 产品，从第 2 年第 2 季度起，转产 P4 产品；生产线 2 为自动线，从第 2 年第 2 季度起生产 P4 产品；生产线 3、生产线 4 为自动线，从第 2 年第 1 季度起生产 P1 产品，与 P4 产品生产线配套；生产线 5 为自动线，从第 2 年第 1 季度起生产 P2 产品；生产线 6 为自动线，从第 2 年第 1 季度起生产 P3 产品；生产线 17、生产线 18 为手工线，在第 1 年第 3 季度上线生产 P1 产品，从第 2 年第 1 季度起转产 P3 产品。

根据生产安排，在图 3-13-2 生产安排表的右侧阴影区域，可以统计出每一种产品，上线和在线生产状况。

产品上线数据，为计算原料采购、原料费、加工费、产品入库等提供依据。产品在线数据，为计算在制品成本提供依据。

议一议

你认为飞达公司这种投资策略方案有什么特点？

飞达公司可能会遇到哪些经营风险需要特别注意？

如果你是飞达公司 CEO，你会提出什么样的投资策略方案？

	A	B	C	D	E	F	G	H	I	J	K	L	M	N	O	P	Q	R	S	T	U	V	W	X	Y	Z	BO	BP	BQ	BR	BS	BT	BU	BV
1																																		
2			生产线1				生产线2				生产线3				生产线4				生产线5				生产线6				生产线17				生产线18			
3			柔性线				自动线				自动线				自动线				自动线				自动线				手工线				手工线			
4			P1	P2	P3	P4	P1	P2	P3	P4	P1	P2	P3	P4	P1	P2	P3	P4	P1	P2	P3	P4	P1	P2	P3	P4	P1	P2	P3	P4	P1	P2	P3	P4
5	第1年	1季																																
6		2季																																
7		3季																									1				1			
8		4季																																
9	第2年	1季			1						1				1					1					1				1				1	
10		2季				1				1	1				1					1					1									
11		3季				1				1	1				1					1					1				1				1	
12		4季				1				1	1				1					1					1									
13	第3年	1季				1				1	1				1					1					1				1				1	
14		2季																																
15		3季																																
16		4季																																
17	第4年	1季																																
18		2季																																
19		3季																																
20		4季																																
21	第5年	1季																																
22		2季																																
23		3季																																
24		4季																																
25	第6年	1季																																
26		2季																																
27		3季																																
28		4季																																

	A	B	BW	BX	BY	BZ	CA	CB	CC	CD	CE	CF	CG	CH	CI	CJ	CK	CL	CM	CN	CO	CP
1																						
2			1季生产				2季生产								合计				合计			
3			产品上线				产品上线				产品在线				产品上线				产品在线			
4			P1	P2	P3	P4	P1	P2	P3	P4	P1	P2	P3	P4	P1	P2	P3	P4	P1	P2	P3	P4
5	第1年	1季																				
6		2季																				
7		3季	0				2				2				2				2	0	0	0
8		4季	0	0			0	0			2	0			0	0			2	0	0	0
9	第2年	1季	2	1	2		0	0	2		0	0	2		2	1	4		2	1	4	0
10		2季	2	1	1	2	0	0	0	0	0	0	2	0	2	1	1	2	2	1	3	2
11		3季	2	1	1	2	0	0	2	0	0	0	2	0	2	1	3	2	2	1	3	2
12		4季	2	1	1	2	0	0	0	0	0	0	2	0	2	1	1	2	2	1	3	2
13	第3年	1季	2	1	1	2	0	0	2	0	0	0	2	0	2	1	3	2	2	1	3	2
14		2季	0	0	0	0	0	0	0	0	0	0	2	0	0	0	0	0	0	0	2	0
15		3季	0	0	0	0	0	0	0	0	0	0	0	0	0	0	0	0	0	0	0	0
16		4季	0	0	0	0	0	0	0	0	0	0	0	0	0	0	0	0	0	0	0	0
17	第4年	1季	0	0	0	0	0	0	0	0	0	0	0	0	0	0	0	0	0	0	0	0
18		2季	0	0	0	0	0	0	0	0	0	0	0	0	0	0	0	0	0	0	0	0
19		3季	0	0	0	0	0	0	0	0	0	0	0	0	0	0	0	0	0	0	0	0
20		4季	0	0	0	0	0	0	0	0	0	0	0	0	0	0	0	0	0	0	0	0
21	第5年	1季	0	0	0	0	0	0	0	0	0	0	0	0	0	0	0	0	0	0	0	0
22		2季	0	0	0	0	0	0	0	0	0	0	0	0	0	0	0	0	0	0	0	0
23		3季	0	0	0	0	0	0	0	0	0	0	0	0	0	0	0	0	0	0	0	0
24		4季	0	0	0	0	0	0	0	0	0	0	0	0	0	0	0	0	0	0	0	0
25	第6年	1季	0	0	0	0	0	0	0	0	0	0	0	0	0	0	0	0	0	0	0	0
26		2季	0	0	0	0	0	0	0	0	0	0	0	0	0	0	0	0	0	0	0	0
27		3季	0	0	0	0	0	0	0	0	0	0	0	0	0	0	0	0	0	0	0	0
28		4季	0	0	0	0	0	0	0	0	0	0	0	0	0	0	0	0	0	0	0	0

图 3–13–2　生产安排表

13.3.1.3　原料采购表

图 3–13–3 原料采购表的基础数据，来自图 3–13–2 生产安排表的产品上线和产品在线的数据。根据各种产品上线数据，可计算出各种产品的原料需求量，统计汇总出每一季度，每一种原料的需求量。根据原料采购提前期，可以推导出每一季度，各种原料采购下单的数量。

	A	B	C	D	E	F	G	H	I	J	K	L	M	N	O	P	Q	R	S	T	U	V	W	X	Y	Z	AA	AB	AC	AD	AE	AF
1			合计				原料需求														原料采购				生产现金需求			在制品成本	合计			
2			产品上线				P1	P2		P3			P4			合计					下订单				原料费	加工费	合计		产品在线			
3			P1	P2	P3	P4	R1	R2	R3	R1	R3	R4	R2	R3	P1	R1	R2	R3	R4	P1	R1	R2	R3	R4					P1	P2	P3	P4
4	第1年	1季																											0	0	0	0
5		2季																			2		0						0	0	0	0
6		3季	2				2									2					0	0	5	4	20	20	40	40	2	0	0	0
7		4季	0	0			0	0	0							0	0	0			6	1	4	1	0	0	0	40	2	0	0	0
8	第2年	1季	2	1	4		2	1	1	4	4	4				6	1	5	4		3	3	6	3	160	70	230	230	2	1	4	0
9		2季	2	1	1	2	2	1	1	1	1	1	2	2	2	3	3	4	1	2	5	3	4	1	110	60	170	290	2	1	3	2
10		3季	2	1	3	2	2	1	1	3	3	3	2	2	2	5	3	6	3	2	3	3	6	3	170	80	250	290	2	1	3	2
11		4季	2	1	1	2	2	1	1	1	1	1	2	2	2	3	3	4	1	2	5	3	0	0	110	60	170	290	2	1	3	2
12	第3年	1季	2	1	3	2	2	1	1	3	3	3	2	2	2	5	3	6	3	2	0	0	0	0	170	80	250	290	2	1	3	2
13		2季	0	0	0	0	0	0	0	0	0	0	0	0	0	0	0	0	0	0	0	0	0	0	0	0	0	80	0	0	2	0
14		3季	0	0	0	0	0	0	0	0	0	0	0	0	0	0	0	0	0	0	0	0	0	0	0	0	0	0	0	0	0	0
15		4季	0	0	0	0	0	0	0	0	0	0	0	0	0	0	0	0	0	0	0	0	0	0	0	0	0	0	0	0	0	0
16	第4年	1季	0	0	0	0	0	0	0	0	0	0	0	0	0	0	0	0	0	0	0	0	0	0	0	0	0	0	0	0	0	0
17		2季	0	0	0	0	0	0	0	0	0	0	0	0	0	0	0	0	0	0	0	0	0	0	0	0	0	0	0	0	0	0
18		3季	0	0	0	0	0	0	0	0	0	0	0	0	0	0	0	0	0	0	0	0	0	0	0	0	0	0	0	0	0	0
19		4季	0	0	0	0	0	0	0	0	0	0	0	0	0	0	0	0	0	0	0	0	0	0	0	0	0	0	0	0	0	0
20	第5年	1季	0	0	0	0	0	0	0	0	0	0	0	0	0	0	0	0	0	0	0	0	0	0	0	0	0	0	0	0	0	0
21		2季	0	0	0	0	0	0	0	0	0	0	0	0	0	0	0	0	0	0	0	0	0	0	0	0	0	0	0	0	0	0
22		3季	0	0	0	0	0	0	0	0	0	0	0	0	0	0	0	0	0	0	0	0	0	0	0	0	0	0	0	0	0	0
23		4季	0	0	0	0	0	0	0	0	0	0	0	0	0	0	0	0	0	0	0	0	0	0	0	0	0	0	0	0	0	0
24	第6年	1季	0	0	0	0	0	0	0	0	0	0	0	0	0	0	0	0	0	0	0	0	0	0	0	0	0	0	0	0	0	0
25		2季	0	0	0	0	0	0	0	0	0	0	0	0	0	0	0	0	0	0	0	0	0	0	0	0	0	0	0	0	0	0
26		3季	0	0	0	0	0	0	0	0	0	0	0	0	0	0	0	0	0	0	0	0			0	0	0	0	0	0	0	0
27		4季	0	0	0	0	0	0	0	0	0	0	0	0	0	0	0	0	0	0					0	0	0	0	0	0	0	0

图 3–13–3　原料采购表

现以第 2 年第 2 季度为例，说明计算推导过程。此时，P1、P2、P3、P4 产品上线数量分别是：2、1、1、2。可以计算出：P1 产品需要 2 个 R1；P2 产品需要 1 个 R2 和 1 个 R3；P3 产品需要 R1、R3、R4 各 1 个；P4 产品需要 R2、R3、P1 各 2 个。合计需要 3 个 R1，3 个

R2，4个R3，1个R4，2个P1。这样，需要在第2年第1季度下3个R1，3个R2和2个P1的原料订单，在第1年第4季度下4个R3，1个R4的原料订单。才能满足第2年第2季度各产品生产的原料需要。此时，有11个原料入库，需要支付110万元的原料费（注意：P1不计算在内），有6个产品上线需要支付加工费60万元。根据产品在线的数据，可以计算出在制品的成本。此时，在第2年第2季度，P1、P2、P3、P4产品在线，分别为2、1、3、2，则在制品成本为290万元（2×20+1×30+3×40+2×50=290）。

13.3.1.4 产品库存表

图3-13-4产品库存表的基础数据，来自图3-13-2生产安排表的产品上线数据。由于，生产线的生产周期不同，所以，需要分别统计产品入库。然后，再合计汇总。根据大赛规则，对于生产周期为1季的产品生产，在图3-13-2生产安排表中，第2年第1季度，P1、P2、P3产品上线数量分别是2、1、2。则在图3-13-4产品库存表中，产品入库在第2年的第2季度。依次类推，计算出每个季度的产品入库数量。同样道理，对于生产周期为2季度的产品生产，第1年第3季度2个P1产品上线，则在图3-13-4产品库存表中产品的入库时间是第2年的第1季度。在第2年第1季度2个P3产品上线，产品要到第2年的第3季度才能入库。

		产品入库											累计库存				产品出库					期末库存				库存产品成本				
		1季生产				2季生产				合计								原料	产品销售											
		P1	P2	P3	P4	P1	P2	P3	P4	P1	P2	P3	P4	P1	P2	P3	P4	P1	P1	P2	P3	P4	P1	P2	P3	P4	P1	P2	P3	P4	合计
第一年	1季																														
	2季																														
	3季																														
	4季	0								0				0									0				0	0	0	0	0
第二年	1季	0	0			2	0			2	0	0		2	0	0	0						2	0	0	0	40	0	0	0	40
	2季	2	1	2		0	0	0		2	1	2	0	4	1	2	0	2					2	1	2	0	40	30	80	0	150
	3季	2	1	1	2	0	0	2	0	2	1	3	2	4	2	5	2	2					2	2	5	2	40	60	200	100	400
	4季	1	1	1	2	0	0	0	0	1	1	1	2	4	3	6	4	2					2	3	6	4	40	90	240	200	570
第三年	1季	2	1	1	2	0	0	2	0	2	1	3	2	4	4	9	6	2					4	4	9	6	80	120	360	300	820
	2季	2	1	1	2	0	0	1	0	2	1	2	2	4	5	10	8	0					4	5	10	8	80	150	400	400	1030
	3季	0	0	0	0	0	0	2	0	0	0	2	0	4	5	12	8						4	5	12	8	80	150	480	400	1110
	4季	0	0	0	0	0	0	0	0	0	0	0	0	4	5	12	8						4	5	12	8	80	150	480	400	1110
第四年	1季	0	0	0	0	0	0	0	0	0	0	0	0	4	5	12	8						4	5	12	8	80	150	480	400	1110
	2季	0	0	0	0	0	0	0	0	0	0	0	0	4	5	12	8	0					4	5	12	8	80	150	480	400	1110
	3季	0	0	0	0	0	0	0	0	0	0	0	0	4	5	12	8						4	5	12	8	80	150	480	400	1110
	4季	0	0	0	0	0	0	0	0	0	0	0	0	4	5	12	8						4	5	12	8	80	150	480	400	1110
第五年	1季	0	0	0	0	0	0	0	0	0	0	0	0	4	5	12	8						4	5	12	8	80	150	480	400	1110
	2季	0	0	0	0	0	0	0	0	0	0	0	0	4	5	12	8						4	5	12	8	80	150	480	400	1110
	3季	0	0	0	0	0	0	0	0	0	0	0	0	4	5	12	8						4	5	12	8	80	150	480	400	1110
	4季	0	0	0	0	0	0	0	0	0	0	0	0	4	5	12	8						4	5	12	8	80	150	480	400	1110
第六年	1季	0	0	0	0	0	0	0	0	0	0	0	0	4	5	12	8						4	5	12	8	80	150	480	400	1110
	2季	0	0	0	0	0	0	0	0	0	0	0	0	4	5	12	8						4	5	12	8	80	150	480	400	1110
	3季	0	0	0	0	0	0	0	0	0	0	0	0	4	5	12	8						4	5	12	8	80	150	480	400	1110
	4季	0	0	0	0	0	0	0	0	0	0	0	0	4	5	12	8						4	5	12	8	80	150	480	400	1110

图3-13-4 产品库存表

产品入库合计，是每个季度，各种产品1季生产和2季生产，入库数量的合计数。

累计库存，是每个季度，各种产品的入库合计数加上季度各产品期末库存数。例如：第2年第3季度P1、P2、P3、P4产品入库合计，分别是2、1、3、2；第2季度的期末库存，分别是2、1、2、0。则产品累计库存，分别是4、2、5、2。这是此时能够提供的产品数量。

产品出库，原料P1的数量，来自图3-13-3原料采购表，原料采购下订单的数量。各种产品的销售数量，是根据订单状况需要输入的决策信息。

期末库存，是每季度各产品累计库存减各产品出库数量。

库存产品成本，是每季度各产品的库存量乘以各产品的单位成本，然后汇总合计。

观察图 3-13-4 产品库存表，在没有产品销售的情况下，累计库存数量，表明了每季度各种产品可以供应的数量。期末库存，表明了每一季度各种产品可以销售的数量。例如到第 2 年第 4 季度，P1、P2、P3、P4 累计库存数量分别是，4、3、6、4。这是公司第 2 年可以供应的产品最大数量。由于，P1 产品要与 P4 产品配套，则公司能够供应销售的产品分别是：3 个 P2、6 个 P3、4 个 P4。这样，在第 2 年广告和竞单时要特别注意，不要突破这个数量限制。

13.3.2 财务费用计算表

财务费用计算表包括：应收账款、贷款、维修折旧，3 张表。由于第 1 年没有应收账款问题，因此将应收账款表放在第 2 年介绍。

13.3.2.1 贷款表

图 3-13-5 贷款表，根据商战沙盘大赛规则，贷款的总额度是上年权益的 3 倍。因此第 1 年，公司可以获得 1 800 万元的贷款额度。短期贷款 5%的利率，按季度申请，按年到期还本付息。长期贷款 10%的利率，按年度申请，每年还息，5 年到期还本付息。

图 3-13-5 贷款表

公司决定第 1 年，长期贷款 1 800 万元，这样第 2~6 年每年付息 180 万元，第 6 年还本 1 800 万。

13.3.2.2 维修折旧表

图 3-13-6 维修折旧表，比较简单，输入每一年维修和折旧生产线的数量，按规则可以计算汇总各年的维修费和折旧费金额。

图 3-13-6 维修折旧表

13.3.3 第 1 年经营及财务报表

图 3-13-7 第 1 年经营及财务报表，整个表的结构，左侧反映了公司运营过程中的资金流动状况，是按季度的现金流量表。企业经营要保证每一季度的现金流量要大于 0。右侧是相关的综合费用表、利润表、核算表、资产负债表等财务报表。

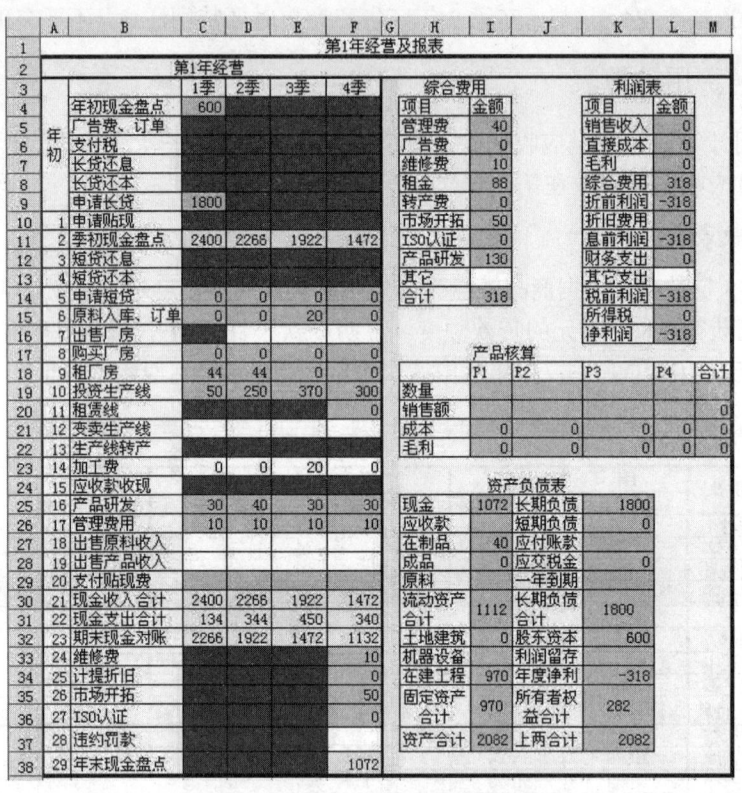

图 3-13-7　第 1 年经营及财务报表

13.3.3.1 企业经营及现金流量

年初现金盘点，数据来自大赛规则，初始资金 600 万元；

申请长贷，数据来自图 3-13-5 贷款表，长贷借款 1 800 万元；

季初现金盘点，第 1 季度金额，为年初现金加长贷 2 400（600+1 800）万元。其他各季度季初金额是上季度，期末现金对账。

原料入库，数据来自图 3-13-3 原料采购表，各季度的原料费的数据（Z4:Z7）。

租厂房，数据来自图 3-13-1 投资预算表，租厂房小计各季度的数据（H17:K17）。

投资生产线，数据来自图 3-13-1 投资预算表，生产线投资各季合计的数据（H8:K8）。

加工费，数据来自图 3-13-3 原料采购表，各季度加工费的数据（AA4:AA7）。

产品研发，数据来自图 3-13-1 投资预算表，产品开发各季度合计数据（H29:K29）。

管理费，根据大赛规则，每季度支付 10 万元。

现金收入合计，第 1 年没有其他现金收入，为季初现金盘点。

现金支出合计，各季度支出费用合计。

期末现金对账,各季度现金收入合计减现金支出合计。

维修费,数据来自图 3-13-6 维修折旧表第 1 年的维修费。

市场开拓,数据来自图 3-13-1 投资预算表市场开发第 4 季度合计数据(K24)。

年末现金盘点,是第 4 季度期末现金对账减去维修费和市场开拓费。

13.3.3.3.2 综合费用

管理费,是 4 个季度管理费的合计。维修费,是第 4 季度维修费和租赁线的合计。租金,是 4 个季度厂房租金的合计。市场开拓数据来自第 4 季度市场开拓费。产品研发费,是 4 个季度产品研发的合计。第 1 年综合费用合计 318 万元。

13.3.3.3.3 利润表

由于第 1 年没有收入,只有 318 万元的综合费用,其利润为 –318 万元。

13.3.3.3.4 资产负债表

左侧资产项:

现金,数据来自年末现金盘点(F38)。

在制品,数据来自图 3-13-3 原料采购表第 4 季度在制品成本(AB7)。

流动资产合计为 1 112 万元。

在建工程,数据来自 4 个季度投资生产线合计。

资产合计,是流动资产加固定资产 2 028 万元。

右侧负债及所有者权益项:

长期负债,数据来自长期贷款。股东资本,来自初始资金。

净利润,数据来自利润表。

所有者权益,为股东资本加年度净利润。

负债及所有者权益合计,为 2 028 万元。

资产=负债+所有者权益。资产负债表平衡。

13.4 飞达公司模拟经营方案(Ⅰ)第 2 年运营

13.4.1 第 2 年投资预算

观察图 3-13-8 第 2 年投资预算表,可看出公司第 2 年投资策略,包括完成第 1 年未完成的生产线和产品开发;继续投资国内、亚洲、国际市场开发;新增 ISO 认证投资;为 8 条生产线租 2 个大厂房。

13.4.2 第 2 年广告、订单表

广告、订单表包括:广告投放、订单登记、交货排单 3 张表。

13.4.2.1 第 2 年广告投放表

根据大赛规则,理论上公司可以在本地和区域两个市场上销售 P1、P2、P3、P4 四种产品。在进行广告投放之前,需要分析公司能够提供的产品数量。

		投资预算表								
33						第2年				
34	投资项目	1季	2季	3季	4季	1季	2季	3季	4季	合计
35		数量	数量	数量	数量	金额	金额	金额	金额	
36										
37	生产线 手工线					0	0	0	0	0
38	自动线	1				50	0	0	0	50
39	柔性线					0	0	0	0	0
40	合计					50	0	0	0	50
41	租赁线									
42	厂房 买大厂房					0	0	0	0	0
43	买中厂房					0	0	0	0	0
44	买小厂房					0	0	0	0	0
45	小计					0	0	0	0	0
46	租大厂房	1	1			44	44	0	0	88
47	租中厂房					0	0	0	0	0
48	租小厂房					0	0	0	0	0
49	小计					44	44	0	0	88
50	合计					44	44	0	0	88
51	市场开发 本地					0				0
52	区域					0				0
53	国内				1				10	10
54	亚洲				1				10	10
55	国际				1				10	10
56	合计								30	30
57	产品开发 P1					0				0
58	P2					0				0
59	P3					0				0
60	P4	1				10				10
61	合计					10				10
62	认证 ISO9000				1				10	10
63	ISO14000				1				15	15
64	合计								25	25

图3-13-8 第2年投资预算表

由图3-13-4产品库存表显示说明，第2年公司能够供应销售P2、P3、P4三种产品，数量分别是3、6、4。公司的广告投放策略，见图3-13-9广告投放表。

	A	B	C	D	E	F	G
2			第2年广告投放				
3	产品/市场	本地	区域	国内	亚洲	国际	合计
4	P1						0
5	P2	10	10				20
6	P3	30	20				50
7	P4	30	10				40
8	合计	70	40				110

图3-13-9 第2年广告投放表

公司希望能够获得1~2张P2产品订单；2~3张P3产品订单；1~2张P4产品订单。希望能够销售出全部库存产品。

13.4.2.2 第2年订单登记表

假设公司第2年参加市场竞单会，获得4张订单。图3-13-10第2年订单登记表，将假设得到的订单，按产品分类进行登记。这样，公司在第2年可以销售3个P2产品，6个P3产品，3个P4产品。有一个P4产品的库存。

13.4.2.3 第2年产品出库安排

产品出库安排是根据订单对产品数量的要求，结合产品入库和库存的状况，安排每个季度产品出库交单的计划。图3-13-11第2年产品库存出库安排表说明，第1季度和第2季度各产品累计库存的数量，达不到订单的数量要求。因此，都没有出库的安排。第3季度P3产品有5个累计库存量，可以安排1张订单交货，出库销售产品3个。第4季度根据累计库存量，可以安排3张订单交货，P2、P3、P4产品各出库3个产品。

	A	B	C	D	E	F	G	H	I	J	K	L	M
1													
2						第 2 年订单登记							
3							P1						
4	订单号												合计
5	产品												
6	数量												0
7	交货期												
8	账期												
9	销售额												0
10													
11							P2						
12	订单号	P2201											合计
13	产品	P2											
14	数量	3											3
15	交货期												
16	账期	4											
17	销售额	220											220
18													
19							P3						
20	订单号	P3201	P3202										合计
21	产品	P3	P3										
22	数量	3	3										6
23	交货期												
24	账期	4	2										
25	销售额	280	276										556
26													
27							P4						
28	订单号	P4201											合计
29	产品	P4											
30	数量	3											3
31	交货期												
32	账期	2											
33	销售额	365											365

图 3-13-10　第 2 年订单登记表

	A	B	C	D	E	F	G	H	I	J	K	L	M	N	O	P	Q	R	S	T	U	V	W	X	Y	Z	AA	AB	AC	AD	AE	AF
1			产品入库												累计库存				产品出库					期末库存				库存产品成本				
2			1季生产				2季生产				合计								原料		产品销售											
3			P1	P2	P3	P4	P1	P2	P3	P4	P1	P2	P3	P4	P1	P2	P3	P4	P1	P2	P3	P4	P1	P2	P3	P4	P1	P2	P3	P4	合计
4	第一年	1季																														
5		2季																														
6		3季																														
7		4季					0				0				0								0				0	0	0	0	0
8	第二年	1季	0	0			2	0			2	0			2	0	0		2	0			2	0			40	0	0	0	40
9		2季	2	1	2		0	0	0		2	1	2		4	1	2				2		2	1	2		40	30	80	0	150
10		3季	2	1	1	2	0	0	0	0	2	1	1	2	4	1	3	2				3	2	2	2	5	40	60	80	100	280
11		4季	2	1	1	0	0	0	0	0	2	1	1	0	4	1	4	3		3	3	3	2	0	0	1	40	0	0	50	90

图 3-13-11　第 2 年产品库存出库安排表

13.4.2.4　第 2 年交货排单

由于订单有账期的要求，为了便于应收账款的处理，设计了按账期，统计订单的交货排单表。见图 3-13-12 第 2 年交货排单表。

图 3-13-12 交货排单表中，产品销售计划数据，来自图 3-13-11 产品库存出库安排表。将图 3-13-10 订单登记表中每张订单，按销售计划的产品数量并按账期进行登记。然后，统计汇总每个季度各个账期的销售金额。

13.4.3　第 2 年财务费用计算表

财务费用计算表包括：应收账款、贷款、维修折旧 3 张表。重点讨论应收账款表。

13.4.3.1　第 2 年应收账款表

应收账款表的基本功能，是模拟应收账款的运行过程和计算贴现费用。观察图 3-13-13 第 2 年应收账款表，进一步说明数据的计算和运行过程。

	A	B	C	D	E	F	G	H	I	J	K	L	M	N	O	P	Q	R	S	T	U	V	W	X	Y	Z
1																										
2			产品销售计划					0账期			1账期			2账期			3账期			4账期						
3			P1	P2	P3	P4		交单		合计	交单		合计	交单		合计	交单		合计	交单					合计	
4							订单号																			
5		1季交货					产品																			
6			0	0	0	0	数量																			
7							交货期																			
8							账期																			
9							销售额			0			0			0			0						0	
10							订单号																			
11		2季交货					产品																			
12			0	0	0	0	数量																			
13	第2年						交货期																			
14							账期																			
15							销售额			0			0			0			0						0	
16							订单号							P3202												
17		3季交货					产品							P3												
18			0	0	3	0	数量							3												
19							交货期							0												
20							账期							2												
21							销售额			0			0			276			276			0				
22							订单号							P4201									P2201		P3201	
23		4季交货					产品							P4									P2		P3	
24			0	3	3	3	数量							3									3		3	
25							交货期							0									0		0	
26							账期							2									4		4	
27							销售额			0			365			365			0			220		280	500	

图 3-13-12 第 2 年交货排单表

	A	B	C	D	E	F	G	H	I	J	K	L	M	N	O	P	Q	R	S	T	U	V	W	X	Y	Z	AA	AB	AC
1				交货账款						现金到账	累计应收账款				申请贴现					期末应收账款					贴现费用				
2			交货	0账期	1账期	2账期	3账期	4账期	合计	总计		1账期	2账期	3账期	4账期	1账期	2账期	3账期	4账期	合计	1账期	2账期	3账期	4账期	合计	1,2期费用		3,4期费用	费用合计
3	第2年		1季	0	0	0	0	0	0		0	0	0	0	0					0	0	0	0	0	0	0		0	0
4			2季	0	0	0	0	0	0	1141	0	0	0	0	0					0	0	0	0	0	0	0		0	0
5			3季	0	0	276	0	0	276		0	0	276	0	0					0	0	276	0	0	276	0		0	0
6			4季	0	0	365	0	500	865		0	0	276	365	0	500				0	0	276	365	0	500	1141		0	0
7	第3年		1季	0	0	0	0	0	0		276	0	365	0	500					0	0	365	0	500	865	0		0	0
8			2季	0	0	0	0	0	0	0	365	0	500	0	0					0	0	500	0	0	500	0		0	0
9			3季	0	0	0	0	0	0		0	500	0	0	0					0	500	0	0	0	500	0		0	0
10			4季	0	0	0	0	0	0		500	0	0	0	0					0	0	0	0	0	0	0		0	0

图 3-13-13 第 2 年应收账款表

交货账款的数据,来自图 3-13-12 第 2 年交货排单表中,每一账期,销售额合计数。计算每一季度的合计并汇总全年的销售额。

图 3-13-13 应收账款表中现金和累计应收账款的运算关系如下:

- 现金到账=本季度 0 账期交货账款+上季度 1 账期期末应收账款;
- 1 账期累计应收账款=本季度 1 账期交货账款+上季度 2 账期期末应收账款;
- 2 账期累计应收账款=本季度 2 账期交货账款+上季度 3 账期期末应收账款;
- 3 账期累计应收账款=本季度 3 账期交货账款+上季度 4 账期期末应收账款;
- 4 账期累计应收账款=本季度 4 账期交货账款。

申请贴现的数据是需要输入的决策数据。贴现决策包括三个方面的内容:一是要决定在哪个季度申请贴现;二是用哪个账期的应收账款进行贴现;三是贴现的金额。

贴现决策的依据,首先是考虑当年运营、投资等决策,当季度资金需求出现缺口时,该季度需要申请贴现。用哪个账期的应收账款进行贴现,根据大赛贴现费用的规则,主要是考虑贴现的费用,一般首先用 2 账期的应收账款贴现,其次用 4 账期的应收账款贴现,再次用 3 账期应收账款贴现,最后用 1 账期应收账款贴现。

该季度贴现金额的决策,一是满足资金缺口的需求量,二是该季度各个账期的累计应收账款能够提供的数量。如果该季度的资金缺口的需求量,大于该季度各个账期的累计应收账款合计数量,就说明资金链条断裂。需要重新修改投资方案。

13.4.3.2 第2年贷款表

观察图3-13-14第2年贷款表,首先需要计算贷款额度,根据大赛规则贷款额度是上年权益的3倍。上年权益的数据来自图3-13-7第1年经营及财务报表(K35)。这样第2年贷款额度为846万元。由于第1年贷款余额是1 800万元,因此,第2年不能再申请新的贷款。第2年需要付长贷利息180万元。

图3-13-14 第2年贷款表

13.4.3.3 第2年维修折旧表

如图3-13-15所示,第2年共有8条生产线投入运营。根据大赛规则,8条生产线都需要支付维修费,共计130万元(2×5+5×20+1×20)。只有2条手工线计算折旧费20万元(2×10)。

图3-13-15 第2年维修折旧表

13.4.4 第2年资金平衡测算及应收账款贴现

13.4.4.1 第2年资金平衡测算

利用第2年经营及财务报表可以进行资金平衡测算。图3-13-16第2年资金平衡测算表明,在第3季度和第4季度出现了资金缺口。由于已经不能进行新的贷款,因此,只能申请应收账款贴现,来筹集现金。

13.4.4.2 第2年应收账款贴现

图3-13-17第2年应收账款贴现表,表明:第2年第3季度,在2账期贴现60万元;第4季度在2账期贴现360万元、4账期贴现40万元。这样,第3季度1、2账期共贴现60万元,贴现费用6万元;第4季度1、2账期共贴现360万元,3、4账期共贴现40万元。贴现费用分别为36万元和5万元,贴现费用合计为41万元。

第 2 年经营及报表

第2年经营

			1季	2季	3季	4季
年初		年初现金盘点	1072			
		广告费、订单	110			
		支付税	0			
		长贷还息	180			
		长贷还本	0			
		申请长贷	0			
	1	申请贴现	0	0	0	0
	2	季初现金盘点	782	438	214	-46
	3	短贷还息	0	0	0	0
	4	短贷还本	0	0	0	0
	5	申请短贷	0	0	0	0
	6	原料入库、订单	160	110	170	110
	7	出售厂房				
	8	购买厂房	0	0	0	0
	9	租厂房	44	44	0	0
	10	投资生产线	50	0	0	0
	11	租赁线				0
	12	变卖生产线				
	13	生产线转产				
	14	加工费	70	60	80	60
	15	应收款收现	0	0	0	0
	16	产品研发	10	0	0	0
	17	管理费用	10	10	10	10
	18	出售原料收入				
	19	出售产品收入				
	20	支付贴现费	0	0	0	0
	21	现金收入合计	782	438	214	-46
	22	现金支出合计	344	224	260	180
	23	期末现金对账	438	214	-46	-226
	24	维修费				130
	25	计提折旧				20
	26	市场开拓				30
	27	ISO认证				25
	28	违约罚款				
	29	年未现金盘点				-411

综合费用

项目	金额
管理费	40
广告费	110
維修费	130
租金	88
转产费	0
市场开拓	30
ISO认证	25
产品研发	10
其它	
合计	433

利润表

项目	金额
销售收入	1141
直接成本	480
毛利	661
综合费用	433
折前利润	228
折旧费用	20
息前利润	208
财务支出	180
其它支出	
税前利润	28
所得税	0
净利润	28

产品核算

	P1	P2	P3	P4	合计
数量	0	3	6	3	
销售额	0	220	556	365	1141
成本	0	90	240	150	480
毛利	0	130	316	215	661

资产负债表

现金	-411	长期负债	1800
应收款	1141	短期负债	0
在制品	290	应付账款	
成品	90	应交税金	0
原料		一年到期	
流动资产合计	1110	长期负债合计	1800
土地建筑	0	股东资本	600
机器设备	950	利润留存	-318
在建工程	50	年度净利	28
固定资产合计	1000	所有者权益合计	310
资产合计	2110	上两合计	2110

图 3–13–16　第 2 年资金平衡测算

		交货账款							现金到账	累计应收账款				申请贴现					期末应收账款					贴现费用				
	交货	0账期	1账期	2账期	3账期	4账期	合计	总计	到账	1账期	2账期	3账期	4账期	1账期	2账期	3账期	4账期	合计	1账期	2账期	3账期	4账期	合计	1, 2期	费用	3, 4期	费用	费用合计
第2年	1季	0	0	0	0	0	0	1141	0	0	0	0	0					0	0	0	0	0	0	0	0	0	0	0
	2季	0	0	0	0	0	0		0	0	0	0	0					0	0	0	0	0	0	0	0	0	0	0
	3季	0	0	276	0	0	276		0	0	276	0	0		60			60	0	216	0	0	216	60	6	0	0	6
	4季	0	0	365	0	500	865		0	216	365	0	500		360		40	400	216	5	0	460	681	360	36	40	5	41
第3年	1季	0	0	0	0	0	0	0	216	5	0	460	0					0	5	0	460	0	465	0	0	0	0	0
	2季	0	0	0	0	0	0		5	0	460	0	0					0	0	460	0	0	460	0	0	0	0	0
	3季	0	0	0	0	0	0		0	460	0	0	0					0	460	0	0	0	460	0	0	0	0	0
	4季	0	0	0	0	0	0		460	0	0	0	0					0	0	0	0	0	0	0	0	0	0	0

图 3–13–17　第 2 年应收账款贴现表

13.4.5　第 3 年生产预安排表

第 3 年生产预安排表包括：生产预安排、原料采购、生产库存 3 张表。

13.4.5.1　第 3 年生产预安排表

第 2 年为了安排原料采购计划，首先需要了解公司第 3 年的生产预安排。因为公司第 2 年没有投资新的生产线，所以，第 3 年仍然有 8 条生产线投入运营。公司的生产运营策略不变。生产预安排，见图 3–13–18 第 3 年生产预安排表。可以看出，有 1 条柔性线和 3 条自动线配合生产 P4 产品；1 条自动线生产 P2 产品；1 条自动线生产 P3 产品；2 条手工线生产 P3 产品。图 3–13–18 的右侧阴影区域，推算出产品上线和在线的状况。

13.4.5.2 第 2 年原料采购表

图 3–13–19 第 2 年原料采购表，基础数据来自图 3–13–18 第 2 年生产安排和第 3 年生产预安排。根据产品上线的数据可以推导出第 2 年各产品生产所需要的各种原料的数量；根据各季度各种原料的需要量，可以推算出各种原料各季度的采购下单数量；根据各季度各产品上线数据和各原料需要量，可以推算出各季度原料费用和加工费用；根据产品在线的数据可以计算出在制品的成本。

	A	B	C	D	E	F	G	H	I	J	K	L	M	N	O	P	Q	R	S	T	U	V	W	X	Y	Z	BO	BP	BQ	BR	BS	BT	BU	BV
1																																		
2			生产线1				生产线2				生产线3				生产线4				生产线5				生产线6				生产线17				生产线18			
3			柔性线				自动线				自动线				自动线				自动线				自动线				手工线				手工线			
4			P1	P2	P3	P4	P1	P2	P3	P4	P1	P2	P3	P4	P1	P2	P3	P4	P1	P2	P3	P4	P1	P2	P3	P4	P1	P2	P3	P4	P1	P2	P3	P4
5	第1年	1季																																
6		2季																																
7		3季																									1				1			
8		4季																																
9	第2年	1季			1						1				1					1					1				1				1	
10		2季				1				1	1				1					1					1									
11		3季				1				1	1				1					1					1				1				1	
12		4季				1				1	1				1					1					1									
13	第3年	1季				1				1	1				1					1					1				1				1	
14		2季				1				1	1				1					1					1									
15		3季				1				1	1				1					1					1				1				1	
16		4季				1				1	1				1					1					1									
17	第4年	1季				1				1	1				1					1					1				1				1	
18		2季																																
19		3季																																
20		4季																																
21	第5年	1季																																
22		2季																																
23		3季																																
24		4季																																
25	第6年	1季																																
26		2季																																
27		3季																																
28		4季																																

	BW	BX	BY	BZ	CA	CB	CC	CD	CE	CF	CG	CH	CI	CJ	CK	CL	CM	CN	CO	CP
1																				
2	1季生产				2季生产								合计				合计			
3	产品上线				产品上线				产品在线				产品上线				产品在线			
4	P1	P2	P3	P4	P1	P2	P3	P4	P1	P2	P3	P4	P1	P2	P3	P4	P1	P2	P3	P4
5																				
6																				
7	0				2				2				2				2	0	0	0
8	0	0			0	0			2	0			0	0			2	0	0	0
9	2	1	2		0	0	2		0	0	2		2	1	4		2	1	4	0
10	2	1	1	2	0	0	0	0	0	0	2	0	2	1	1	2	2	1	3	2
11	2	1	1	2	0	0	2	0	0	0	2	0	2	1	3	2	2	1	3	2
12	2	1	1	2	0	0	0	0	0	0	2	0	2	1	1	2	2	1	3	2
13	2	1	1	2	0	0	2	0	0	0	2	0	2	1	3	2	2	1	3	2
14	2	1	1	2	0	0	0	0	0	0	2	0	2	1	1	2	2	1	3	2
15	2	1	1	2	0	0	2	0	0	0	2	0	2	1	3	2	2	1	3	2
16	2	1	1	2	0	0	0	0	0	0	2	0	2	1	1	2	2	1	3	2
17	2	1	1	2	0	0	2	0	0	0	2	0	2	1	3	2	2	1	3	2
18	0	0	0	0	0	0	0	0	0	0	2	0	0	0	0	0	0	0	2	0
19	0	0	0	0	0	0	0	0	0	0	0	0	0	0	0	0	0	0	0	0
20	0	0	0	0	0	0	0	0	0	0	0	0	0	0	0	0	0	0	0	0
21	0	0	0	0	0	0	0	0	0	0	0	0	0	0	0	0	0	0	0	0
22	0	0	0	0	0	0	0	0	0	0	0	0	0	0	0	0	0	0	0	0
23	0	0	0	0	0	0	0	0	0	0	0	0	0	0	0	0	0	0	0	0
24	0	0	0	0	0	0	0	0	0	0	0	0	0	0	0	0	0	0	0	0
25	0	0	0	0	0	0	0	0	0	0	0	0	0	0	0	0	0	0	0	0
26	0	0	0	0	0	0	0	0	0	0	0	0	0	0	0	0	0	0	0	0
27	0	0	0	0	0	0	0	0	0	0	0	0	0	0	0	0	0	0	0	0
28	0	0	0	0	0	0	0	0	0	0	0	0	0	0	0	0	0	0	0	0

图 3–13–18　第 3 年生产预安排表

	A	B	C	D	E	F	G	H	I	J	K	L	M	N	O	P	Q	R	S	T	U	V	W	X	Y	Z	AA	AB	AC	AD	AE	AF
1			合计				原料需求														原料采购				生产现金需求			在制品成本	合计			
2			产品上线				P1	P2		P3			P4			合计					下订单				原料费	加工费	合计		产品在线			
3			P1	P2	P3	P4	R1	R2	R3	R1	R3	R4	R2	R3	P1	R1	R2	R3	R4	P1	R1	R2	R3	R4					P1	P2	P3	P4
4	第1年	1季																											0	0	0	0
5		2季																			2		0						0	0	0	0
6		3季	2				2									2					0	0	5	4	20	20	40	40	2	0	0	0
7		4季	0	0			0	0	0							0	0	0			6	1	4	1	0	0	0	40	2	0	0	0
8	第2年	1季	2	1	4		2	1	1	4	4	4				6	1	5	4		3	3	6	3	160	70	230	230	2	1	4	0
9		2季	2	1	1	2	2	1	1	1	1	1	2	2	2	3	3	4	1	2	5	3	4	1	110	60	170	290	2	1	3	2
10		3季	2	1	3	2	2	1	1	3	3	3	2	2	2	5	3	6	3	2	3	3	6	3	170	80	250	290	2	1	3	2
11		4季	2	1	1	2	2	1	1	1	1	1	2	2	2	3	3	4	1	2	5	3	4	1	110	60	170	290	2	1	3	2
12	第3年	1季	2	1	3	2	2	1	1	3	3	3	2	2	2	5	3	6	3	2	3	3	6	3	170	80	250	290	2	1	3	2
13		2季	2	1	1	2	2	1	1	1	1	1	2	2	2	3	3	4	1	2	5	3	4	1	110	60	170	290	2	1	3	2
14		3季	2	1	3	2	2	1	1	3	3	3	2	2	2	5	3	6	3	2	3	3	6	3	170	80	250	290	2	1	3	2
15		4季	2	1	1	2	2	1	1	1	1	1	2	2	2	3	3	4	1	2	5	3	0	0	110	60	170	290	2	1	3	2

图 3–13–19　第 2 年原料采购表

13.4.5.3 第 3 年产品库存表

图 3–13–20 第 3 年产品库存表，基础数据来自图 3–13–18 第 3 年生产预安排表，由 1 季生产和 2 季生产的产品上线数据，可以推导出图 3–13–20 的产品入库数据。在图 3–13–20 中，各季度各种产品入库量加上季度各产品的期末库存量，得到各季度累计库存量，是各季度能够供应的各种产品的数量。在没有产品销售出库的情况下，第 4 季度的期末库存量就是各种产品第 3 年能够销售的产品数量。由于 P1 产品要与 P4 产品配合，因此，第 3 年可以销售的 P2、P3、P4 产品的数量分别是：4、8、9。在第 3 年竞单会，要特别注意不能超过提供的数量。

	A	B	C	D	E	F	G	H	I	J	K	L	M	N	O	P	Q	R	S	T	U	V	W	X	Y	Z	AA	AB	AC	AD	AE	AF
1								产品入库								累计库存				产品出库					期末库存				库存产品成本				
2				1季生产				2季生产				合计								原料	产品销售												
3			P1	P2	P3	P4	P1	P2	P3	P4	P1	P2	P3	P4	P1	P2	P3	P4		P1	P2	P3	P4	P1	P2	P3	P4	P1	P2	P3	P4	合计
8	第二年	1季	0	0		2	0				2	0			2	0								2	0			40	0	0		40
9		2季	2	1	2	0	0	0	0		2	1	2		4	1	2	0	2					2	1	2	0	40	30	80	0	150
10		3季	2	1	1	2	0	0	0		2	1	1	2	4	2	5	2				3		2	2	2	2	40	60	80	100	280
11		4季	2	1	0	0	0	0	0		2	1			4	3	3	4			3	3	3	2	0	0	1	40	0	0	50	90
12	第三年	1季	2			2	0	0	0		2	1	1	2	4	2	1	3						2	1	1	3	40	30	120	150	340
13		2季	2	1	1	2	0	0	0		2	1	1	2	4	2	4	5						2	2	4	5	40	60	160	250	510
14		3季	2	1	1	2	0	0	0		2	1	1	2	4	3	7	7						2	3	7	7	40	90	280	350	760
15		4季	2	1	1	2	0	0	0		2	1	1	2	4	4	8	9						2	4	8	9	40	120	320	450	930

图 3-13-20　第 3 年产品库存表

13.4.6　第 2 年经营及财务报表

图 3-13-21 第 2 年经营及财务报表，比较全面地反映了企业经营过程及各种关系，下面做一个详细的介绍。

	A	B	C	D	E	F	G	H	I	J	K	L	M
1							第 2 年经营及报表						
2			第2年经营										
3			1季	2季	3季	4季	综合费用			利润表			
4	年初	年初现金盘点	1072				项目	金额		项目		金额	
5		广告费、订单	110				管理费	40		销售收入		1141	
6		支付税	0				广告费	110		直接成本		480	
7		长贷还息	180				维修费	130		毛利		661	
8		长贷还本	0				租金	88		综合费用		433	
9		申请长贷					转产费			折前利润		228	
10	1	申请贴现	0	0	60	400	市场开拓	30		折旧费用		20	
11	2	季初现金盘点	782	438	274	408	ISO认证	25		息前利润		208	
12	3	短贷还息	0	0	0	0	产品研发	10		财务支出		227	
13	4	短贷还本	0	0	0	0	其它			其它支出			
14	5	申请短贷					合计	433		税前利润		-19	
15	6	原料入库、订单	160	110	170	110				所得税		0	
16	7	出售厂房								净利润		-19	
17	8	购买厂房	0	0	0		产品核算						
18	9	租厂房	44	44	0			P1	P2	P3	P4	合计	
19	10	投资生产线	50	0			数量	0	3	6	3		
20	11	租赁线				0	销售额	0	220	556	365	1141	
21	12	变卖生产线					成本	0	90	240	150	480	
22	13	生产线转产					毛利	0	130	316	215	661	
23	14	加工费	70	60	80	60		资产负债表					
24	15	应收款收现	0	0	0	0	现金	2	长期负债	1800			
25	16	产品研发	10	0	0	0	应收款	681	短期负债	0			
26	17	管理费用	10	10	10	10	在制品	290	应付账款				
27	18	出售原料收入					成品	90	应交税金	0			
28	19	出售产品收入					原料		一年到期				
29	20	支付贴现费	0	0	6	41	流动资产		长期负债				
30	21	现金收入合计	782	438	274	408	合计	1063	合计	1800			
31	22	现金支出合计	344	224	266	221	土地建筑	0	股东资本	600			
32	23	期末现金对账	438	214	8	187	机器设备	950	利润留存	-318			
33	24	维修费				130	在建工程	50	年度净利	-19			
34	25	计提折旧					固定资产		所有者权				
35	26	市场开拓				30	合计	1000	益合计	263			
36	27	ISO认证				25	资产合计	2063	上两合计	2063			
37	28	违约罚款											
38	29	年末现金盘点				2							

图 3-13-21　第 2 年经营及财务报表

13.4.6.1　第 2 年经营及现金流量表

年初现金盘点，数据来自图 3-13-7 第 1 年经营及财务报表，年末现金盘点（F38）。

广告费、订单，数据来自图 3-13-9 第 2 年广告投放表合计（G8）。

支付税，数据来自图 3-13-7 第 1 年经营及财务报表，资产负债表应交税金（K28）。

长贷还息，数据来自图 3-13-14 第 2 年贷款表，长贷付息（G12）。

长贷还本，数据来自图 3-13-14 第 2 年贷款表，长贷还本（G10）。

申请长贷，数据来自图 3-13-14 第 2 年贷款表，借长贷（G9）。

申请贴现，各季度数据来自图 3-13-17 第 2 年应收账款贴现表，各季度申请贴现合计（S3:S6）。

季初现金盘点，第 1 季度：季初现金盘点=（年初现金盘点+申请长贷+申请贴现）–（广告费+税+长贷还息+长贷还本）。

其他各季度，季初现金盘点=上季度期末现金对账+本季申请贴现。

短贷还息，数据来自图 3-13-14 第 2 年贷款表，各季度短贷付息（G6:J6）。

短贷还本，数据来自图 3-13-14 第 2 年贷款表，各季度短贷还本（G5:J5）。

申请短贷，数据来自图 3-13-14 第 2 年贷款表，各季度借短贷（G4:J4）。

原料入库，数据来自图 3-13-19 第 2 年原料采购表，第 2 年各季度原料费（Y8:Y11）。

出售厂房，是需要输入的决策数据。在相应的季度输入出售厂房的价值，同时在图 3-13-12 第 2 年交货排单表中相应季度 4 账期，输入厂房的价值，进行应收账款的计算。

购买厂房，数据来自图 3-13-8 第 2 年投资预算表，各季度购买厂房小计（H45:K45）。

租厂房，数据来自图 3-13-8 第 2 年投资预算表，各季度租厂房小计（H49:K49）。

投资生产线，数据来自图 3-13-8 第 2 年投资预算表，各季度投资生产线合计（H40:K40）。

租赁线，数据来自图 3-13-8 第 2 年投资预算表，第 4 季度租赁线费用（K41）。

变卖生产线和生产线转产是需要输入的决策信息，需要根据具体情况进行测算。

加工费，数据来自图 3-13-19 第 2 年原料采购表，第 2 年各季度加工费（Z8:Z11）。

应收款收现，数据来自图 3-13-17 第 2 年应收账款贴现表，各季度现金到账（J3:J6）。

产品研发，数据来自图 3-13-8 第 2 年投资预算表，各季度产品研发合计（H61:K61）。

管理费用，数据来自大赛规则，各季度 10 万元。

出售原料和产品收入，是指紧急出售的特殊业务，模拟方案时一般不要出现该种状况。

支付贴现费，数据来自图 3-13-17 第 2 年应收账款贴现表，各季度贴现费用合计（AC3:AC6）。

各季度现金收入合计=季初现金盘点+申请短贷+应收款收现。

各季度现金支出合计=短贷还息+短贷还本+原料入库+购买厂房+租厂房+投资生产线+租赁线+加工费+产品研发+管理费+支付贴现费。

各季度期末现金对账=现金收入合计–现金支出合计。

维修费，数据来自图 3-13-15 第 2 年维修折旧表，维修费（E5）。

计提折旧，数据来自图 3-13-15 第 2 年维修折旧表，折旧费（I5）。

市场开拓，数据来自图 3-13-8 第 2 年投资预算表，市场开发合计（K56）。

ISO 认证，数据来自图 3-13-8 第 2 年投资预算表，ISO 认证合计（K64）。

年末现金盘点=第 4 季度期末现金对账–（维修费+市场开拓+ISO 认证）。

13.4.6.2 第 2 年综合费用表

管理费，是 4 个季度管理费的合计。

维修费，是第 4 季度维修费和租赁线的合计。

租金，是 4 个季度厂房租金的合计。

市场开拓数据来自第 4 季度市场开拓费。

产品研发费，是 4 个季度产品研发的合计。
ISO 认证，数据来自第 4 季度 ISO 认证费用。
第 2 年综合费用合计 433 万元。

13.4.6.3 第 2 年产品核算

各产品数量和销售额数据来自图 3–13–10 第 2 年订单登记。
各产品成本=数量×单位成本。
各产品毛利=销售额–成本。
统计销售额合计、成本合计、毛利合计。

13.4.6.4 第 2 年利润表

销售收入=产品核算的销售额合计（M20）。
直接成本=产品核算的成本合计（M21）。
毛利=产品核算的毛利合计（M22）。
综合费用=综合费用表的合计（I14）。
折前利润=毛利–综合费用。
折旧=第 2 年经营表的计提折旧（F34）。
息前利润=折前利润–折旧。
财务支出=长贷还息+短贷还息合计+支付贴现费合计。
税前利润=息前利润–财务支出。
所得税，由于税前利润为负，所得税为 0。
净利润=税前利润–所得税。

13.4.6.5 第 2 年资产负债表

左侧资产项：
现金，数据来自年末现金盘点（F38）；
在制品，数据来自图 3–13–19 第 2 年原料采购表第 4 季度在制品成本（AB11）；
产品，数据来自图 3–13–20 中第 2 年第 4 季度库存产品成本合计（AF11）；
流动资产合计为 1 063 万元；
土地建筑=购买厂房合计–出售厂房合计；
机器设备=（第 1 年机器设备+第 1 年的在建工程）–计提折旧；
在建工程，数据来自 4 个季度投资生产线合计；
固定资产合计=土地建筑+机器设备+在建工程；
资产合计，是流动资产加固定资产 2 063 万元。
右侧负债及所有者权益项：
长期负债，数据来自长期贷款；
股东资本，来自初始资金；
利润留存=第 1 年利润留存+第 1 年净利润；
年度净利润，数据来自利润表的净利润（L19）；
所有者权益=股东资本+年度净利润；

负债及所有者权益合计，为 2 063 万元；

资产=负债+所有者权益。资产负债表平衡。

13.5 飞达公司模拟经营方案（Ⅰ）第 3 年运营

13.5.1 第 3 年投资预算

观察图 3–13–22 第 3 年投资预算表，说明公司第 3 年投资策略，首先是继续进行第 2 年未完成的亚洲、国际市场开发和 ISO 认证投资，继续为 8 条生产线租 2 个大厂房。

	A	B	C	D	E	F	G	H	I	J	K	L
65	投资预算表											
66	投资项目		第 3 年									
67			1季	2季	3季	4季		1季	2季	3季	4季	合计
68			数量	数量	数量	数量		金额	金额	金额	金额	
69	生产线	手工线						0	0	0	0	0
70		自动线						0	0	0	0	0
71		柔性线						0	0	0	0	0
72							合计	0	0	0	0	0
73		租赁线									0	0
74	厂房	买大厂房						0	0	0	0	0
75		买中厂房						0	0	0	0	0
76		买小厂房						0	0	0	0	0
77							小计	0	0	0	0	0
78		租大厂房	1	1				44	44	0	0	88
79		租中厂房						0	0	0	0	0
80		租小厂房						0	0	0	0	0
81							小计	44	44	0	0	88
82							合计	44	44	0	0	88
83	市场开发	本地									0	0
84		区域									0	0
85		国内									0	0
86		亚洲				1					10	10
87		国际				1					10	10
88							合计				20	20
89	产品开发	P1						0	0	0	0	0
90		P2						0	0	0	0	0
91		P3						0	0	0	0	0
92		P4						0	0	0	0	0
93							合计	0	0	0	0	0
94	认证	ISO9000				1					10	10
95		ISO14000				1					15	15
96							合计				25	25

图 3–13–22 第 3 年投资预算表

13.5.2 第 3 年广告、订单表

广告、订单表包括：广告投放、订单登记、交货排单 3 张表。

13.5.2.1 第 3 年广告投放表

根据大赛规则，理论上公司可以在本地、区域、国内市场上，销售 P1、P2、P3、P4 产品。在进行广告投放之前，需要分析公司能够提供的产品数量。

由图 3–13–20 第 3 年产品库存表显示说明，第 3 年公司能够供应销售 P2、P3、P4 产品，数量分别是 4、8、9。

公司的广告投放策略，见图 3–13–23 第 3 年广告投放表。公司希望能够获得 1～2 张 P2 产品订单，3～4 张 P3 产品订单，3～4 张 P4 产品订单。希望能够销售出全部库存产品。

	A	B	C	D	E	F	G
10				第 3 年广告投放			
11	产品/市场	本地	区域	国内	亚洲	国际	合计
12	P1						0
13	P2	10	10				20
14	P3	20	30	25			75
15	P4	20	30	25			75
16	合计	50	70	50			170

图 3-13-23　第 3 年广告投放表

13.5.2.2　第 3 年订单登记表

假设公司参加第 3 年市场竞单会，获得 7 张订单。图 3-13-24 第 3 年订单登记表，将假设得到的订单，按产品分类进行登记。这样，公司在第 3 年可以销售 4 个 P2 产品，8 个 P3 产品，9 个 P4 产品。

	A	B	C	D	E	F	G	H	I	J	K	L	M
35						第 3 年订单登记							
36						P1							
37	订单号												合计
38	产品												
39	数量												0
40	交货期												
41	账期												
42	销售额												0
43													
44						P2							
45	订单号	P2301											合计
46	产品	P2											
47	数量	4											4
48	交货期												
49	账期	3											
50	销售额	300											300
51													
52						P3							
53	订单号	P3301	P3302	P3303									合计
54	产品	P3	P3	P3									
55	数量	3	2	3									8
56	交货期												
57	账期	2	4	3									
58	销售额	270	180	265									715
59													
60						P4							
61	订单号	P4301	P4302	P4303									合计
62	产品	P4	P4	P4									
63	数量	3	3	3									9
64	交货期												
65	账期	2	3	4									
66	销售额	340	350	360									1050

图 3-13-24　第 3 年订单登记表

13.5.2.3　第 3 年产品出库安排

产品出库安排是根据订单对产品数量的要求，结合产品入库和库存的状况，安排每个季度产品出库交单的计划。图 3-13-25 第 3 年产品库存出库安排表显示：第 1 季度 P3 和 P4 产品各有 3 个累计库存量，可以各安排 1 个订单，出售 3 个 P3 和 3 个 P4 产品；第 2 季度累计库存量，达不到订单的数量要求，因此，不安排产品出库销售；第 3 季度 P3 和 P4 产品各有 4 个累计库存量，可以各安排 1 个订单，出售 3 个 P3 和 3 个 P4 产品；第 4 季度 P2 有 4 个累计库存量，P3 有 2 个累计库存量，P4 产品各有 3 个累计库存量，可以各安排 3 个订单，出售 4 个 P2、2 个 P3 和 3 个 P4 产品。

13.5.2.4　第 3 年交货排单表

图 3-13-26 第 3 年交货排单表。按账期，统计订单的交货排单状况。

实训13 构造ERP沙盘模拟经营方案管理器

		A	B	C	D	E	F	G	H	I	J	K	L	M	N	O	P	Q	R	S	T	U	V	W	X	Y	Z	AA	AB	AC	AD	AE	AF
1				产品入库												累计库存				产品出库						期末库存				库存产品成本			
2				1季生产				2季生产				合计								原料	产品销售												
3				P1	P2	P3	P4	P1	P2	P3	P4	P1	P2	P3	P4	P1	P2	P3	P4	P1	P1	P2	P3	P4	P1	P2	P3	P4	P1	P2	P3	P4	合计
12	第三年	1季	2	1	1	2	0	0	0	2	0	2	1	3	2	4	1	3	3	2			3	3	2	1	0	0	40	30	0	0	70
13		2季	2	1	1	2	0	0	0	0	2	1	1	2	4	2	1	2	2			2	2	1	2	40	60	40	100	240
14		3季	2	1	1	2	0	0	0	0	2	1	1	2	4	3	4	3	2			2	3	1	1	40	90	0	50	220
15		4季	2	1	1	2	0	0	0	0	2	1	1	2	4	4	2	3	2	4	2	3	2	0	0	40	0	0	0	40

图 3-13-25　第 3 年产品库存出库安排表

		A	B	C	D	E	F	G	H	I	J	K	L	M	N	O	P	Q	R	S	T	U	V	W	X	Y
1			产品销售计划					0账期			1账期			2账期			3账期			4账期						
2			P1	P2	P3	P4		交单		合计	交单		合计	交单		合计	交单		合计	交单		合计				
27		1季交货	0	0	3	3	订单号							P3301			P4302									
28							产品							P3			P4									
29							数量							3			3									
30							交货期							0			0									
31							账期							2			3									
32							销售额			0			0	270		270	350		350			0				
33	第3年	2季交货	0	0	0	0	订单号																			
34							产品																			
35							数量																			
36							交货期																			
37							账期																			
38							销售额			0			0			0			0			0				
39		3季交货	0	0	3	3	订单号							P4301			P3303									
40							产品							P4			P3									
41							数量							3			3									
42							交货期							0			0									
43							账期							2			3									
44							销售额			0			0	340		340	265		265			0				
45		4季交货	0	4	2	3	订单号							P2301						P3302	P4303					
46							产品							P2						P3	P4					
47							数量							4						2	3					
48							交货期							0						0	0					
49							账期							3						4	4					
50							销售额							300		300				180	360					540

图 3-13-26　第 3 年交货排单表

13.5.3　第 3 年财务费用计算表

财务费用计算表包括：应收账款、贷款、维修折旧 3 张表。

13.5.3.1　第 3 年应收账款表

图 3-13-27 第 3 年应收账款表，交货账款的数据来自图 3-13-26 第 3 年交货排单表，各账期的销售额合计。表中各数据，按在第 2 年应收账款表中说明的方法计算。按第 3 年经营状况，各季度资金缺口和各季度、各账期累计应收账款的数据，在各账期输入申请贴现的数量。这样，可以计算出第 3 年各季度的贴现费用。到第 3 年末会有 985 万元应收账款。

		A	B	C	D	E	F	G	H	I	J	K	L	M	N	O	P	Q	R	S	T	U	V	W	X	Y	Z	AA	AB	AC
1				交货账款						现金到账	累计应收账款					申请贴现				期末应收账款					贴现费用					
2		交货	0账期	1账期	2账期	3账期	4账期	合计	总计		1账期	2账期	3账期	4账期		1账期	2账期	3账期	4账期	合计	1账期	2账期	3账期	4账期	合计	1,2期 费用	3,4期 费用	费用合计		
3	第2年	1季	0	0	0	0	0	0		0	0	0	0	0		0	0	0	0	0	0	0	0	0	0	0	0	0		
4		2季	0	0	0	0	0	0	1141	0	0	0	0	0		0	0	0	0	0	0	0	0	0	0	0	0	0		
5		3季	0	0	276	0	0	276		0	0	276	0	0		60	0	0	0	60	0	216	0	0	216	60	0	6		
6		4季	0	0	365	0	500	865		0	216	365	0	500		360	0	0	40	400	216	0	0	460	681	360	36	40	5	41
7	第3年	1季	0	270	350	0	0	620		216	5	270	810	0		270	230	0	0	500	5	0	580	0	585	270	27	230	28	55
8		2季	0	0	0	0	0	0	2065	5	0	580	0	240		0	240	0	0	240	0	340	0	0	340	240	24	0	0	24
9		3季	0	0	340	265	0	605		340	0	265	0	290		0	290	0	0	290	0	50	265	0	655	290	29	0	0	29
10		4季	0	0	0	300	540	840		340	50	265	300	540		170	0	0	0	170	50	95	300	540	985	170	17	0	0	17

图 3-13-27　第 3 年应收账款表

13.5.3.2 第 3 年贷款表

观察图 3-13-28 第 3 年贷款表，上年权益的数据来自图 3-13-21 第 2 年经营及财务报表（K35）。这样第 3 年贷款额度为 789 万元。由于第 3 年贷款余额是 1 800 万元，因此，第 3 年不能再申请新的贷款。第 3 年需要付长贷利息 180 万元。

			1年			2年				3年				4年				5年				6年			
贷款类			1	2	3	1	2	3	4	1	2	3	4	1	2	3	4	1	2	3	4	1	2	3	4
短贷	借																								
	还本					0	0	0	0	0	0	0	0	0	0	0	0	0	0	0	0	0	0	0	0
	付息					0	0	0	0	0	0	0	0	0	0	0	0	0	0	0	0	0	0	0	0
	余额		0	0	0	0	0	0	0	0	0	0	0	0	0	0	0	0	0	0	0	0	0	0	0
长贷	借		1800																							
	还本																					1800				
	余额		1800			1800				1800				1800				1800				0				
	付息					180				180				180				180				180				
上年权益			600			282				263																
贷款额度			1800			846				789				0				0				0				
贷款余额			1800			1800				1800				1800				1800				0				

图 3-13-28 第 3 年贷款表

13.5.3.3 第 3 年维修折旧表

第 3 年共有 8 条生产线投入运营。根据大赛规则，8 条生产线都需要支付维修费，共计 130 万元（2×5+5×20+1×20）。8 条生产线需要计算折旧费 210 万元（2×10+5×30+1×40）。见图 3-13-29 第 3 年维修折旧表。

	维修费				折旧费			
	手工线	自动线	柔性线	金额	手工线	自动线	柔性线	金额
第一年	2			10				0
第二年	2	5	1	130	2			20
第三年	2	5	1	130	2	5	1	210

图 3-13-29 第 3 年维修折旧表

13.5.4 第 4 年生产预安排表

13.5.4.1 第 4 年生产预安排表

第 3 年为了安排原料采购计划，首先需要了解公司第 4 年的生产预安排。因为公司第 3 年没有投资新的生产线，所以，第 4 年仍然有 8 条生产线投入运营。公司的生产运营策略不变。生产预安排，见图 3-13-30 第 4 年生产预安排表。可以看出：有 1 条柔性线和 3 条自动线配合生产 P4 产品；1 条自动线生产 P2 产品；1 条自动线生产 P3 产品；2 条手工线生产 P3 产品。图 3-13-30 的右侧阴影区域，推算出产品上线和在线的状况。

13.5.4.2 第 3 年原料采购表

图 3-13-31 第 3 年原料采购表，基础数据来自图 3-13-30 第 3 年生产安排和第 4 年生产预安排。根据产品上线的数据可以推导出，第 4 年各产品生产所需要的各种原料的数量；根据各季度各种原料的需要量，可以推算出各种原料各季度的采购下单数量；根据各季度各产品上线数据和各原料需要量，可以推算出各季度原料费用和加工费用；根据产品在线的数据可以计算出在制品的成本。

	A	B	C	D	E	F	G	H	I	J	K	L	M	N	O	P	Q	R	S	T	U	V	W	X	Y	Z	BO	BP	BQ	BR	BS	BT	BU	BV
1																																		
2			生产线1				生产线2				生产线3				生产线4				生产线5				生产线6				生产线17				生产线18			
3			柔性线				自动线				自动线				自动线				自动线				自动线				手工线				手工线			
4			P1	P2	P3	P4	P1	P2	P3	P4	P1	P2	P3	P4	P1	P2	P3	P4	P1	P2	P3	P4	P1	P2	P3	P4	P1	P2	P3	P4	P1	P2	P3	P4
5	第1年	1季																																
6		2季																																
7		3季																									1				1			
8		4季																																
9	第2年	1季			1						1				1					1					1				1				1	
10		2季				1				1	1				1					1					1									
11		3季				1				1	1				1					1					1				1				1	
12		4季				1				1	1				1					1					1									
13	第3年	1季				1				1	1				1					1					1				1				1	
14		2季				1				1	1				1					1					1									
15		3季				1				1	1				1					1					1				1				1	
16		4季				1				1	1				1					1					1									
17	第4年	1季				1				1	1				1					1					1				1				1	
18		2季				1				1	1				1					1					1									
19		3季				1				1	1				1					1					1				1				1	
20		4季				1				1	1				1					1					1									
21	第5年	1季				1				1	1				1					1					1				1				1	
22		2季																																
23		3季																																
24		4季																																
25	第6年	1季																																
26		2季																																
27		3季																																
28		4季																																

	A	B	BW	BX	BY	BZ	CA	CB	CC	CD	CE	CF	CG	CH	CI	CJ	CK	CL	CM	CN	CO	CP
1																						
2			1季生产				2季生产								合计				合计			
3			产品上线				产品上线				产品在线				产品上线				产品在线			
4			P1	P2	P3	P4	P1	P2	P3	P4	P1	P2	P3	P4	P1	P2	P3	P4	P1	P2	P3	P4
5	第1年	1季																				
6		2季																				
7		3季	0				2				2				2				2	0	0	0
8		4季	0	0			0	0			2	0			0	0			2	0	0	0
9	第2年	1季	2	1	2		0	0	2		0	0	2		2	1	4		2	1	4	0
10		2季	2	1	1	2	0	0	0	0	0	0	2	0	2	1	1	2	2	1	3	2
11		3季	2	1	1	2	0	0	2	0	0	0	2	0	2	1	3	2	2	1	3	2
12		4季	2	1	1	2	0	0	0	0	0	0	2	0	2	1	1	2	2	1	3	2
13	第3年	1季	2	1	1	2	0	0	2	0	0	0	2	0	2	1	3	2	2	1	3	2
14		2季	2	1	1	2	0	0	0	0	0	0	2	0	2	1	1	2	2	1	3	2
15		3季	2	1	1	2	0	0	2	0	0	0	2	0	2	1	3	2	2	1	3	2
16		4季	2	1	1	2	0	0	0	0	0	0	2	0	2	1	1	2	2	1	3	2
17	第4年	1季	2	1	1	2	0	0	2	0	0	0	2	0	2	1	3	2	2	1	3	2
18		2季	2	1	1	2	0	0	0	0	0	0	2	0	2	1	1	2	2	1	3	2
19		3季	2	1	1	2	0	0	2	0	0	0	2	0	2	1	3	2	2	1	3	2
20		4季	2	1	1	2	0	0	0	0	0	0	2	0	2	1	1	2	2	1	3	2
21	第5年	1季	2	1	5	2	0	0	2	0	0	0	2	0	2	1	7	2	2	1	7	2
22		2季	0	0	0	0	0	0	0	0	0	0	2	0	0	0	0	0	0	0	2	0
23		3季	0	0	0	0	0	0	0	0	0	0	0	0	0	0	0	0	0	0	0	0
24		4季	0	0	0	0	0	0	0	0	0	0	0	0	0	0	0	0	0	0	0	0
25	第6年	1季	0	0	0	0	0	0	0	0	0	0	0	0	0	0	0	0	0	0	0	0
26		2季	0	0	0	0	0	0	0	0	0	0	0	0	0	0	0	0	0	0	0	0
27		3季	0	0	0	0	0	0	0	0	0	0	0	0	0	0	0	0	0	0	0	0
28		4季	0	0	0	0	0	0	0	0	0	0	0	0	0	0	0	0	0	0	0	0

图 3–13–30 第 4 年生产预安排表

	A	B	C	D	E	F	G	H	I	J	K	L	M	N	O	P	Q	R	S	T	U	V	W	X	Y	Z	AA	AB	AC	AD	AE	AF
1			合计				原料需求														原料采购				生产现金需求			在制品成本	合计			
2			产品上线				P1	P2		P3			P4			合计					下订单				原料费	加工费	合计		产品在线			
3			P1	P2	P3	P4	R1	R2	R3	R1	R3	R4	R2	R3	P1	R1	R2	R3	R4	P1	R1	R2	R3	R4					P1	P2	P3	P4
12	第3年	1季	2	1	3	2	2	1	1	3	3	3	2	2	2	5	3	6	3	2	3	3	6	3	170	80	250	290	2	1	3	2
13		2季	2	1	1	2	2	1	1	1	1	1	2	2	2	3	3	4	1	2	5	3	4	1	110	60	170	290	2	1	3	2
14		3季	2	1	3	2	2	1	1	3	3	3	2	2	2	5	3	6	3	2	3	3	6	3	170	80	250	290	2	1	3	2
15		4季	2	1	1	2	2	1	1	1	1	1	2	2	2	3	3	4	1	2	5	3	4	1	110	60	170	290	2	1	3	2
16	第4年	1季	2	1	3	2	2	1	1	3	3	3	2	2	2	5	3	6	3	2	3	3	6	3	170	80	250	290	2	1	3	2
17		2季	2	1	1	2	2	1	1	1	1	1	2	2	2	3	3	4	1	2	5	3	4	1	110	60	170	290	2	1	3	2
18		3季	2	1	3	2	2	1	1	3	3	3	2	2	2	5	3	6	3	2	3	3	10	7	170	80	250	290	2	1	3	2
19		4季	2	1	1	2	2	1	1	1	1	1	2	2	2	3	3	4	1	2	9	3	0	0	110	60	170	290	2	1	3	2

图 3–13–31 第 3 年原料采购表

13.5.4.3 第 4 年产品库存表

图 3–13–32 第 4 年产品库存表，基础数据来自，图 3–13–30 第 4 年生产预安排表，由 1 季生产和 2 季生产的产品上线数据，可以推导出图 3–13–32 的产品入库数据。在图 3–13–32 中，各季度各种产品入库量加上季度各产品的期末库存量，得到各季度累计库存量，是各季度能够供应的各种产品的数量；在没有产品销售出库的情况下，第 4 年第 4 季度的期末库存量就是各种产品第 4 年能够销售的产品数量。由于 P1 产品要与 P4 产品配合，因此，第 4 年可以销售的 P2、P3、P4 产品的数量分别是：4、8、8。在第 4 年竞单会，要特别注意不能超过提供的数量。

	A	B	C	D	E	F	G	H	I	J	K	L	M	N	O	P	Q	R	S	T	U	V	W	X	Y	Z	AA	AB	AC	AD	AE	AF
1			产品入库												累计库存				产品出库					期末库存				库存产品成本				
2			1季生产				2季生产				合计								原料	产品销售												
3			P1	P2	P3	P4	P1	P2	P3	P4	P1	P2	P3	P4	P1	P2	P3	P4	P1	P1	P2	P3	P4	P1	P2	P3	P4	P1	P2	P3	P4	合计
12	第三年	1季	2	1	1	2	0	0	2	0	2	1	3	2	4	1	3	3	2			3	3	2	1	0	0	40	30	0	0	70
13		2季	2	1	1	2	0	0	0	0	2	1	1	2	4	2	1	2	2					2	2	1	2	40	60	40	100	240
14		3季	2	1	1	2	0	0	2	0	2	1	3	2	4	3	4	4	2			3	3	2	3	1	1	40	90	40	50	220
15		4季	2	1	1	2	0	0	0	0	2	1	1	2	4	4	2	3	2		4	2	3	2	0	0	0	40	0	0	0	40
16	第四年	1季	2	1	1	2	0	0	2	0	2	1	3	2	4	1	3	2	2					2	1	3	2	40	30	120	100	290
17		2季	2	1	1	2	0	0	0	0	2	1	1	2	4	2	4	4	2					2	2	4	4	40	60	160	200	460
18		3季	2	1	1	2	0	0	2	0	2	1	3	2	4	3	7	6	2					2	3	7	6	40	90	280	300	710
19		4季	2	1	1	2	0	0	0	0	2	1	1	2	4	4	8	8	2					2	4	8	8	40	120	320	400	880

图 3–13–32 第 4 年产品库存表

13.5.5　第 3 年经营及财务报表

13.5.5.1　第 3 年经营及现金流量表

年初现金盘点，数据来自图 3-13-21 第 2 年经营及财务报表，年末现金盘点（F38）。

广告费、订单，数据来自图 3-13-23 第 3 年广告投放表合计（G16）。

支付税，数据来自图 3-13-21 第 2 年经营及财务报表，资产负债表应交税金（K28）。

长贷还息，数据来自图 3-13-28 第 3 年贷款表，长贷付息（K12）。

长贷还本，数据来自图 3-13-28 第 3 年贷款表，长贷还本（K10）。

申请长贷，数据来自图 3-13-28 第 3 年贷款表，借长贷（K9）。

申请贴现，各季度数据来自图 3-13-27 第 3 年应收账款表，各季度申请贴现合计（S7:S10）。

季初现金盘点，第 1 季度：季初现金盘点=（年初现金盘点+申请长贷+申请贴现）-（广告费+税+长贷还息+长贷还本）。

其他各季度，季初现金盘点=上季度期末现金对账+本季申请贴现。

短贷还息，数据来自图 3-13-28 第 3 年贷款表，各季度短贷付息（K6:N6）。

短贷还本，数据来自图 3-13-28 第 3 年贷款表，各季度短贷还本（K5:N5）。

申请短贷，数据来自图 3-13-28 第 3 年贷款表，各季度借短贷（K4:N4）。

原料入库，数据来自图 3-13-31 第 3 年原料采购表，第 3 年各季度原料费（Y12:Y15）。

第3年经营及报表

	第3年经营	1季	2季	3季	4季		综合费用		利润表	
							项目	金额	项目	金额
年初	年初现金盘点	2					管理费	40	销售收入	2065
	广告费、订单	170					广告费	170	直接成本	890
	支付税	0					维修费	130	毛利	1175
	长贷还息	180					租金	88	综合费用	473
	长贷还本	0					转产费	0	折前利润	702
	申请长贷	0					市场开拓	20	折旧费用	210
1	申请贴现	500	240	290	170		ISO认证	25	息前利润	492
2	季初现金盘点	152	249	296	177		产品研发	0	财务支出	305
3	短贷还息	0	0	0	0		其它		其它支出	
4	短贷还本	0	0	0	0		合计	473	税前利润	187
5	申请短贷	0	0	0	0				所得税	0
6	原料入库、订单	170	110	170	110				净利润	187
7	出售厂房									
8	购买厂房						产品核算			
9	租厂房	44	44	0	0		P1	P2	P3	P4	合计
10	投资生产线	0	0	0	0		数量	0	4	8	9
11	租赁线				0		销售额	0	300	715	1050	2065
12	变卖生产线						成本	0	120	320	450	890
13	生产线转产						毛利	0	180	395	600	1175
14	加工费	80	60	80	60						
15	应收款收现	216	5	0	340			资产负债表		
16	产品研发	0	0	0	0		现金	145	长期负债	1800
17	管理费用	10	10	10	10		应收款	985	短期负债	0
18	出售原料收入						在制品	290	应付账款	0
19	出售产品收入						成品	40	应交税金	0
20	支付贴现费	55	24	29	17		原料		一年到期	
21	现金收入合计	368	254	296	517		流动资产合计	1460	长期负债	1800
22	现金支出合计	359	248	289	197		土地建筑		股东资本	600
23	期末现金对账	9	6	7	320		机器设备	790	利润留存	-337
24	维修费				130		在建工程	0	年度净利	187
25	计提折旧				210		固定资产合计	790	所有者权益合计	450
26	市场开拓				20					
27	ISO认证				25					
28	违约罚款						资产合计	2250	上两合计	2250
29	年末现金盘点				145					

图 3-13-33　第 3 年经营及财务报表

出售厂房，是需要输入的决策数据。在相应的季度输入出售厂房的价值，同时在图 3-13-26 第 3 年交货排单表中相应季度 4 账期，输入厂房的价值，进行应收账款的计算。

购买厂房，数据来自图 3-13-22 第 3 年投资预算表，各季度购买厂房小计（H77:K77）。

租厂房，数据来自图 3-13-22 第 3 年投资预算表，各季度租厂房小计（H81:K81）。

投资生产线，数据来自图 3-13-22 第 3 年投资预算表，各季度投资生产线合计（H72:K72）。

租赁线，数据来自图 3-13-22 第 3 年投资预算表，第 4 季度租赁线费用（K73）。

变卖生产线和生产线转产是需要输入的决策信息，需要根据具体情况进行测算。

加工费，数据来自图 3-13-31 第 3 年原料采购表，第 3 年各季度加工费（Z12:Z15）。

应收款收现，数据来自图 3-13-27 第 3 年应收账款表，各季度现金到账（J7:J10）。

产品研发，数据来自图 3-13-22 第 3 年投资预算表，各季度产品研发合计（H93:K93）。

管理费用，数据来自大赛规则，各季度 10 万元。

出售原料和产品收入，是指紧急出售的特殊业务，模拟方案时一般不要出现该种状况。

支付贴现费，数据来自图 3-13-27 第 3 年应收账款表，各季度贴现费用合计（AC7:AC10）。

各季度现金收入合计=季初现金盘点+申请短贷+应收款收现。

各季度现金支出合计=短贷还息+短贷还本+原料入库+购买厂房+租厂房+投资生产线+租赁线+加工费+产品研发+管理费+支付贴现费。

各季度期末现金对账=现金收入合计-现金支出合计。

维修费，数据来自图 3-13-29 第 3 年维修折旧表，维修费（E6）。

计提折旧，数据来自图 3-13-29 第 3 年维修折旧表，折旧费（I6）。

市场开拓，数据来自图 3-13-22 第 3 年投资预算表，市场开发合计（K88）。

ISO 认证，数据来自图 3-13-22 第 3 年投资预算表，ISO 认证合计（K96）。

年末现金盘点=第 4 季度期末现金对账-（维修费+市场开拓+ISO 认证）。

13.5.5.2　第 3 年综合费用表

管理费，是 4 个季度管理费的合计。

维修费，是第 4 季度维修费和租赁线的合计。

租金，是 4 个季度厂房租金的合计。

市场开拓数据来自第 4 季度市场开拓费。

产品研发费，是 4 个季度产品研发的合计。

ISO 认证，数据来自第 4 季度 ISO 认证费用。

第 3 年综合费用合计 473 万元。

13.5.5.3　第 3 年产品核算

各产品数量和销售额数据来自图 3-13-24 第 3 年订单登记。

各产品成本=数量×单位成本。

各产品毛利=销售额-成本。

统计销售额合计、成本合计、毛利合计。

13.5.5.4　第 3 年利润表

销售收入=产品核算的销售额合计（M20）。

直接成本=产品核算的成本合计（M21）。
毛利=产品核算的毛利合计（M22）。
综合费用=综合费用表的合计（I14）。
折前利润=毛利−综合费用。
折旧=第3年经营表的计提折旧（F34）。
息前利润=折前利润−折旧。
财务支出=长贷还息+短贷还息合计+支付贴现费合计。
税前利润=息前利润−财务支出。
所得税，虽然税前利润为正，税前利润与利润留存之和为负，所得税为0。
净利润=税前利润−所得税。

13.5.5.5　第3年资产负债表

左侧资产项：
现金，数据来自年末现金盘点（F38）；
在制品，数据来自图3-13-31第3年原料采购表，第4季度在制品成本（AB15）；
产品，数据来自图3-13-25第3年产品库存出库安排表，第4季度库存产品成本合计（AF15）；
流动资产合计为1 460万元；
土地建筑=购买厂房合计−出售厂房合计；
机器设备=（第2年机器设备+第2年的在建工程）−计提折旧；
在建工程，数据来自4个季度投资生产线合计；
固定资产合计=土地建筑+机器设备+在建工程；
固定资产合计为790万元；
资产合计，是流动资产加固定资产2 250万元；
右侧负债及所有者权益项：
长期负债，数据来自长期贷款；
股东资本，来自初始资金；
利润留存=第2年利润留存+第2年净利润；
年度净利润，数据来自利润表的净利润（L19）；
所有者权益=股东资本+年度净利润；
负债及所有者权益合计，为2 250万元；
资产=负债+所有者权益。资产负债表平衡。

13.6　飞达公司模拟经营方案（Ⅰ）第4年运营

13.6.1　第4年投资预算

观察图3-13-34第4年投资预算表，说明公司第4年投资策略，首先是继续进行第3年未完成的国际市场开发投资，增加4条自动线投资，这样共有12条生产线需要租3个大厂房。

	A	B	C	D	E	F	G	H	I	J	K	L
97						投资预算表						
98								第 4 年				
99		投资项目	1季	2季	3季	4季		1季	2季	3季	4季	合计
100			数量	数量	数量	数量		金额	金额	金额	金额	
101	生产线	手工线						0				0
102		自动线		4	4	4		0	200	200	200	600
103		柔性线						0				0
104							合计	0	200	200	200	600
105		租赁线										0
106	厂房	买大厂房						0				0
107		买中厂房						0				0
108		买小厂房						0				0
109							小计	0				0
110		租大厂房	1	2				44	88	0	0	132
111		租中厂房						0				0
112		租小厂房						0				0
113							小计	44	88	0	0	132
114							合计	44	88	0	0	132
115	市场开发	本地						0				0
116		区域						0				0
117		国内						0				0
118		亚洲						0				0
119		国际				1					10	10
120							合计				10	10
121	产品开发	P1						0				0
122		P2						0				0
123		P3						0				0
124		P4						0				0
125							合计	0				0
126	认证	ISO9000						0				0
127		ISO14000						0				0
128							合计					0

图 3-13-34　第 4 年投资预算表

13.6.2　第 4 年广告、订单表

13.6.2.1　第 4 年广告投放表

根据大赛规则，理论上公司可以在本地、区域、国内、亚洲市场上销售 P1、P2、P3、P4 产品。在进行广告投放之前，需要分析公司能够提供的产品数量。

由图 3-13-32 第 4 年产品库存表显示说明，第 4 年公司能够供应销售 P2、P3、P4 产品，数量分别是 4、8、8。

公司的广告投放策略，见图 3-13-35 第 4 年广告投放表。公司希望能够获得 1~2 张 P2 产品订单，3~4 张 P3 产品订单，3~4 张 P4 产品订单。希望能够销售出全部库存产品。

	A	B	C	D	E	F	G
18		第 4 年广告投放					
19	产品/市场	本地	区域	国内	亚洲	国际	合计
20	P1						0
21	P2	40					40
22	P3	40	20	20	20		100
23	P4	20	20	20	20		80
24	合计	100	40	40	40		220

图 3-13-35　第 4 年广告投放表

13.6.2.2　第 4 年订单登记表

假设公司参加第 4 年市场竞单会，获得 7 张订单。图 3-13-36 第 4 年订单登记表，将假设得到的订单按产品分类进行登记。这样，公司在第 4 年可以销售 4 个 P2 产品，8 个 P3 产品，8 个 P4 产品。

第 4 年订单登记表

	A	B	C	D	E	F	G	H	I	J	K	L	M
68						第 4 年订单登记							
69						P1							
70	订单号												合计
71	产品												
72	数量												0
73	交货期												
74	账期												
75	销售额												0
76													
77						P2							
78	订单号	P2401											合计
79	产品	P2											
80	数量	4											4
81	交货期												
82	账期	2											
83	销售额	270											270
84													
85						P3							
86	订单号	P3401	P3402	P3403									合计
87	产品	P3	P3	P3									
88	数量	2	3	3									8
89	交货期												
90	账期	3	2	4									
91	销售额	175	283	285									743
92													
93						P4							
94	订单号	P4401	P4402	P4403									合计
95	产品	P4	P4	P4									
96	数量	2	3	3									8
97	交货期												
98	账期	2	4	3									
99	销售额	230	350	348									928

图 3-13-36　第 4 年订单登记表

13.6.2.3 第 4 年产品出库安排

产品出库安排是根据订单对产品数量的要求，结合产品入库和库存的状况，安排每个季度产品出库交单的计划。图 3-13-37 第 4 年产品库存出库安排表显示：第 1 季度 P3 和 P4 产品分别有 3 个和 2 个累计库存量，可以各安排 1 个订单，出售 3 个 P3 和 2 个 P4 产品；第 2 季度累计库存量，达不到订单的数量要求，因此，不安排产品出库销售；第 3 季度 P3 和 P4 产品各有 4 个累计库存量，可以各安排 1 个订单，出售 3 个 P3 和 3 个 P4 产品；第 4 季度 P2 有 4 个累计库存量，P3 有 2 个累计库存量，P4 产品各有 3 个累计库存量，可以各安排 3 个订单，出售 4 个 P2、2 个 P3 和 3 个 P4 产品。

	A	B	C	D	E	F	G	H	I	J	K	L	M	N	O	P	Q	R	S	T	U	V	W	X	Y	Z	AA	AB	AC	AD	AE	AF
1			产品入库												累计库存				产品出库					期末库存					库存产品成本			
2			1季生产				2季生产				合计								原料		产品销售												
3			P1	P2	P3	P4	P1	P2	P3	P4	P1	P2	P3	P4	P1	P2	P3	P4	P1	P2	P3	P4	P1	P2	P3	P4	P1	P2	P3	P4	合计
16	第四年	1季	2	1	1	2	0	0	2	0	2	1	3	2	4	1	3	2	2			3	2	2	1	0	0	40	30	0	0	70
17		2季	2	1	1	2	0	0	0	0	2	1	1	2	4	2	1	2	2					2	2	1	2	40	60	40	100	240
18		3季	2	1	1	2	0	0	2	0	2	1	3	2	4	3	4	4	2			3	3	2	3	1	1	40	90	40	50	220
19		4季	2	1	1	2	0	0	0	0	2	1	1	2	4	2	1	2	2		4	2	3	2	0	0	0	40	0	0	0	40

图 3-13-37　第 4 年产品库存出库安排表

13.6.2.4 第 4 年交货排单表

图 3-13-38 第 4 年交货排单表。按账期，统计订单的交货排单状况。

	A	B	C	D	E	F	G	H	I	J	K	L	M	N	O	P	Q	R	S	T	U	V	W	X	Y
1			产品销售计划					0账期			1账期			2账期				3账期				4账期			
2								交单		合计	交单		合计	交单			合计	交单			合计	交单			合计
3			P1	P2	P3	P4																			
52		1季交货	0	0	3	2	订单号							P4401								P3403			
53							产品							P4								P3			
54							数量							2								3			
55							交货期							0								0			
56							账期							2								4			
57							销售额			0			0	230			230				0	285			285
58		2季交货	0	0	0	0	订单号																		
59							产品																		
60							数量																		
61							交货期																		
62	第4年						账期																		
63							销售额			0			0				0				0				0
64		3季交货	0	0	3	3	订单号							P3402								P4402			
65							产品							P3								P4			
66							数量							3								3			
67							交货期							0								0			
68							账期																		
69							销售额			0			0	283			283				0	350			350
70		4季交货	0	4	2	3	订单号							P2401				P3401	P4403						
71							产品							P2				P3	P4						
72							数量							4				2	3						
73							交货期							0				0	0						
74							账期							2				3	3						
75							销售额			0			0	270			270	175	348		523				0

图 3-13-38 第 4 年交货排单表

13.6.3 第 4 年财务费用计算表

财务费用计算表包括：应收账款、贷款、维修折旧 3 张表。

13.6.3.1 第 4 年应收账款表

图 3-13-39 第 4 年应收账款表，交货账款的数据来自图 3-13-38 第 4 年交货排单表的各账期的销售额合计。表中各数据，按在第 2 年应收账款表中说明的方法计算。按第 4 年经营状况，各季度资金缺口和各季度、各账期累计应收账款的数据，在各账期输入申请贴现的数量。这样，可以计算出第 4 年各季度的贴现费用。到第 4 年末会有 661 万元应收账款。

	A	B	C	D	E	F	G	H	I	J	K	L	M	N	O	P	Q	R	S	T	U	V	W	X	Y	Z	AA	AB	AC
1				交货账款						现金到账		累计应收账款				申请贴现				期末应收账款					贴现费用				
2		交货	0账期	1账期	2账期	3账期	4账期	合计	总计	到账	1账期	2账期	3账期	4账期	1账期	2账期	3账期	4账期	合计	1账期	2账期	3账期	4账期	合计	1,2期费用	3,4期费用	费用合计		
7	第3年	1季	0	0	270	350	0	620		216	5	270	810	0	270	230			500	5	0	580	0	585	270	27	230	28	55
8		2季	0	0	0	0	0	0	2065	5	0	580	0	0	240				240	0	340	0	0	340	240	24	0	0	24
9		3季	0	0	340	265	0	605		0	340	0	265	0	290				290	340	0	50	265	655	290	29	0	0	29
10		4季	0	0	0	300	540	840		340	50	285	300	540	170				170	50	95	300	540	985	170	17	0	0	17
11	第4年	1季	0	0	230	0	285	515		50	95	530	540	285	90	530			620	5	0	540	285	830	620	62	0	0	62
12		2季	0	0	0	0	0	0	1941	5	0	540	285	0	500				500	0	40	285	0	325	500	50	0	0	50
13		3季	0	283	0	350	0	633		0	40	568	0	350	480				480	40	88	0	350	478	480	48	0	0	48
14		4季	0	0	270	523	0	793		40	88	270	873	0	270	300			570	88	0	573	0	661	270	27	300	37	64

图 3-13-39 第 4 年应收账款表

13.6.3.2 第 4 年贷款表

观察图 3-13-40 第 4 年贷款表，上年权益的数据来自图 3-13-33 第 3 年经营及财务报表（K35）。这样第 4 年贷款额度为 1 317 万元。由于第 4 年贷款余额为 1 800 万元，因此，第 4 年不能再申请新的贷款。第 4 年需要付长贷利息 180 万元。

	A	B	C	D	E	F	G	H	I	J	K	L	M	N	O	P	Q	R	S	T	U	V	W	X	Y	Z
1																										
2	贷款类		1年				2年				3年				4年				5年				6年			
3			1	2	3	4	1	2	3	4	1	2	3	4	1	2	3	4	1	2	3	4	1	2	3	4
4	短贷	借																								
5		还本					0	0	0	0	0	0	0	0	0	0	0	0	0	0	0	0	0	0	0	0
6		付息					0	0	0	0	0	0	0	0	0	0	0	0	0	0	0	0	0	0	0	0
7		余额	0	0	0	0	0	0	0	0	0	0	0	0	0	0	0	0	0	0	0	0	0	0	0	0
8																										
9	长贷	借	1800																							
10		还本																					1800			
11		余额	1800				1800				1800				1800				1800				0			
12		付息					180				180				180				180				180			
13	上年权益		600				282				263				450											
14	贷款额度		1800				846				789				1350				0				0			
15	贷款余额		1800				1800				1800				1800				0				0			

图 3-13-40　第 4 年贷款表

13.6.3.3　第 4 年维修折旧表

第 4 年共有 8 条生产线投入运营。根据大赛规则，8 条生产线都需要支付维修费，共计 130 万元（2×5+5×20+1×20）。8 条生产线需要计算折旧费 210 万元（2×10+5×30+1×40）。

	A	B	C	D	E	F	G	H	I
1		维修费				折旧费			
2		手工线	自动线	柔性线	金额	手工线	自动线	柔性线	金额
3									
4	第一年	2			10				0
5	第二年	2	5	1	130	2			20
6	第三年	2	5	1	130	2	5	1	210
7	第四年	2	5	1	130	2	5	1	210

图 3-13-41　第 4 年维修折旧表

13.6.4　第 5 年生产预安排表

13.6.4.1　第 5 年生产预安排表

第 4 年为了安排原料采购计划，首先需要了解公司第 5 年的生产预安排。因为公司第 4 年新增 4 条自动线，所以，第 5 年共有 12 条生产线投入运营。公司的原 8 条生产线生产运营策略不变，新增的 4 条自动线全部生产 P3 产品。从图 3-13-42 第 5 年生产预安排表可以看出：有 1 条柔性线和 3 条自动线配合生产 P4 产品；1 条自动线生产 P2 产品；5 条自动线生产 P3 产品；2 条手工线生产 P3 产品。图 3-13-42 的右侧阴影区域，推算出产品上线和在线的状况。

13.6.4.2　第 4 年原料采购表

图 3-13-43 第 4 年原料采购表，基础数据来自图 3-13-42 第 4 年生产安排和第 5 年生产预安排。根据产品上线的数据可以推导出第 4 年各产品生产所需要的各种原料的数量；根据各季度各种原料的需要量，可以推算出各种原料各季度的采购下单数量；根据各季度各产品上线数据和各原料需要量，可以推算出各季度原料费用和加工费用；根据产品在线的数据可以计算出在制品的成本。

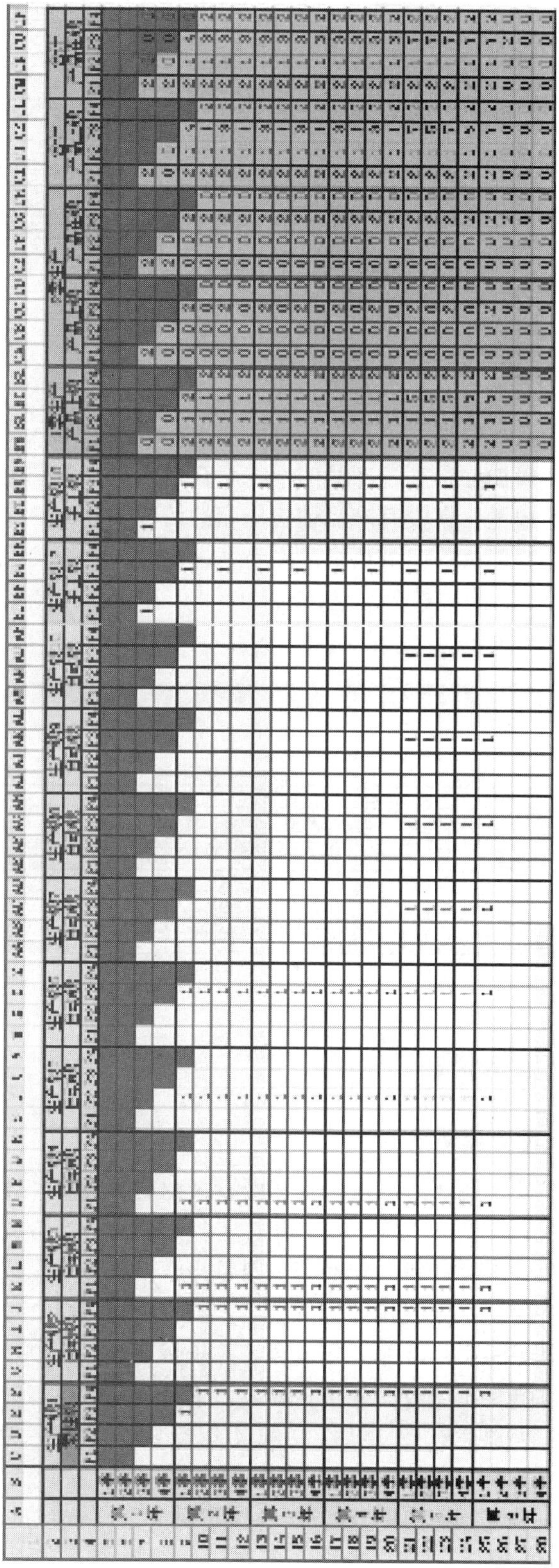

图3-13-42 第5年生产预安排表

图 3-13-43 第 4 年原料采购表

		合计 产品上线				原料需求												原料下订单				生产现金需求			在制品成本	合计 产品在线			
						P1				P2				P3				P4		合计										
		P1	P2	P3	P4	R1	R2	R3	R4	R1	R2	R3	R4	R1	R2	R3	R4	R1	R2	R3	R4	R1	R2	R3	R4	原料费	加工费	合计		P1	P2	P3	P4
16	第4年 1季	2	1	3	2	2	1	1	3	3	3	2	2	2	2	2	5	3	6	3	2	3	3	6	3	170	80	250	290	2	1	3	2
17	2季	2	1	1	2	2	1	1	1	1	2	2	2	2	2	3	3	4	1	2	5	3	4	1	110	60	170	290	2	1	3	2
18	3季	2	1	3	2	2	1	1	3	3	3	2	2	2	2	2	5	3	6	3	2	3	10	7	170	80	250	290	2	1	3	2
19	4季	2	1	1	2	2	1	1	1	1	2	2	2	2	2	3	3	4	1	2	9	3	8	5	110	60	170	290	2	1	3	2
20	第5年 1季	2	1	7	2	2	1	1	7	7	7	2	2	2	2	2	9	3	10	7	2	3	10	7	290	120	410	450	2	1	7	2
21	2季	2	1	5	2	2	1	1	5	5	5	2	2	2	2	2	7	3	8	5	2	9	3	8	5	230	100	330	450	2	1	7	2
22	3季	2	1	7	2	2	1	1	7	7	7	2	2	2	2	2	9	3	10	7	2	3	10	7	290	120	410	450	2	1	7	2
23	4季	2	1	5	2	2	1	1	5	5	5	2	2	2	2	2	7	3	8	5	2	9	3	8	5	230	100	330	450	2	1	7	2

13.6.4.3 第 5 年产品库存表

图 3-13-44 第 5 年产品库存表，基础数据来自，图 3-13-42 第 5 年生产预安排表，由 1 季生产和 2 季生产的产品上线数据，可以推导出图 3-13-44 的产品入库数据。在图 3-13-44 中，各季度各种产品入库量加上季度各产品的期末库存量，得到各季度累计库存量，是各季度能够供应的各种产品的数量；在没有产品销售出库的情况下，第 5 年第 4 季度的期末库存量就是各种产品第 5 年能够销售的产品数量。由于 P1 产品要与 P4 产品配合，因此，第 5 年可以销售的 P2、P3、P4 产品的数量分别是：4、20、8。在第 5 年竞单会，要特别注意不能超过提供的数量。

		产品入库											累计库存				产品出库					期末库存				库存产品成本				
		1季生产				2季生产				合计								原料	产品销售												
		P1	P2	P3	P4	P1	P2	P3	P4	P1	P2	P3	P4	P1	P2	P3	P4	P1	P1	P2	P3	P4	P1	P2	P3	P4	P1	P2	P3	P4	合计
16	第四年 1季	2	1	1	2	0	0	2	0	2	1	3	2	4	1	3	2	2		3	2		2	1	0	0	40	30	0	0	70
17	2季	2	1	1	2	0	0	0	0	2	1	1	2	4	2	1	2	2					2	2	1	2	40	60	40	100	240
18	3季	2	1	1	2	0	0	2	0	2	1	3	2	4	3	4	4	2		3	3		2	3	1	1	40	90	40	50	220
19	4季	2	1	1	2	0	0	0	0	2	1	1	2	4	4	2	3	2	4	4	2	3		0	0	0	40	0	0	0	40
20	第五年 1季	2	1	1	2	0	0	2	0	2	1	3	2	4	1	3	2	2					2	1	3	2	40	30	120	100	290
21	2季	2	1	5	2	0	0	0	0	2	1	5	2	4	2	8	4	2					2	2	8	4	40	60	320	200	620
22	3季	2	1	1	2	0	0	6	0	2	1	7	2	4	3	15	6	2					2	3	15	6	40	90	600	300	1030
23	4季	2	1	5	2	0	0	0	0	2	1	5	2	4	4	20	8	2					2	4	20	8	40	120	800	400	1360

图 3-13-44 第 5 年产品库存表

13.6.5 第 4 年经营及财务报表

13.6.5.1 第 4 年经营及现金流量表

年初现金盘点，数据来自图 3-13-33 第 3 年经营及财务报表，年末现金盘点（F38）。

广告费、订单，数据来自图 3-13-35 第 4 年广告投放表合计（G24）。

支付税，数据来自图 3-13-33 第 3 年经营及财务报表，资产负债表应交税金（K28）。

长贷还息，数据来自图 3-13-40 第 4 年贷款表，长贷付息（O12）。

长贷还本，数据来自图 3-13-40 第 4 年贷款表，长贷还本（O10）。

申请长贷，数据来自图 3-13-40 第 4 年贷款表，借长贷（O9）。

申请贴现，各季度数据来自图 3-13-39 第 4 年应收账款表，各季度申请贴现合计（S11:S14）。

季初现金盘点，第 1 季度：季初现金盘点=（年初现金盘点+申请长贷+申请贴现）－（广告费+税+长贷还息+长贷还本）。

其他各季度，季初现金盘点=上季度期末现金对账+本季申请贴现。

短贷还息，数据来自图 3–13–40 第 4 年贷款表，各季度短贷付息（O6:R6）。

短贷还本，数据来自图 3–13–40 第 4 年贷款表，各季度短贷还本（O5:R5）。

申请短贷，数据来自图 3–13–40 第 4 年贷款表，各季度借短贷（O4:R4）。

原料入库，数据来自图 3–13–43 第 4 年原料采购表，第 4 年各季度原料费（Y16:Y19）。

第4年经营及报表

第4年经营

			1季	2季	3季	4季
年初		年初现金盘点	145			
		广告费、订单	220			
		支付税	0			
		长贷还息	180			
		长贷还本	0			
		申请长贷	0			
	1	申请贴现	620	500	480	570
	2	季初现金盘点	365	549	516	578
	3	短贷还息	0	0	0	0
	4	短贷还本	0	0	0	0
	5	申请短贷	0	0	0	0
	6	原料入库、订单	170	110	170	110
	7	出售厂房				
	8	购买厂房	0	0	0	0
	9	租厂房	44	88	0	0
	10	投资生产线	0	200	200	200
	11	租赁线				0
	12	变卖生产线				
	13	生产线转产				
	14	加工费	80	60	80	60
	15	应收款收现	50	5	0	40
	16	产品研发	0	0	0	0
	17	管理费用	10	10	10	10
	18	出售原料收入				
	19	出售产品收入				
	20	支付贴现费	62	50	48	64
	21	现金收入合计	415	554	516	618
	22	现金支出合计	366	518	508	444
	23	期末现金对账	49	36	8	174
	24	維修费				130
	25	计提折旧				210
	26	市场开拓				10
	27	ISO认证				0
	28	违约罚款				
	29	年末现金盘点				34

综合费用

项目	金额
管理费	40
广告费	220
維修费	130
租金	132
转产费	0
市场开拓	10
ISO认证	0
产品研发	0
其它	
合计	532

利润表

项目	金额
销售收入	1941
直接成本	840
毛利	1101
综合费用	532
折前利润	569
折旧费用	210
息前利润	359
财务支出	404
其它支出	
税前利润	-45
所得税	0
净利润	-45

产品核算

	P1	P2	P3	P4	合计
数量	0	4	8	8	
销售额	0	270	743	928	1941
成本	0	120	320	400	840
毛利	0	150	423	528	1101

资产负债表

现金	34	长期负债	1800
应收款	661	短期负债	0
在制品	290	应付账款	
成品	40	应交税金	0
原料		一年到期	
流动资产合计	1025	长期负债合计	1800
土地建筑	0	股东资本	600
机器设备	580	利润留存	-150
在建工程	600	年度净利	-45
固定资产合计	1180	所有者权益合计	405
资产合计	2205	上两合计	2205

图 3–13–45　第 4 年经营及财务报表

出售厂房，是需要输入的决策数据。在相应的季度输入出售厂房的价值，同时在图 3–13–38 第 4 年交货排单表中相应季度 4 账期，输入厂房的价值，进行应收账款的计算。

购买厂房，数据来自图 3–13–34 第 4 年投资预算表，各季度购买厂房小计（H109:K109）。

租厂房，数据来自图 3–13–34 第 4 年投资预算表，各季度租厂房小计（H113:K113）。

投资生产线，数据来自图 3–13–34 第 4 年投资预算表，各季度投资生产线合计（H104:K104）。

租赁线，数据来自图 3–13–34 第 4 年投资预算表，第 4 季度租赁线费用（K105）。

变卖生产线和生产线转产是需要输入的决策信息，需要根据具体情况进行测算。

加工费，数据来自图 3–13–43 第 4 年原料采购表，第 4 年各季度加工费（Z16:Z19）。

应收款收现，数据来自图 3–13–39 第 4 年应收账款表，各季度现金到账（J11:J14）。

产品研发，数据来自图 3–13–34 第 4 年投资预算表，各季度产品研发合计（H125:K125）。

管理费用，数据来自大赛规则，各季度 10 万元。

出售原料和产品收入，是指紧急出售的特殊业务，模拟方案时一般不要出现该种状况。

支付贴现费，数据来自图 3–13–39 第 4 年应收账款表，各季度贴现费用合计（AC11:AC14）。

各季度现金收入合计=季初现金盘点+申请短贷+应收款收现。

各季度现金支出合计=短贷还息+短贷还本+原料入库+购买厂房+租厂房+投资生产线+租赁线+加工费+产品研发+管理费+支付贴现费。

各季度期末现金对账=现金收入合计–现金支出合计。

维修费，数据来自图 3-13-41 第 4 年维修折旧表，维修费（E7）。

计提折旧，数据来自图 3-13-41 第 4 年维修折旧表，折旧费（I7）。

市场开拓，数据来自图 3-13-34 第 4 年投资预算表，市场开发合计（K120）。

ISO 认证，数据来自图 3-13-34 第 4 年投资预算表，ISO 认证合计（K128）。

年末现金盘点=第 4 季度期末现金对账–（维修费+市场开拓+ISO 认证）。

13.6.5.2　第 4 年综合费用表

管理费，是 4 个季度管理费的合计。

维修费，是第 4 季度维修费和租赁线的合计。

租金，是 4 个季度厂房租金的合计。

市场开拓数据来自第 4 季度市场开拓费。

产品研发费，是 4 个季度产品研发的合计。

ISO 认证，数据来自第 4 季度 ISO 认证费用。

第 4 年综合费用合计 532 万元。

13.6.5.3　第 4 年产品核算

各产品数量和销售额数据来自图 3-13-36 第 4 年订单登记表。

各产品成本=数量×单位成本。

各产品毛利=销售额–成本。

统计销售额合计、成本合计、毛利合计。

13.6.5.4　第 4 年利润表

销售收入=产品核算的销售额合计（M20）。

直接成本=产品核算的成本合计（M21）。

毛利=产品核算的毛利合计（M22）。

综合费用=综合费用表的合计（I14）。

折前利润=毛利–综合费用。

折旧=第 4 年经营表的计提折旧（F34）。

息前利润=折前利润–折旧。

财务支出=长贷还息+短贷还息合计+支付贴现费合计。

税前利润=息前利润–财务支出。

所得税，虽然税前利润为正，税前利润与利润留存之和为负，所得税为 0。

净利润=税前利润–所得税。

13.6.5.5　第 4 年资产负债表

左侧资产项：

现金，数据来自年末现金盘点（F38）；

在制品，数据来自图 3-13-43 第 4 年原料采购表，第 4 季度在制品成本（AB19）；

产品，数据来自图 3–13–37 第 4 年产品库存出库安排表，第 4 季度库存产品成本合计（AF19）；
流动资产合计为 1 025 万元；
土地建筑=购买厂房合计–出售厂房合计；
机器设备=（第 3 年机器设备+第 3 年的在建工程）–计提折旧；
在建工程，数据来自 4 个季度投资生产线合计；
固定资产合计=土地建筑+机器设备+在建工程；
固定资产合计为 1 180 万元；
资产合计，是流动资产加固定资产 2 205 万元。
右侧负债及所有者权益项：
长期负债，数据来自长期贷款；
股东资本，来自初始资金；
利润留存=第 3 年利润留存+第 3 年净利润；
年度净利润，数据来自利润表的净利润（L19）；
所有者权益=股东资本+年度净利润；
负债及所有者权益合计，为 2 205 万元；
资产=负债+所有者权益。资产负债表平衡。

13.7 飞达公司模拟经营方案（Ⅰ）第 5 年运营

13.7.1 第 5 年投资预算

观察图 3–13–46 第 5 年投资预算表，说明公司第 5 年投资策略，不进行其他投资活动，只为 12 条生产线租 3 个大厂房。

	A	B	C	D	E	F	G	H	I	J	K	L
129	投资预算表											
130	投资项目		第 5 年									
131			1季	2季	3季	4季		1季	2季	3季	4季	合计
132			数量	数量	数量	数量		金额	金额	金额	金额	
133	生产线	手工线						0	0	0	0	0
134		自动线						0	0	0	0	0
135		柔性线						0	0	0	0	0
136							合计	0	0	0	0	0
137		租赁线									0	0
138	厂房	买大厂房						0	0	0	0	0
139		买中厂房						0	0	0	0	0
140		买小厂房						0	0	0	0	0
141							小计	0	0	0	0	0
142		租大厂房	1	2				44	88	0	0	132
143		租中厂房						0	0	0	0	0
144		租小厂房						0	0	0	0	0
145							小计	44	88	0	0	132
146							合计	44	88	0	0	132
147	市场开发	本地									0	0
148		区域									0	0
149		国内									0	0
150		亚洲									0	0
151		国际									0	0
152							合计				0	0
153	产品开发	P1						0	0	0	0	0
154		P2						0	0	0	0	0
155		P3						0	0	0	0	0
156		P4						0	0	0	0	0
157							合计	0	0	0	0	0
158	认证	ISO9000									0	0
159		ISO14000									0	0
160							合计				0	0

图 3–13–46 第 5 年投资预算表

13.7.2 第 5 年广告、订单表

13.7.2.1 第 5 年广告投放表

根据大赛规则，理论上公司可以在本地、区域、国内、亚洲、国际所有市场上销售 P1、P2、P3、P4 产品。在进行广告投放之前，需要分析公司能够提供的产品数量。

由图 3-13-44 第 5 年产品库存表显示说明，第 5 年公司能够供应销售 P2、P3、P4 产品，数量分别是 4、20、8。

公司的广告投放策略，见图 3-13-47 第 5 年广告投放表。公司希望能够获得 1～2 张 P2 产品订单，7～8 张 P3 产品订单，3～4 张 P4 产品订单。希望能够销售出全部库存产品。

	A	B	C	D	E	F	G
26	第 5 年广告投放						
27	产品/市场	本地	区域	国内	亚洲	国际	合计
28	P1						0
29	P2			10	20	20	50
30	P3	20	30	40	50	50	190
31	P4				20	30	40	90
32	合计	20	30	70	100	110	330

图 3-13-47 第 5 年广告投放表

13.7.2.2 第 5 年订单登记表

假设公司参加第 5 年市场竞单会，获得 11 张订单。图 3-13-48 第 5 年订单登记表，将假设得到的订单，按产品分类进行登记。这样，公司在第 5 年可以销售 4 个 P2 产品，20 个 P3 产品，8 个 P4 产品。

	A	B	C	D	E	F	G	H	I	J	K	L	M
101	第 5 年订单登记												
102					P1								
103	订单号												合计
104	产品												
105	数量												0
106	交货期												
107	账期												
108	销售额												0
109													
110					P2								
111	订单号	P2501											合计
112	产品	P2											
113	数量	4											4
114	交货期												
115	账期	4											
116	销售额	280											280
117													
118					P3								
119	订单号	P3501	P3502	P3503	P3504	P3505	P3506	P3507					合计
120	产品	P3	P3	P3	P3	P3	P3	P3					
121	数量	2	3	3	4	3	2	3					20
122	交货期												
123	账期	2	4	2	3	4	3	2					
124	销售额	172	252	249	342	253	173	338					1779
125													
126					P4								
127	订单号	P4501	P4502	P4503									合计
128	产品	P4	P4	P4									
129	数量	2	3	3									8
130	交货期												
131	账期	2	3	4									
132	销售额	225	235	478									938

图 3-13-48 第 5 年订单登记表

13.7.2.3 第 5 年产品出库安排

图 3-13-49 第 5 年产品库存出库安排表显示：第 1 季度 P3 和 P4 产品分别有 3 个和 2 个

累计库存量,可以各安排 1 个订单,出售 3 个 P3 和 2 个 P4 产品;第 2 季度 P2 的累计库存量达不到订单的要求。P3、P4 有 5 个和 2 累计库存量,可以安排 2 个订单,出售 5 个 P3 产品,1 个订单出售 2 个 P4 产品;第 3 季度 P2、P3 和 P4 产品分别有 3、7、2 个累计库存量,P2 和 P4 达不到订单的数量要求,不安排产品出库销售,可以各安排 2 个订单,出售 7 个 P3 产品;第 4 季度 P2 有 4 个累计库存量,P3 有 5 个累计库存量,P4 产品各有 4 个累计库存量,可以各安排 1 个订单出售 4 个 P2,2 个订单出售 5 个 P3 和 1 个订单出售 P4 产品。

	A	B	C	D	E	F	G	H	I	J	K	L	M	N	O	P	Q	R	S	T	U	V	W	X	Y	Z	AA	AB	AC	AD	AE	AF
1					产品入库										累计库存				产品出库					期末库存				库存产品成本				
2				1季生产				2季生产				合计							原料	产品销售												
3			P1	P2	P3	P4	P1	P2	P3	P4	P1	P2	P3	P4	P1	P2	P3	P4	P1	P1	P2	P3	P4	P1	P2	P3	P4	P1	P2	P3	P4	合计
20	第五年	1季	2	1	1	2	0	0	2	0	2	1	3	2	4	1	3	2	2		3	2	2	1	0	0	0	40	30	0	0	70
21		2季	2	1	5	2	0	0	0	0	2	1	5	2	4	2	5	2	2		5	2	2	0	0	0	40	60	0	0	100	
22		3季	2	1	5	2	0	0	0	0	2	1	7	2	4	3	7	2	2			7		3	0	0	2	40	90	0	100	230
23		4季	2	1	5	2	0	0	0	0	2	1	5	2	4	4	5	4	2	4	5	4	2	0	0	0	0	40	0	0	0	40

图 3-13-49 第 5 年产品库存出库安排表

13.7.2.4 第 5 年交货排单表

图 3-13-50 第 5 年交货排单表。按账期,统计订单的交货排单状况。

	A	B	C	D	E	F	G	H	I	J	K	L	M	N	O	P	Q	R	S	T	U	V	W	X	Y
2			产品销售计划					0账期			1账期			2账期			3账期			4账期					
3			P1	P2	P3	P4		交单		合计	交单		合计	交单		合计	交单		合计	交单			合计		
76	第5年	1季交货	0	0	3	2	订单号							P4501						P3502					
77							产品							P4						P3					
78							数量							2						3					
79							交货期							0						4					
80							账期							2						4					
81							销售额			0			0	225		225			0	252			252		
82		2季交货	0	0	5	2	订单号				P3501	P3503		P4502											
83							产品				P3	P3		P4											
84							数量				2	3		2											
85							交货期				0	0		2											
86							账期				2	2		3											
87							销售额			0	172	249	421	235		235			0				0		
88		3季交货	0	0	7	0	订单号							P3504			P3505								
89							产品							P3			P3								
90							数量							4			3								
91							交货期							0			0								
92							账期							2			3								
93							销售额			0			0	342		342	253		253						
94		4季交货	0	4	5	4	订单号				P3507			P3506						P2501	P4503				
95							产品				P3			P3						P2	P4				
96							数量				3			2						4	4				
97							交货期				0			0						0	0				
98							账期				2			3						4	4				
99							销售额			0	338		338	173		173				280	478		758		

图 3-13-50 第 5 年交货排单表

13.7.3 第 5 年财务费用计算表

13.7.3.1 第 5 年应收账款表

图 3-13-51 第 5 年应收账款表,交货账款的数据来自图 3-13-50 第 5 年交货排单表的各账期的销售额合计。表中各数据,按在第 2 年应收账款表中说明的方法计算。按第 5 年经营状况,各季度资金缺口和各季度、各账期累计应收账款的数据,在各账期输入申请贴现的数量。这样,可以计算出第 5 年各季度的贴现费用。到第 5 年末会有 1 021 万元应收账款。

第 5 年应收账款表

		交货账款					现金到账	累计应收账款				申请贴现				期末应收账款				贴现费用		
	交货	0账期	1账期	2账期	3账期	4账期	合计	总计	到账	1账期	2账期	3账期	4账期	1账期	2账期	3账期	4账期	合计	1账期	2账期	3账期	4账期	合计	1,2期费用	3,4期费用	费用合计
第4年 1季		0	230	0	285	515		50	95	530	540	285	90	530				620	5	0	540	285	830	620	62	0	62
2季		0	0	0	0	0		5	0	540	285	0		500				500		0	40	285	0	325	500	50	0	50
3季		0	283	0	350	633	1941	0	40	568	0	350		480				480	40	88	0	350	478	480	48	0	48
4季		0	270	523	0	793		40	88	270	873	0		270	300			570	88	0	573	0	661	270	27	300	37	64
第5年 1季		0	225	0	252	477		88	0	798	0	252		790		170		960	0	8	0	82	90	790	79	170	21	100
2季		0	421	235	0	656		0	8	421	317	0		420	50			470	8	1	267	0	276	420	42	50	6	48
3季		0	0	342	253	595	2997	8	1	267	342	253		260		250		510	1	7	342	3	353	260	26	250	31	57
4季		0	338	173	758	1269		1	7	680	176	758		600				600	7	80	176	758	1021	600	60	0	60

图 3-13-51 第 5 年应收账款表

13.7.3.2 第 5 年贷款表

观察图 3-13-52 第 5 年贷款表，上年权益的数据来自图 3-13-45 第 4 年经营及财务报表（K35）。这样第 5 年贷款额度为 1 323 万元。由于第 5 年贷款余额是 1 800 万元，因此，第 5 年不能再申请新的贷款。第 5 年需要付长贷利息 180 万元。

	贷款类	1年				2年				3年				4年				5年				6年			
		1	2	3	4	1	2	3	4	1	2	3	4	1	2	3	4	1	2	3	4	1	2	3	4
短贷	借																								
	还本					0	0	0	0	0	0	0	0	0	0	0	0	0	0	0	0	0	0	0	0
	付息																								
	余额	0	0	0	0																				
长贷	借	1800																							
	还本																	1800							
	余额	1800				1800				1800				1800				1800							
	付息					180				180				180				180				180			
	上年权益	600				282				263				450				405							
	贷款额度	1800				846				789				1350				1215				0			
	贷款余额	1800				1800				1800				1800				1800				0			

图 3-13-52 第 5 年贷款表

13.7.3.3 第 5 年维修折旧表

第 5 年共有 12 条生产线投入运营。根据大赛规则，12 条生产线都需要支付维修费，共计 210 万元（2×5+9×20+1×20）。8 条生产线需要计算折旧费 210 万元（2×10+5×30+1×40）。

		维修费				折旧费			
		手工线	自动线	柔性线	金额	手工线	自动线	柔性线	金额
	第一年	2			10				0
	第二年	2	5	1	130	2			20
	第三年	2	5	1	130	2	5	1	210
	第四年	2	5	1	130	2	5	1	210
	第五年	2	9	1	210	2	5	1	210
	第六年								

图 3-13-53 第 5 年维修折旧表

13.7.4 第 6 年生产预安排表

13.7.4.1 第 6 年生产预安排表

公司第 6 年共有 12 条生产线投入运营。公司的生产运营策略不变。从图 3-13-54 第 6 年生产预安排表，可以看出：有 1 条柔性线和 3 条自动线配合生产 P4 产品；1 条自动线生产 P2 产品；5 条自动线生产 P3 产品；2 条手工线生产 P3 产品。

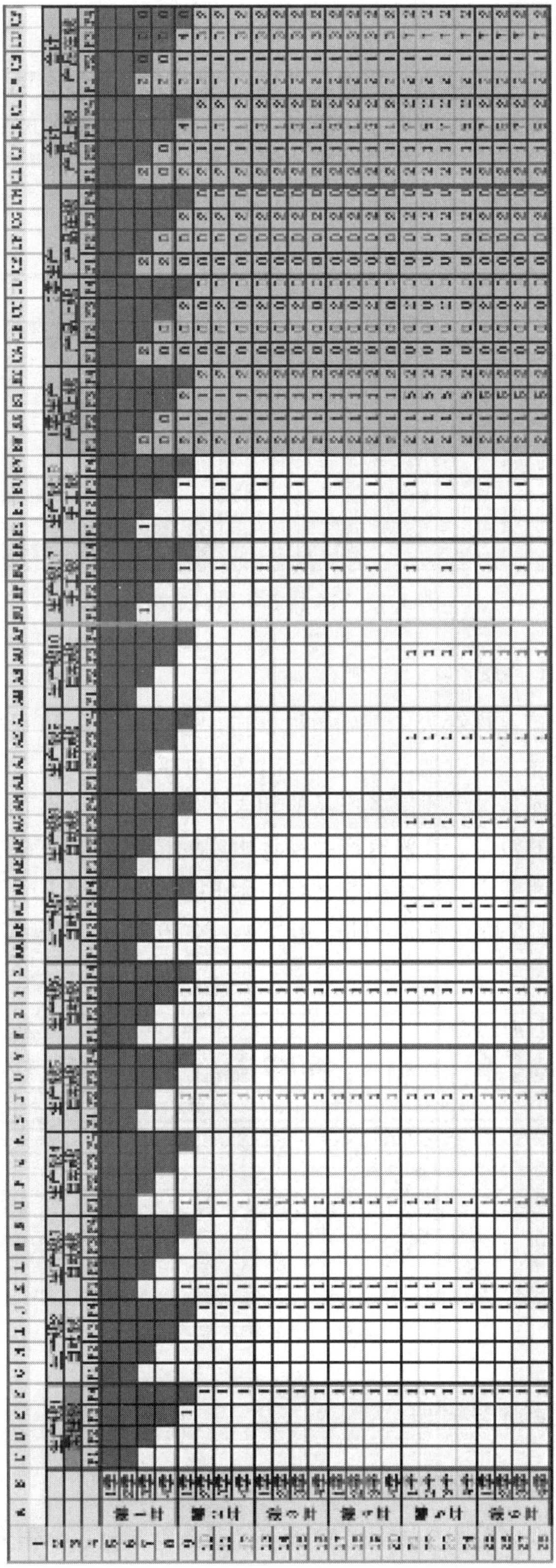

图3-13-54 第6年生产预安排表

13.7.4.2 第 5 年原料采购表

图 3-13-55 第 5 年原料采购表，基础数据来自图 3-13-54 第 5 年生产安排和第 6 年生产预安排。根据产品上线的数据可以推导出第 5 年各产品生产所需要的各种原料的数量；根据各季度各种原料的需要量，可以推算出各种原料各季度的采购下单数量；根据各季度各产品上线数据和各原料需要量，可以推算出各季度原料费用和加工费用；根据产品在线的数据可以计算出在制品的成本。

	A	B	C	D	E	F	G	H	I	J	K	L	M	N	O	P	Q	R	S	T	U	V	W	X	Y	Z	AA	AB	AC	AD	AE	AF
1			合计				原料需求														原料采购				生产现金需求			在制品	合计			
2			产品上线				P1			P2			P3			P4			合计		下订单				原料费	加工费	合计	成本	产品在线			
3			P1	P2	P3	P4	R1	R2	R3	R1	R2	R3	R1	R2	R3	R1	R2	R3	R1	R2	R3	R4	P1	R1	R2	R3	R4			P1	P2	P3	P4
20	第5年	1季	2	1	7	2	2	1	1	7	7	2	2	2	9	3	10	7		7	3	10	7	290	120	410	450	2	1	7	2
21		2季	2	1	5	2	2	1	1	5	5	2	2	2	7	3	8	5		9	3	8	5	230	100	330	450	2	1	7	2
22		3季	2	1	7	2	2	1	1	7	7	2	2	2	9	3	10	7		7	3	10	7	290	120	410	450	2	1	7	2
23		4季	2	1	5	2	2	1	1	5	5	2	2	2	7	3	8	5		9	3	8	5	230	100	330	450	2	1	7	2
24	第6年	1季	2	1	7	2	2	1	1	7	7	2	2	2	9	3	10	7		7	3	10	7	290	120	410	450	2	1	7	2
25		2季	2	1	5	2	2	1	1	5	5	2	2	2	7	3	8	5		9	3	8	5	230	100	330	450	2	1	7	2
26		3季	2	1	7	2	2	1	1	7	7	2	2	2	9	3	10	7	2	7	3			290	120	410	450				
27		4季	2	1	5	2	2	1	1	5	5	2	2	2	7	3	8	5						230	100	330	450	2	1	7	2

图 3-13-55　第 5 年原料采购表

13.7.4.3 第 6 年产品库存表

图 3-13-56 第 6 年产品库存表，基础数据来自，图 3-13-54 第 6 年生产预安排表，由 1 季生产和 2 季生产的产品上线数据，可以推导出图 3-13-54 的产品入库数据。在图 3-13-54 中，各季度各种产品入库量加上季度各产品的期末库存量，得到各季度累计库存量，是各季度能够供应的各种产品的数量。在没有产品销售出库的情况下，第 6 年第 4 季度的期末库存量就是各种产品第 6 年能够销售的产品数量。由于 P1 产品要与 P4 产品配合，因此，第 6 年可以销售的 P2、P3、P4 产品的数量分别是 4、24、8。在第 5 年竞单会，要特别注意不能超过提供的数量。

	A	B	C	D	E	F	G	H	I	J	K	L	M	N	O	P	Q	R	S	T	U	V	W	X	Y	Z	AA	AB	AC	AD	AE	AF
1					产品入库										累计库存				产品出库						期末库存				库存产品成本			
2			1季生产				2季生产				合计								原料	产品销售												
3			P1	P2	P3	P4	P1	P2	P3	P4	P1	P2	P3	P4	P1	P2	P3	P4		P1	P2	P3	P4		P1	P2	P3	P4	P1	P2	P3	P4	合计
20	第五年	1季	2	1	1	2	0	0	2	0	2	1	3	2	4	1	3	2	2		3	2	2	1	0	0	40	30	0	0	70
21		2季	2	1	5	2	0	0	0	0	2	1	5	2	4	2	5	2	2		5	2	2	2	0	0	40	60	0	0	100
22		3季	2	1	7	2	0	0	0	0	2	1	7	2	4	3	7	2	2		7		2	3	0	2	40	90	0	100	230
23		4季	2	1	5	2	0	0	0	0	2	1	5	2	4	4	5	4	2	4	5	4	2	0	0	0	40	0	0	0	40
24	第六年	1季	2	1	7	2	0	0	0	0	2	1	7	2	4	1	7	2	2		1	7	2	2	1	7	40	30	280	100	450
25		2季	2	1	5	2	0	0	0	0	2	1	5	2	4	2	12	4	2		2	12	4	2	2	12	40	60	480	200	780
26		3季	2	1	7	2	0	0	0	0	2	1	7	2	4	3	19	6	2		3	19	6	2	3	19	40	90	760	300	1190
27		4季	2	1	5	2	0	0	0	0	2	1	5	2	4	4	24	8	2		4	24	8	2	4	24	40	120	960	400	1520

图 3-13-56　第 6 年产品库存表

13.7.5 第 5 年经营及财务报表

13.7.5.1 第 5 年经营及现金流量表

年初现金盘点，数据来自图 3-13-45 第 4 年经营及财务报表，年末现金盘点（F38）。

广告费、订单，数据来自图 3-13-47 第 5 年广告投放表合计（G32）。

支付税，数据来自图 3-13-45 第 4 年经营及财务报表，资产负债表应交税金（K28）。

长贷还息，数据来自图 3-13-52 第 5 年贷款表，长贷付息（S12）。

长贷还本，数据来自图 3-13-52 第 5 年贷款表，长贷还本（S10）。

申请长贷，数据来自图 3-13-52 第 5 年贷款表，借长贷（S9）。

申请贴现，各季度数据来自图 3-13-51 第 5 年应收账款表，各季度申请贴现合计（S15:S18）。

季初现金盘点，第 1 季度：季初现金盘点=（年初现金盘点+申请长贷+申请贴现）-（广告费+税+长贷还息+长贷还本）。

其他各季度，季初现金盘点=上季度期末现金对账+本季申请贴现。

短贷还息，数据来自图 3-13-52 第 5 年贷款表，各季度短贷付息（S6:V6）。

短贷还本，数据来自图 3-13-52 第 5 年贷款表，各季度短贷还本（S5:V5）。

申请短贷，数据来自图 3-13-52 第 5 年贷款表，各季度借短贷（S4:V4）。

原料入库，数据来自图 3-13-55 第 5 年原料采购表，第 4 年各季度原料费（Y20:Y23）。

图 3-13-57 第 5 年经营及财务报表

出售厂房，是需要输入的决策数据。在相应的季度输入出售厂房的价值，同时在图 3-13-50 第 5 年交货排单表中相应季度 4 账期，输入厂房的价值，进行应收账款的计算。

购买厂房，数据来自图 3-13-46 第 5 年投资预算表，各季度购买厂房小计（H141:K141）。

租厂房，数据来自图 3-13-46 第 5 年投资预算表，各季度租厂房小计（H145:K145）。

投资生产线，数据来自图 3-13-46 第 5 年投资预算表，各季度投资生产线合计（H136:K136）。

租赁线，数据来自图 3-13-46 第 5 年投资预算表，第 4 季度租赁线费用（K137）。

变卖生产线和生产线转产是需要输入的决策信息，需要根据具体情况进行测算。

加工费，数据来自图 3-13-55 第 5 年原料采购表，第 5 年各季度加工费（Z20:Z23）。

应收款收现，数据来自图 3-13-51 第 5 年应收账款表，各季度现金到账（J15:J18）。

产品研发，数据来自图 3-13-46 第 5 年投资预算表，各季度产品研发合计（H157:K157）。

管理费用，数据来自大赛规则，各季度 10 万元。

出售原料和产品收入，是指紧急出售的特殊业务，模拟方案时一般不要出现该种状况。

支付贴现费，数据来自图 3-13-51 第 5 年应收账款表，各季度贴现费用合计（AC15:AC18）。

各季度现金收入合计=季初现金盘点+申请短贷+应收款收现。

各季度现金支出合计=短贷还息+短贷还本+原料入库+购买厂房+租厂房+投资生产线+租赁线+加工费+产品研发+管理费+支付贴现费。

各季度期末现金对账=现金收入合计–现金支出合计。

维修费，数据来自图 3-13-53 第 5 年维修折旧表，维修费（E8）。

计提折旧，数据来自图 3-13-53 第 5 年维修折旧表，折旧费（I8）。

市场开拓，数据来自图 3-13-46 第 5 年投资预算表，市场开发合计（K152）。

ISO 认证，数据来自图 3-13-46 第 5 年投资预算表，ISO 认证合计（K160）。

年末现金盘点=第 4 季度期末现金对账–（维修费+市场开拓+ISO 认证）。

13.7.5.2　第 5 年综合费用表

管理费，是 4 个季度管理费的合计。

维修费，是第 4 季度维修费和租赁线的合计。

租金，是 4 个季度厂房租金的合计。

市场开拓数据来自第 4 季度市场开拓费。

产品研发费，是 4 个季度产品研发的合计。

ISO 认证，数据来自第 4 季度 ISO 认证费用。

第 5 年综合费用合计 722 万元。

13.7.5.3　第 5 年产品核算

各产品数量和销售额数据来自图 3-13-48 第 5 年订单登记。

各产品成本=数量×单位成本。

各产品毛利=销售额–成本。

统计销售额合计、成本合计、毛利合计。

13.7.5.4　第 5 年利润表

销售收入=产品核算的销售额合计（M20）。

直接成本=产品核算的成本合计（M21）。

毛利=产品核算的毛利合计（M22）。

综合费用=综合费用表的合计（I14）。

折前利润=毛利–综合费用。

折旧=第 5 年经营表的计提折旧（F34）。
息前利润=折前利润−折旧。
财务支出=长贷还息+短贷还息合计+支付贴现费合计。
税前利润=息前利润−财务支出。
所得税，由于税前利润为正，税前利润与利润留存之和为正，所得税为 38。
净利润=税前利润−所得税。

13.7.5.5　第 5 年资产负债表

左侧资产项：
现金，数据来自年末现金盘点（F38）；
在制品，数据来自图 3-13-55 第 5 年原料采购表，第 4 季度在制品成本（AB23）；
产品，数据来自图 3-13-49 第 5 年产品库存出库安排表，第 4 季度库存产品成本合计（AF23）；
流动资产合计为 1 535 万元；
土地建筑=购买厂房合计−出售厂房合计；
机器设备=（第 4 年机器设备+第 4 年的在建工程）−计提折旧；
在建工程，数据来自 4 个季度投资生产线合计；
固定资产合计=土地建筑+机器设备+在建工程；
固定资产合计为 970 万元；
资产合计，是流动资产加固定资产 2 505 万元；
右侧负债及所有者权益项：
长期负债，数据来自长期贷款；
股东资本，来自初始资金；
利润留存=第 4 年利润留存+第 4 年净利润；
年度净利润，数据来自利润表的净利润（L19）；
所有者权益=股东资本+年度净利润；
负债及所有者权益合计，为 2 505 万元；
资产=负债+所有者权益。资产负债表平衡。

13.8　飞达公司模拟经营方案（Ⅰ）第 6 年运营

13.8.1　第 6 年投资预算

观察图 3-13-58 第 6 年投资预算表，说明公司第 6 年投资策略，不进行其他投资活动，只为 12 条生产线租 3 个大厂房。

13.8.2　第 6 年广告、订单表

13.8.2.1　第 6 年广告投放表

根据大赛规则，理论上公司可以在本地、区域、国内、亚洲、国际所有市场上销售 P1、

P2、P3、P4 产品。在进行广告投放之前，需要分析公司能够提供的产品数量。

由图 3–13–56 第 6 年产品库存表显示说明，第 6 年公司能够供应销售 P2、P3、P4 产品，数量分别是 4、24、8。

公司的广告投放策略，见图 3–13–59 第 6 年广告投放表。公司希望能够获得 1～2 张 P2 产品订单，8～9 张 P3 产品订单，3～4 张 P4 产品订单。希望能够销售出全部库存产品。

	A	B	C	D	E	F	G	H	I	J	K	L
161	投资预算表											
162	投资项目		第 6 年									
163			1季	2季	3季	4季		1季	2季	3季	4季	合计
164			数量	数量	数量	数量		金额	金额	金额	金额	
165	生产线	手工线						0	0	0	0	0
166		自动线						0	0	0	0	0
167		柔性线						0	0	0	0	0
168							合计	0	0	0	0	0
169		租赁线									0	0
170	厂房	买大厂房						0	0	0	0	0
171		买中厂房						0	0	0	0	0
172		买小厂房						0	0	0	0	0
173							小计	0	0	0	0	0
174		租大厂房	1	2				44	88	0	0	132
175		租中厂房						0	0	0	0	0
176		租小厂房						0	0	0	0	0
177							小计	44	88	0	0	132
178							合计	44	88	0	0	132
179	市场开发	本地									0	0
180		区域									0	0
181		国内									0	0
182		亚洲									0	0
183		国际									0	0
184							合计				0	0
185	产品开发	P1						0	0	0	0	0
186		P2						0	0	0	0	0
187		P3						0	0	0	0	0
188		P4						0	0	0	0	0
189							合计	0	0	0	0	0
190	认证	ISO9000									0	0
191		ISO14000									0	0
192							合计				0	

图 3–13–58 第 6 年投资预算表

	A	B	C	D	E	F	G
34	第 6 年广告投放						
35	产品/市场	本地	区域	国内	亚洲	国际	合计
36	P1						0
37	P2	20	10	30			60
38	P3	50	30	40	50	30	200
39	P4			30	20	40	90
40	合计	70	40	100	70	70	350

图 3–13–59 第 6 年广告投放表

13.8.2.2 第 6 年订单登记表

假设公司参加第 6 年市场竞单会，获得 13 张订单。图 3–13–60 第 6 年订单登记表，将假设得到的订单，按产品分类进行登记。这样，公司在第 6 年可以销售 4 个 P2 产品，24 个 P3 产品，8 个 P4 产品。

	A	B	C	D	E	F	G	H	I	J	K	L	M
134					第 6 年订单登记								
135						P1							
136	订单号												合计
137	产品												
138	数量												0
139	交货期												
140	账期												
141	销售额												0
142													
143						P2							
144	订单号	P2601	P2602										合计
145	产品	P2	P2										
146	数量	3	1										4
147	交货期												
148	账期	4	4										
149	销售额	210	73										283
150													
151						P3							
152	订单号	P3601	P3602	P3603	P3604	P3605	P3606	P3607	P3608				合计
153	产品	P3	P3	P3	P3	P3	P3	P3	P3				
154	数量	2	3	3	3	3	4	4	2				24
155	交货期												
156	账期	1	3	4	2	3	4	3	2				
157	销售额	180	241	243	243	168	240	340	338				1993
158													
159						P4							
160	订单号			P4601	P4602	P4603							合计
161	产品			P4	P4	P4							
162	数量			2	2	4							8
163	交货期												
164	账期			2	3	4							
165	销售额			243	246	490							979

图 3-13-60　第 6 年订单登记表

13.8.2.3　第 6 年产品出库安排

图 3-13-61 第 6 年产品库存出库安排表显示：第 1 季度 P2、P3、P4 产品分别有 1、7、2 个累计库存量，可以各安排出售 1 个 P2，7 个 P3 和 2 个 P4 产品的订单出库；第 2 季度 P2 的累计库存量达不到订单的要求。P3、P4 有 5 个和 2 个累计库存量，可以安排 2 个订单，出售 5 个 P3 产品，1 个订单出售 2 个 P4 产品；第 3 季度 P2、P3、P4 产品分别有 2、7、2 个累计库存量，P2 和 P4 达不到订单的数量要求，不安排产品出库销售，可以各安排 2 个订单，出售 7 个 P3 产品；第 4 季度 P2 有 3 个累计库存量，P3 有 5 个累计库存量，P4 产品有 4 个累计库存量，可以各安排出售 3 个 P2，5 个 P3 和 2 个 P4 产品订单出库。

	A	B	C	D	E	F	G	H	I	J	K	L	M	N	O	P	Q	R	S	T	U	V	W	X	Y	Z	AA	AB	AC	AD	AE	AF
1						产品入库							累计库存				产品出库							期末库存				库存产品成本				
2				1季生产			2季生产			合计							原料	产品销售														
3			P1	P2	P3	P4	P1	P2	P3	P4	P1	P2	P3	P4	P1	P2	P3	P4	P1	P2	P3	P4	P1	P2	P3	P4	P1	P2	P3	P4	合计
24	第六年	1季	2	1	5	2	0	0	2	0	2	1	7	2	4	1	7	2	2		1	7	2	2	0	0	0	40	0	0	0	40
25		2季	2	1	5	2	0	0	0	0	2	1	5	2	4	1	5	2			5	2	2	1	0	0	40	30	0	0	70	
26		3季	2	1	5	2	0	0	2	0	2	1	7	2	4	2	7	2	2			7		2	0	0	0	40	60	0	100	200
27		4季	2	1	5	2	0	0	0	0	2	1	5	2	4	3	5	4	2		3	5	2	2	0	0	0	40	0	0	0	40

图 3-13-61　第 6 年产品库存出库安排表

13.8.2.4　第 6 年交货排单表

图 3-13-62 第 6 年交货排单表。按账期，统计订单的交货排单状况。

图 3-13-62 第6年交货排单表

		P1	P2	P3	P4		0账期 交单	0账期 合计	1账期 交单	1账期 合计	2账期 交单			2账期 合计	3账期 交单			3账期 合计	4账期 交单			4账期 合计
						订单号					P3608	P4601							P2602	P3606		
	1季交货	0	1	7	2	产品					P3	P4							P2	P3		
						数量					4	2							1	3		
						交货期					0	0							0	0		
						账期					2	2							4	4		
						销售额		0		0	338	243		581				0	73	240		313
						订单号					P3605	P4602							P3603			
	2季交货	0	0	5	2	产品					P3	P4							P3			
第6年						数量					2	2							3			
						交货期					0	0							0			
						账期					3	3							4			
						销售额				0	168	246		414				243				243
						订单号					P3604				P3607							
	3季交货	0	0	7	0	产品					P3				P3							
						数量					3				4							
						交货期					0				0							
						账期					2				3							
						销售额		0		0	243			243	340			340				0
						订单号		P3601			P3602								P2601	P4603		
	4季交货	0	3	5	4	产品		P3			P3								P2	P4		
						数量		2			3								3	4		
						交货期		0			0								0	0		
						账期		1			3								4	4		
						销售额	0	180		180	0			241				241	210	490		700

图 3-13-62 第6年交货排单表

13.8.3 第6年财务费用计算表

13.8.3.1 第6年应收账款表

图 3-13-63 第6年应收账款表，交货账款的数据来自图 3-13-62 第6年交货排单表的各账期的销售额合计。表中各数据，按在第2年应收账款表中说明的方法计算。按第6年经营状况，各季度资金缺口和各季度、各账期累计应收账款的数据，在各账期输入申请贴现的数量。这样，可以计算出第6年各季度的贴现费用。到第6年末会有1994万元应收账款。

		交货账款						现金到账	累计应收账款				申请贴现				期末应收账款				贴现费用			
	交货	0账期	1账期	2账期	3账期	4账期	合计	总计	到账	1账期	2账期	3账期	4账期	1账期	2账期	3账期	4账期	1账期	2账期	3账期	4账期	合计	1,2期费用	3,4期费用	费用合计
第5年	1季	0	225	0	252	0	477		158	0	778	0	252	770		130		900	0	8	0	122	130	770	77	130	18	93
	2季	0	0	421	235	0	656	2997	0	8	421	357	0	420	50			470	8	1	307	0	316	420	42	50	6	48
	3季	0	0	342	253	0	595		8	1	307	342	253	300		170		470	1	7	342	83	433	300	30	170	21	51
	4季	0	338	173	758	0	1269		1	7	680	256	758	620				620	7	60	256	758	1081	620	62	0	62
第6年	1季	0	581	0	313	0	894		7	60	837	758	313	60	830	750	310	1950	0	8	8	0	18	890	89	1060	132	221
	2季	0	0	414	243	0	657	3255	0	7	8	417	243	0				0	7	8	417	243	675	0	0	0	0
	3季	0	0	243	340	0	583		7	8	660	583	0	0				0	8	660	583	0	1251	0	0	0	0
	4季	0	180	0	241	700	1121		8	840	583	241	700	370				370	840	213	241	700	1994	370	37	0	37

图 3-13-63 第6年应收账款表

13.8.3.2 第6年贷款表

观察图 3-13-64 第6年贷款表，上年权益的数据来自图 3-13-57 第5年经营及财务报表（K35）。这样第6年贷款额度为2037万元。第6年还长贷1800万元，付长贷利息180万元，申请长贷2000万元。

实训13 构造ERP沙盘模拟经营方案管理器

		A	B	C	D	E	F	G	H	I	J	K	L	M	N	O	P	Q	R	S	T	U	V	W	X	Y	Z
2	贷款类		1年				2年				3年				4年				5年				6年			
3			1	2	3	4	1	2	3	4	1	2	3	4	1	2	3	4	1	2	3	4	1	2	3	4
4	短贷	借																								
5		还本					0	0	0	0	0	0	0	0	0	0	0	0	0	0	0	0	0	0	0	0
6		付息					0	0	0	0	0	0	0	0	0	0	0	0	0	0	0	0	0	0	0	0
7		余额	0	0	0	0	0	0	0	0	0	0	0	0	0	0	0	0	0	0	0	0	0	0	0	0
8																											
9	长贷	借	1800																					2000			
10		还本																									1800
11		余额	1800				1800				1800				1800				1800				2000			
12		付息					180				180				180				180				180			
13	上年权益		600				282				263				450				405				679			
14	贷款额度		1800				846				789				1350				1215				2037			
15	贷款余额		1800				1800				1800				1800				1800				2000			

图 3–13–64 第 6 年贷款表

13.8.3.3 第 6 年维修折旧表

图 3–13–65 第 6 年维修折旧表显示，第 6 年共有 12 条生产线投入运营。根据大赛规则，12 条生产线都需要支付维修费，共计 210 万元（2×5+9×20+1×20）。12 条生产线需要计算折旧费共计 330 万元（2×10+9×30+1×40）。

	A	B	C	D	E	F	G	H	I
1		维修费				折旧费			
2		手工线	自动线	柔性线	金额	手工线	自动线	柔性线	金额
3									
4	第一年	2			10				0
5	第二年	2	5	1	130	2			20
6	第三年	2	5	1	130	2	5	1	210
7	第四年	2	5	1	130	2	5	1	210
8	第五年	2	9	1	210	2	5	1	210
9	第六年	2	9	1	210	2	9	1	330

图 3–13–65 第 6 年维修折旧表

13.8.4 第 6 年经营及财务报表

13.8.4.1 第 6 年经营及现金流量表

年初现金盘点，数据来自图 3–13–57 第 5 年经营及财务报表，年末现金盘点（F38）。
广告费、订单，数据来自图 3–13–59 第 6 年广告投放表合计（G40）。
支付税，数据来自图 3–13–57 第 5 年经营及财务报表，资产负债表应交税金（K28）。
长贷还息，数据来自图 3–13–64 第 6 年贷款表，长贷付息（W12）。
长贷还本，数据来自图 3–13–64 第 6 年贷款表，长贷还本（W10）。
申请长贷，数据来自图 3–13–64 第 6 年贷款表，借长贷（W9）。
申请贴现，各季度数据来自图 3–13–63 第 6 年应收账款表，各季度申请贴现合计（S19:S22）。

季初现金盘点，第 1 季度：季初现金盘点=（年初现金盘点+申请长贷+申请贴现）−（广告费+税+长贷还息+长贷还本）。

其他各季度，季初现金盘点=上季度期末现金对账+本季申请贴现。

短贷还息，数据来自图 3-13-64 第 6 年贷款表，各季度短贷付息（W6:Z6）。

短贷还本，数据来自图 3-13-64 第 6 年贷款表，各季度短贷还本（W5:Z5）。

申请短贷，数据来自图 3-13-64 第 6 年贷款表，各季度借短贷（W4:Z4）。

原料入库，数据来自图 3-13-55 第 6 年各季度原料费（Y24:Y27）。

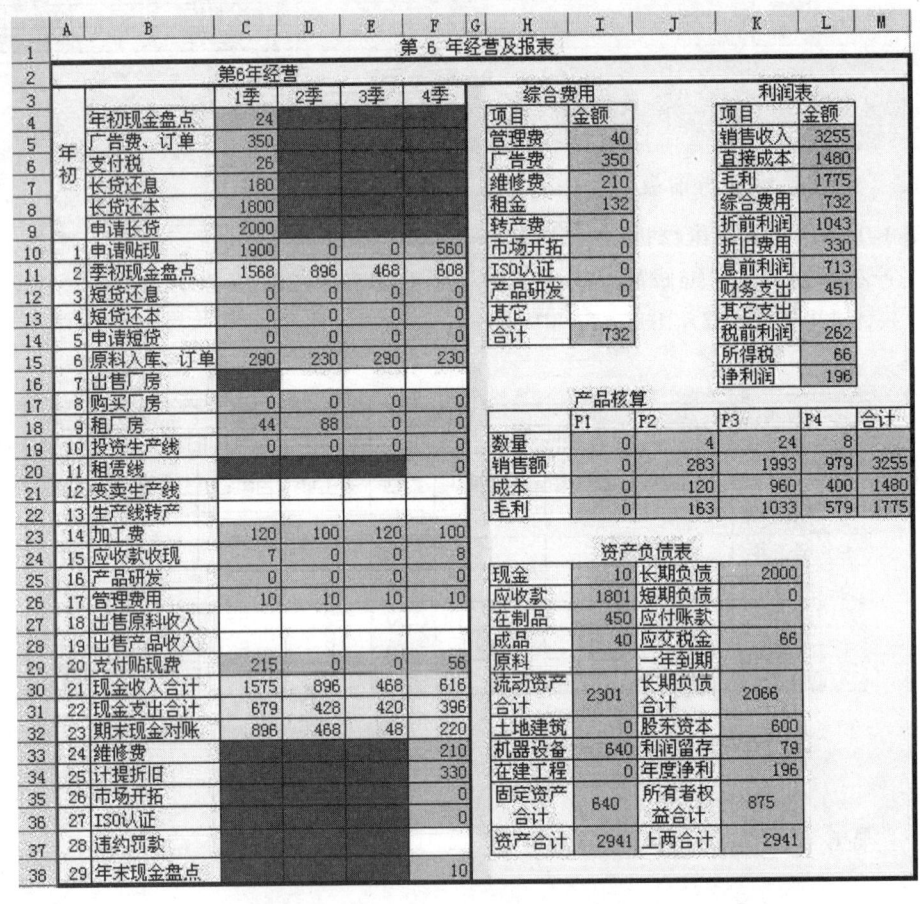

图 3-13-66　第 6 年经营及财务报表

出售厂房，是需要输入的决策数据。在相应的季度输入出售厂房的价值，同时在图 3-13-62 第 6 年交货排单表中相应季度 4 账期，输入厂房的价值，进行应收账款的计算。

购买厂房，数据来自图 3-13-58 第 6 年投资预算表，各季度购买厂房小计（H173:K173）。

租厂房，数据来自图 3-13-58 第 6 年投资预算表，各季度租厂房小计（H177:K177）。

投资生产线，数据来自图 3-13-58 第 6 年投资预算表，各季度投资生产线合计（H168:K168）。

租赁线，数据来自图 3-13-58 第 6 年投资预算表，第 4 季度租赁线费用（K169）。

变卖生产线和生产线转产是需要输入的决策信息，需要根据具体情况进行测算。

加工费，数据来自图 3-13-55 第 6 年各季度加工费（Z24:Z27）。
应收款收现，数据来自图 3-13-63 第 6 年应收账款表，各季度现金到账（J19:J22）。
产品研发，数据来自图 3-13-58 第 6 年投资预算表，各季度产品研发合计（H189:K189）。
管理费用，数据来自大赛规则，各季度 10 万元。
出售原料和产品收入，是指紧急出售的特殊业务，模拟方案时一般不要出现该种状况。
支付贴现费，数据来自图 3-13-63 第 6 年应收账款表，各季度贴现费用合计（AC19:AC22）。
各季度现金收入合计=季初现金盘点+申请短贷+应收款收现。
各季度现金支出合计=短贷还息+短贷还本+原料入库+购买厂房+租厂房+投资生产线+租赁线+加工费+产品研发+管理费+支付贴现费。
各季度期末现金对账=现金收入合计–现金支出合计。
维修费，数据来自图 3-13-65 第 6 年维修折旧表，维修费（E9）。
计提折旧，数据来自图 3-13-65 第 6 年维修折旧表，折旧费（I9）。
市场开拓，数据来自图 3-13-58 第 6 年投资预算表，市场开发合计（K184）。
ISO 认证，数据来自图 3-13-58 第 6 年投资预算表，ISO 认证合计（K184）。
年末现金盘点=第 4 季度期末现金对账–（维修费+市场开拓+ISO 认证）。

13.8.4.2 第 6 年综合费用表

管理费，是 4 个季度管理费的合计。维修费，是第 4 季度维修费和租赁线的合计。
租金，是 4 个季度厂房租金的合计。市场开拓数据来自第 4 季度市场开拓费。
产品研发费，是 4 个季度产品研发的合计。ISO 认证，数据来自第 4 季度 ISO 认证费用。
第 6 年综合费用合计 732 万元。

13.8.4.3 第 6 年产品核算

各产品数量和销售额数据来自图 3-13-60 第 6 年订单登记。
各产品成本=数量×单位成本。各产品毛利=销售额–成本。
统计销售额合计、成本合计、毛利合计。

13.8.4.4 第 6 年利润表

销售收入=产品核算的销售额合计（M20）。直接成本=产品核算的成本合计（M21）。
毛利=产品核算的毛利合计（M22）。综合费用=综合费用表的合计（I14）。
折前利润=毛利–综合费用。折旧=第 6 年经营表的计提折旧（F34）。
息前利润=折前利润–折旧。财务支出=长贷还息+短贷还息合计+支付贴现费合计。
税前利润=息前利润–财务支出。
所得税，由于税前利润为正，利润留存为正，计税金额 262，所得税为 66。
净利润=税前利润–所得税。

13.8.4.5 第 6 年资产负债表

左侧资产项：
现金，数据来自年末现金盘点（F38）；
在制品，数据来自图 3-13-55 第 6 年第 4 季度在制品成本（AB27）；
产品，数据来自图 3-13-61 第 6 年产品库存出库安排表，第 4 季度库存产品成本合计（AF27）；

流动资产合计为 2 301 万元；
土地建筑=购买厂房合计–出售厂房合计；
机器设备=（第 5 年机器设备+第 5 年的在建工程）–计提折旧；
在建工程，数据来自 4 个季度投资生产线合计；
固定资产合计=土地建筑+机器设备+在建工程；
固定资产合计为 640 万元；
资产合计，是流动资产加固定资产 2 941 万元；
右侧负债及所有者权益项：
长期负债，数据来自长期贷款。股东资本，来自初始资金；
利润留存=第 5 年利润留存+第 5 年净利润，年度净利润，数据来自利润表的净利润(L19)；
所有者权益=股东资本+年度净利润；
负债及所有者权益合计，为 2 941 万元；
资产=负债+所有者权益。资产负债表平衡。

13.8.5 总成绩

在图 3–13–67 总成绩计算表，输入综合发展潜力的各参数，可以计算出飞达公司方案(Ⅰ)的总成绩 2 406 分。

	A	B	C
2	总成绩	2406	
3	所有者权益	875	
4	综合发展潜力	175	
5	市场老大		
6	罚分		
7	项目	综合发展潜力	
8		数量	得分
9	自动线	9	72
10	柔性线	1	10
11	本地市场	1	7
12	区域市场	1	7
13	国内市场	1	8
14	亚洲市场	1	9
15	国际市场	1	10
16	ISO9000	1	8
17	ISO14000	1	10
18	P1产品	1	7
19	P2产品	1	8
20	P3产品	1	9
21	P4产品	1	10

图 3–13–67 总成绩计算表

13.9 实训报告：制定飞达公司模拟经营新方案

经过飞达公司模拟经营方案（Ⅰ）制定过程的学习，初步了解沙盘模拟经营方案管理器的整体框架结构和各部分的逻辑关系。

实训报告：制定飞达公司模拟经营新方案。要求各团队注意以下几点。

1. 对飞达公司模拟经营方案（Ⅰ）进行评价，分析该方案特点和风险，提出本团队的经营思路。

2. 利用图 3–13–68～图 3–13–98 的沙盘模拟经营方案管理器，制定飞达公司模拟经营新方案。

3. 写出模拟经营方案管理器各表格的计算公式和表格之间的逻辑关系。
4. 对飞达公司模拟经营新方案进行评价，提出继续优化的设想。

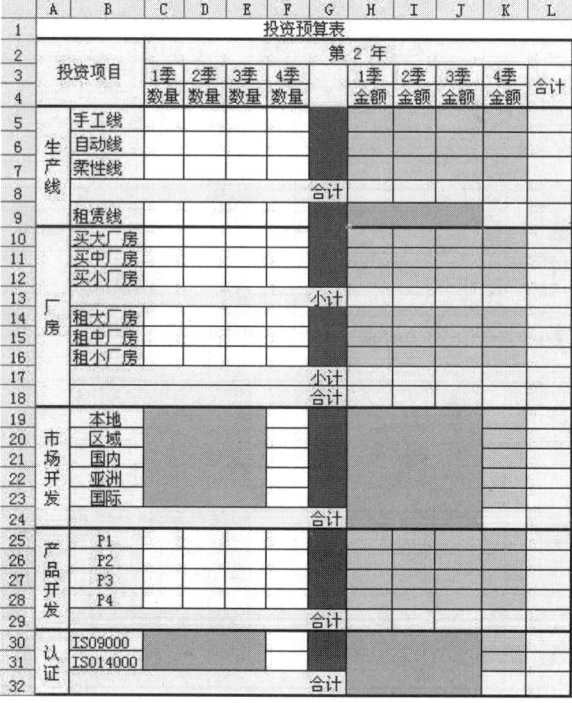

图 3-13-68　投资预算表（第 1 年）

图 3-13-69　投资预算表（第 2 年）

	A	B	C	D	E	F	G	H	I	J	K	L
1							投资预算表					
2								第 3 年				
3		投资项目	1季	2季	3季	4季		1季	2季	3季	4季	合计
4			数量	数量	数量	数量		金额	金额	金额	金额	
5	生产线	手工线										
6		自动线										
7		柔性线										
8							合计					
9		租赁线										
10	厂房	买大厂房										
11		买中厂房										
12		买小厂房										
13							小计					
14		租大厂房										
15		租中厂房										
16		租小厂房										
17							小计					
18							合计					
19	市场开发	本地										
20		区域										
21		国内										
22		亚洲										
23		国际										
24							合计					
25	产品开发	P1										
26		P2										
27		P3										
28		P4										
29							合计					
30	认证	ISO9000										
31		ISO14000										
32							合计					

图 3-13-70　投资预算表（第 3 年）

	A	B	C	D	E	F	G	H	I	J	K	L
1							投资预算表					
2								第 4 年				
3		投资项目	1季	2季	3季	4季		1季	2季	3季	4季	合计
4			数量	数量	数量	数量		金额	金额	金额	金额	
5	生产线	手工线										
6		自动线										
7		柔性线										
8							合计					
9		租赁线										
10	厂房	买大厂房										
11		买中厂房										
12		买小厂房										
13							小计					
14		租大厂房										
15		租中厂房										
16		租小厂房										
17							小计					
18							合计					
19	市场开发	本地										
20		区域										
21		国内										
22		亚洲										
23		国际										
24							合计					
25	产品开发	P1										
26		P2										
27		P3										
28		P4										
29							合计					
30	认证	ISO9000										
31		ISO14000										
32							合计					

图 3-13-71　投资预算表（第 4 年）

图 3-13-72 投资预算表（第 5 年）

	A	B	C	D	E	F	G	H	I	J	K	L
1							投资预算表					
2							第 5 年					
3	投资项目		1季	2季	3季	4季		1季	2季	3季	4季	合计
4			数量	数量	数量	数量		金额	金额	金额	金额	
5	生产线	手工线										
6		自动线										
7		柔性线										
8							合计					
9	厂房	租赁线										
10		买大厂房										
11		买中厂房										
12		买小厂房										
13							小计					
14		租大厂房										
15		租中厂房										
16		租小厂房										
17							小计					
18							合计					
19	市场开发	本地										
20		区域										
21		国内										
22		亚洲										
23		国际										
24							合计					
25	产品开发	P1										
26		P2										
27		P3										
28		P4										
29							合计					
30	认证	ISO9000										
31		ISO14000										
32							合计					

图 3-13-72 投资预算表（第 5 年）

	A	B	C	D	E	F	G	H	I	J	K	L
1							投资预算表					
2							第 6 年					
3	投资项目		1季	2季	3季	4季		1季	2季	3季	4季	合计
4			数量	数量	数量	数量		金额	金额	金额	金额	
5	生产线	手工线										
6		自动线										
7		柔性线										
8							合计					
9	厂房	租赁线										
10		买大厂房										
11		买中厂房										
12		买小厂房										
13							小计					
14		租大厂房										
15		租中厂房										
16		租小厂房										
17							小计					
18							合计					
19	市场开发	本地										
20		区域										
21		国内										
22		亚洲										
23		国际										
24							合计					
25	产品开发	P1										
26		P2										
27		P3										
28		P4										
29							合计					
30	认证	ISO9000										
31		ISO14000										
32							合计					

图 3-13-73 投资预算表（第 6 年）

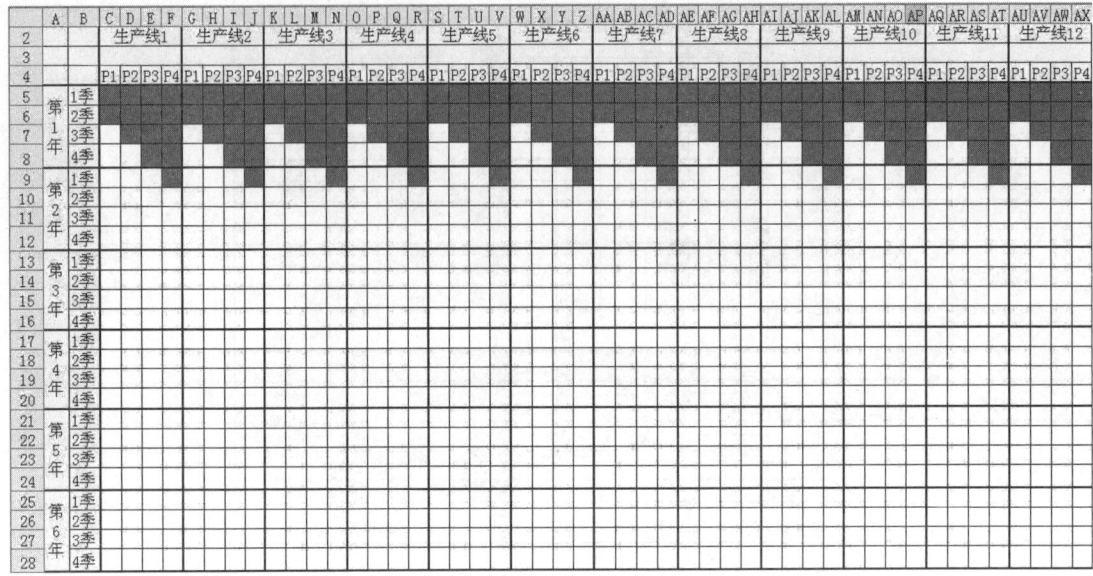

图 3-13-74 生产安排表（1）

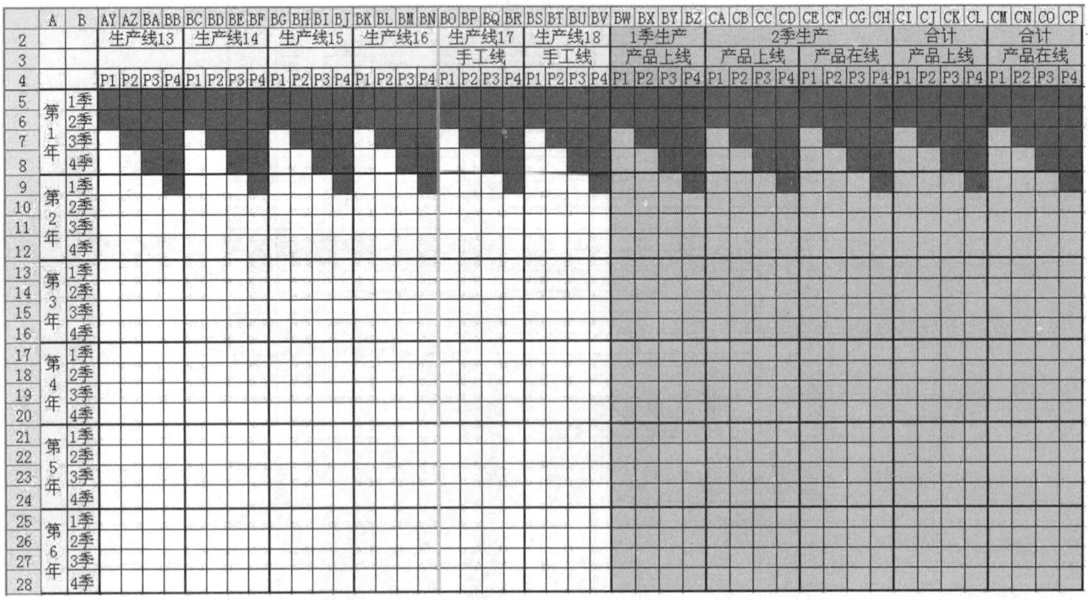

图 3-13-75 生产安排表（2）

图 3-13-76 原料采购表

图 3-13-77 产品库存表

	A	B	C	D	E	F	G
1			第2年广告投放				
2	产品/市场	本地	区域	国内	亚洲	国际	合计
3	P1						
4	P2						
5	P3						
6	P4						
7	合计						
8			第3年广告投放				
9	产品/市场	本地	区域	国内	亚洲	国际	合计
10	P1						
11	P2						
12	P3						
13	P4						
14	合计						
15			第4年广告投放				
16	产品/市场	本地	区域	国内	亚洲	国际	合计
17	P1						
18	P2						
19	P3						
20	P4						
21	合计						
22			第5年广告投放				
23	产品/市场	本地	区域	国内	亚洲	国际	合计
24	P1						
25	P2						
26	P3						
27	P4						
28	合计						
29			第6年广告投放				
30	产品/市场	本地	区域	国内	亚洲	国际	合计
31	P1						
32	P2						
33	P3						
34	P4						
35	合计						

图 3-13-78　广告投放表

	A	B	C	D	E	F	G	H	I	J	K	L	M
1						第2年订单登记							
2						P1							
3	订单号												合计
4	产品												
5	数量												
6	交货期												
7	账期												
8	销售额												
9													
10						P2							
11	订单号												合计
12	产品												
13	数量												
14	交货期												
15	账期												
16	销售额												
17													
18						P3							
19	订单号												合计
20	产品												
21	数量												
22	交货期												
23	账期												
24	销售额												
25													
26						P4							
27	订单号												合计
28	产品												
29	数量												
30	交货期												
31	账期												
32	销售额												

图 3-13-79　订单登记表（第2年）

	A	B	C	D	E	F	G	H	I	J	K	L	M
33						第 3 年订单登记							
34							P1						
35	订单号												合计
36	产品												
37	数量												
38	交货期												
39	账期												
40	销售额												
41													
42							P2						
43	订单号												合计
44	产品												
45	数量												
46	交货期												
47	账期												
48	销售额												
49													
50							P3						
51	订单号												合计
52	产品												
53	数量												
54	交货期												
55	账期												
56	销售额												
57							P4						
58	订单号												合计
59	产品												
60	数量												
61	交货期												
62	账期												
63	销售额												

图 3-13-80 订单登记表（第 3 年）

	A	B	C	D	E	F	G	H	I	J	K	L	M
64						第 4 年订单登记							
65							P1						
66	订单号												合计
67	产品												
68	数量												
69	交货期												
70	账期												
71	销售额												
72													
73							P2						
74	订单号												合计
75	产品												
76	数量												
77	交货期												
78	账期												
79	销售额												
80													
81							P3						
82	订单号												合计
83	产品												
84	数量												
85	交货期												
86	账期												
87	销售额												
88													
89							P4						
90	订单号												合计
91	产品												
92	数量												
93	交货期												
94	账期												
95	销售额												

图 3-13-81 订单登记表（第 4 年）

	A	B	C	D	E	F	G	H	I	J	K	L	M
96						第 5 年订单登记							
97							P1						
98	订单号												合计
99	产品												
100	数量												0
101	交货期												
102	账期												
103	销售额												0
104													
105							P2						
106	订单号												合计
107	产品												
108	数量												
109	交货期												
110	账期												
111	销售额												
112													
113							P3						
114	订单号												合计
115	产品												
116	数量												
117	交货期												
118	账期												
119	销售额												
120													
121							P4						
122	订单号												合计
123	产品												
124	数量												
125	交货期												
126	账期												
127	销售额												

图 3-13-82　订单登记表（第 5 年）

	A	B	C	D	E	F	G	H	I	J	K	L	M
128						第 6 年订单登记							
129							P1						
130	订单号												合计
131	产品												
132	数量												
133	交货期												
134	账期												
135	销售额												
136													
137							P2						
138	订单号												合计
139	产品												
140	数量												
141	交货期												
142	账期												
143	销售额												
144													
145							P3						
146	订单号												合计
147	产品												
148	数量												
149	交货期												
150	账期												
151	销售额												
152													
153							P4						
154	订单号												合计
155	产品												
156	数量												
157	交货期												
158	账期												
159	销售额												

图 3-13-83　订单登记表（第 6 年）

	A	B	C	D	E	F	G	H	I	J	K	L	M	N	O	P	Q	R	S	T	U	V	W	X	Y
2			产品销售计划					0账期			1账期			2账期				3账期				4账期			
3			P1	P2	P3	P4		交单		合计	交单		合计	交单			合计	交单			合计	交单			合计
4	第2年	1季交货					订单号																		
5							产品																		
6							数量																		
7							交货期																		
8							账期																		
9							销售额																		
10		2季交货					订单号																		
11							产品																		
12							数量																		
13							交货期																		
14							账期																		
15							销售额																		
16		3季交货					订单号																		
17							产品																		
18							数量																		
19							交货期																		
20							账期																		
21							销售额																		
22		4季交货					订单号																		
23							产品																		
24							数量																		
25							交货期																		
26							账期																		
27							销售额																		

图 3-13-84 交货排单（第2年）

	A	B	C	D	E	F	G	H	I	J	K	L	M	N	O	P	Q	R	S	T	U	V	W	X	Y
2			产品销售计划					0账期			1账期			2账期				3账期				4账期			
3			P1	P2	P3	P4		交单		合计	交单		合计	交单			合计	交单			合计	交单			合计
28	第3年	1季交货					订单号																		
29							产品																		
30							数量																		
31							交货期																		
32							账期																		
33							销售额																		
34		2季交货					订单号																		
35							产品																		
36							数量																		
37							交货期																		
38							账期																		
39							销售额																		
40		3季交货					订单号																		
41							产品																		
42							数量																		
43							交货期																		
44							账期																		
45							销售额																		
46		4季交货					订单号																		
47							产品																		
48							数量																		
49							交货期																		
50							账期																		
51							销售额																		

图 3-13-85 交货排单（第3年）

	A	B	C	D	E	F	G	H	I	J	K	L	M	N	O	P	Q	R	S	T	U	V	W	X	Y
2			产品销售计划					0账期			1账期			2账期			3账期			4账期					
3			P1	P2	P3	P4		交单		合计	交单		合计	交单		合计	交单		合计	交单			合计		
52	第4年	1季交货					订单号																		
53							产品																		
54							数量																		
55							交货期																		
56							账期																		
57							销售额																		
58		2季交货					订单号																		
59							产品																		
60							数量																		
61							交货期																		
62							账期																		
63							销售额																		
64		3季交货					订单号																		
65							产品																		
66							数量																		
67							交货期																		
68							账期																		
69							销售额																		
70		4季交货					订单号																		
71							产品																		
72							数量																		
73							交货期																		
74							账期																		
75							销售额																		

图 3-13-86 交货排单（第 4 年）

	A	B	C	D	E	F	G	H	I	J	K	L	M	N	O	P	Q	R	S	T	U	V	W	X	Y
2			产品销售计划					0账期			1账期			2账期			3账期			4账期					
3			P1	P2	P3	P4		交单		合计	交单		合计	交单		合计	交单		合计	交单			合计		
76	第5年	1季交货					订单号																		
77							产品																		
78							数量																		
79							交货期																		
80							账期																		
81							销售额																		
82		2季交货					订单号																		
83							产品																		
84							数量																		
85							交货期																		
86							账期																		
87							销售额																		
88		3季交货					订单号																		
89							产品																		
90							数量																		
91							交货期																		
92							账期																		
93							销售额																		
94		4季交货					订单号																		
95							产品																		
96							数量																		
97							交货期																		
98							账期																		
99							销售额																		

图 3-13-87 交货排单（第 5 年）

	A	B	C	D	E	F	G	H	I	J	K	L	M	N	O	P	Q	R	S	T	U	V	W	X	Y
2			产品销售计划					0账期			1账期			2账期			3账期			4账期					
3			P1	P2	P3	P4		交单		合计	交单		合计	交单		合计	交单		合计	交单			合计		
100	第6年	1季交货					订单号																		
101							产品																		
102							数量																		
103							交货期																		
104							账期																		
105							销售额																		
106		2季交货					订单号																		
107							产品																		
108							数量																		
109							交货期																		
110							账期																		
111							销售额																		
112		3季交货					订单号																		
113							产品																		
114							数量																		
115							交货期																		
116							账期																		
117							销售额																		
118		4季交货					订单号																		
119							产品																		
120							数量																		
121							交货期																		
122							账期																		
123							销售额																		

图 3-13-88 交货排单（第 6 年）

	A	B	C	D	E	F	G	H	I	J	K	L	M	N	O	P	Q	R	S	T	U	V	W	X	Y	Z	AA	AB	AC
1			交货账款						现金到账		累计应收账款					申请贴现					期末应收账款					贴现费用			
2		交货	1账期	2账期	3账期	4账期	合计	总计	到账	1账期	2账期	3账期	4账期	合计	1账期	2账期	3账期	4账期	合计	1账期	2账期	3账期	4账期	合计	1,2期	费用	3,4期	费用	费用合计
3	第2年	1季																											
4		2季																											
5		3季																											
6		4季																											
7	第3年	1季																											
8		2季																											
9		3季																											
10		4季																											
11	第4年	1季																											
12		2季																											
13		3季																											
14		4季																											
15	第5年	1季																											
16		2季																											
17		3季																											
18		4季																											
19	第6年	1季																											
20		2季																											
21		3季																											
22		4季																											

图 3-13-89 应收账款表

	A	B	C	D	E	F	G	H	I	J	K	L	M	N	O	P	Q	R	S	T	U	V	W	X	Y	Z
2	贷款类		1年				2年				3年				4年				5年				6年			
3			1	2	3	4	1	2	3	4	1	2	3	4	1	2	3	4	1	2	3	4	1	2	3	4
4	短贷	借																								
5		还本																								
6		付息																								
7		余额																								
8																										
9	长贷	借																								
10		还本																								
11		余额																								
12		付息																								
13	上年权益																									
14	贷款额度																									
15	贷款余额																									

图 3-13-90 贷款表

	A	B	C	D	E	F	G	H	I
1		维修费				折旧费			
2		手工线	自动线	柔性线	金额	手工线	自动线	柔性线	金额
3									
4	第一年								
5	第二年								
6	第三年								
7	第四年								
8	第五年								
9	第六年								

图 3-13-91　维修折旧表

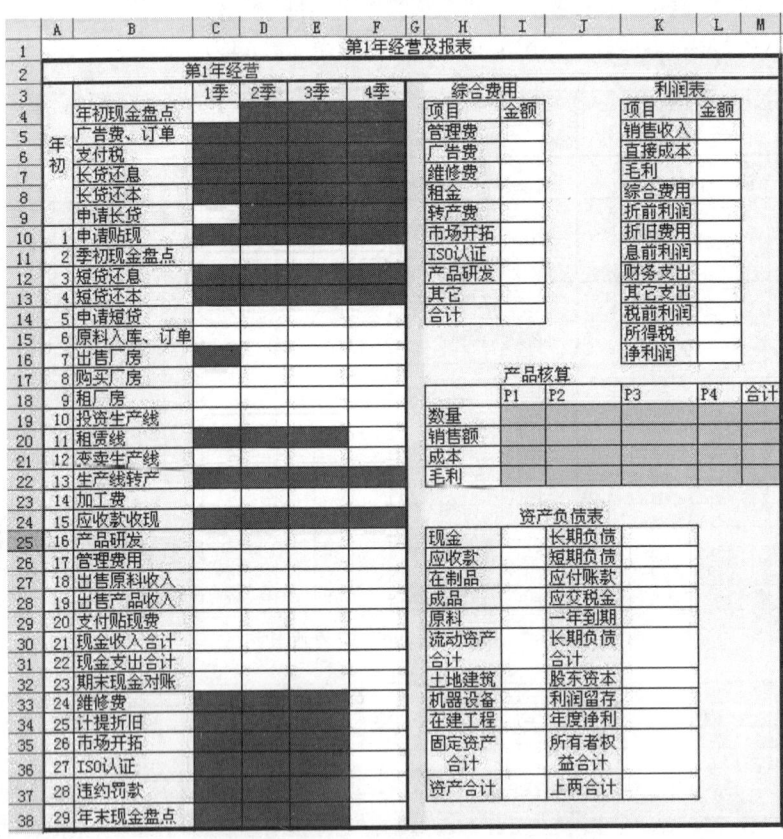

图 3-13-92　经营及财务报表（第 1 年）

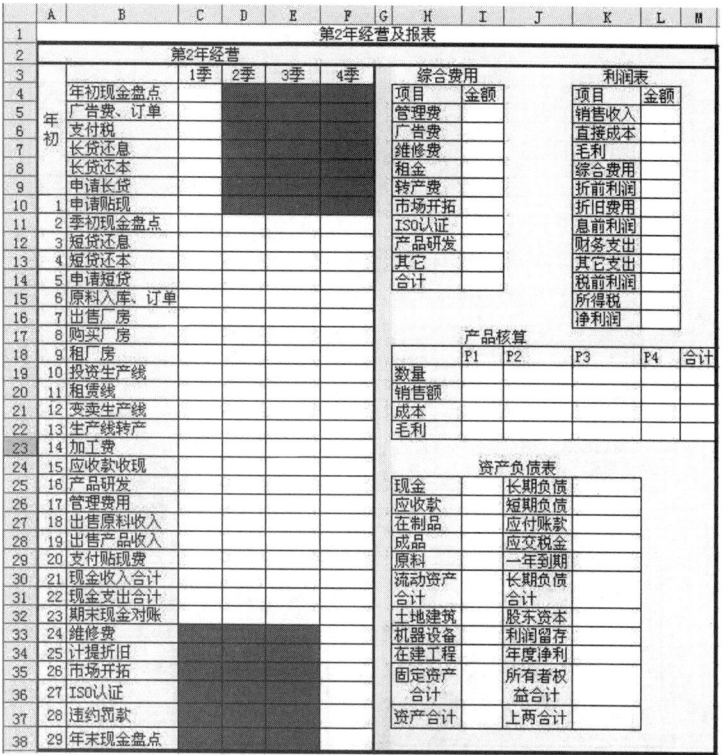

图 3-13-93　经营及财务报表（第 2 年）

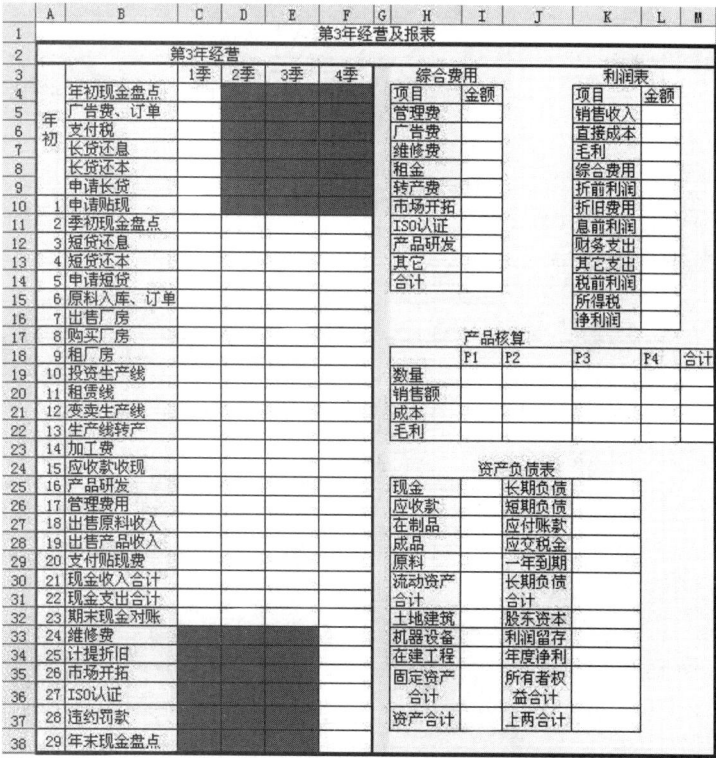

图 3-13-94　经营及财务报表（第 3 年）

图 3-13-95　经营及财务报表（第 4 年）

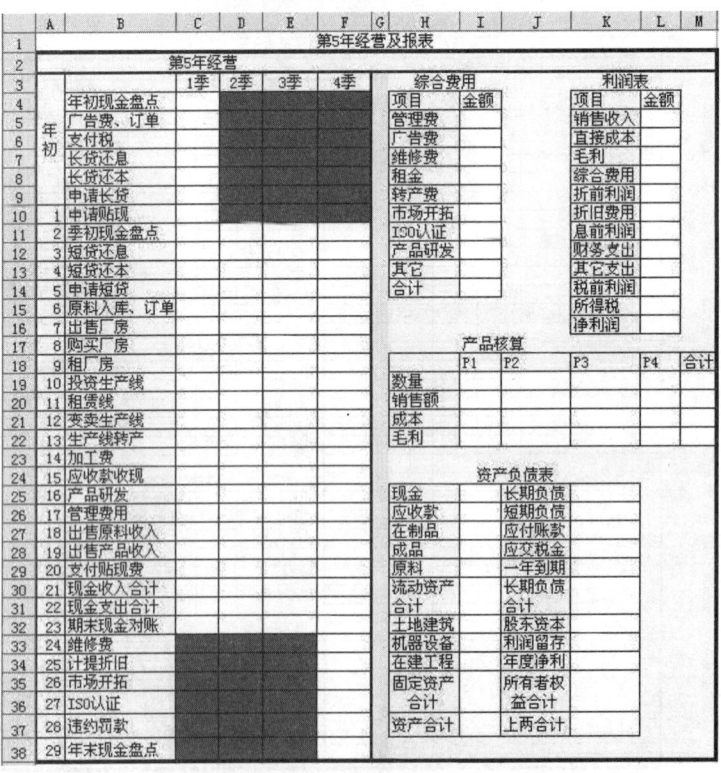

图 3-13-96　经营及财务报表（第 5 年）

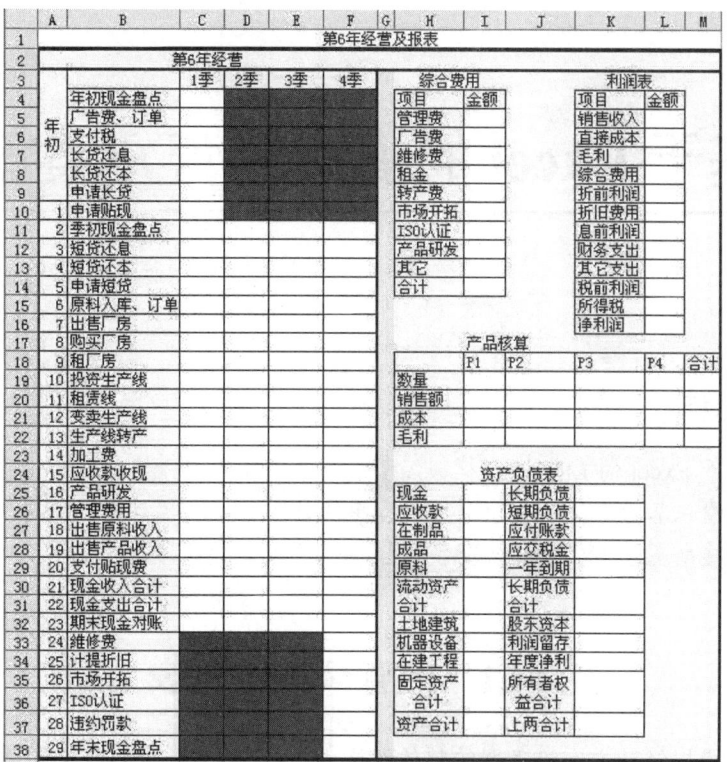

图 3-13-97　经营及财务报表（第 6 年）

图 3-13-98　总成绩计算表

实训 14
开发基于 Excel 的模拟经营方案管理器

 实训目标

- 理解基于 Excel 的 ERP 沙盘模拟经营方案管理器表格之间的逻辑关系。
- 掌握并输入基于 Excel 的 ERP 沙盘模拟经营方案管理器计算公式。
- 掌握并建立基于 Excel 的 ERP 沙盘模拟经营方案管理器表格之间的链接。

14.1 经营环境数据表

ERP 沙盘模拟经营方案管理器的整体结构由 19 个数据和计算表格组成。经营环境数据表由竞赛规则和市场预测 2 张表格组成。

14.1.1 竞赛规则表

竞赛规则是沙盘模拟经营方案计算的基础数据,图 3-14-1 和 3-14-2 竞赛规则表,输入了竞赛规则中,有关计算需要的数据信息。在建立 ERP 沙盘模拟经营方案管理器时,需要链接和调用这些数据信息。当大赛规则发生变化,这些参数的改变,不会影响方案管理器的数据链接调用关系。

	A	B	C	D	E	F	G	H	I	J	K	L	M
3	1.生产线								2.折旧(平均年限法)				
4	生产线	购置费(W)	安装周期(季)	生产周期(季)	总转产费(万)	转产周期(季)	维修费(万/年)	残值(万)	建成第1年	建成第2年	建成第3年	建成第4年	建成第5年
5	手工线	35	0	2	0	0	5	5		10	10	10	
6	租赁线	0	0	1	20	1	60	-100					
7	自动线	150	3	1	20	1	30	30	0	30	30	30	30
8	柔性线	200	4	1	0	0	20	40		40	40	40	40
9													
10	4.厂房					6.资格认证							
11	厂房	买价(万)	租金(万/年)	售价(万)	容量(条)		认证	时间(年)	费用(万/年)				
12	大厂房	440	44	440	4		ISO9000	2	10				
13	中厂房	300	30	300	3		ISO14000	2	15				
14	小厂房	180	18	180	2								
15													
16	5.市场准入					8.原料							
17	市场	开发费(万/年)	时间(年)				名称	购买价格(万/个)	提前期(季)				
18	本地	10	1				R1	10	1				
19	区域	10	1				R2	10	1				
20	国内	10	2				R3	10	2				
21	亚洲	10	3				R4	10	2				
22	国际	10	4										

图 3-14-1 竞赛规则表(1)

	A	B	C	D	E	F	G	H
24	7.产品							
25	名称	开发费用（万/季）	开发周期（季）	加工费（万/个）	直接成本（万/个）	产品组成		
26	P1	10	2	10	20	R1		
27	P2	10	3	10	30	R2+R3		
28	P3	10	4	10	40	R1+R3+R4		
29	P4	10	5	10	50	R2+R3+P1		
30								
31	15.重要参数							
32	违约金比率	20	%		贷款额倍数		3	倍
33	产品折价率	100	%		原料折价率		80	%
34	长贷利率	10	%		短贷利率		5	%
35	1、2期贴现率	10	%		3、4期贴现率		12.5	%
36	初始现金	600	万		管理费		10	万
37	信息费	1	万		所得税率		25	%
38	最大长贷年限	5	年		最小广告得单额		5	万
39	原料紧急采购倍数	2	倍		产品紧急采购倍数		3	倍
40	选单时间	40	秒		首位选单补时		25	秒
41	市场同开数量	2			市场老大		有/无	
42	竞拍时间	90	秒		竞拍同拍数		3	
43								
44	16.竞争排名							
45	项目	综合发展潜力系数						
46	自动线	8	每条					
47	柔性线	10	每条					
48	本地市场	7						
49	区域市场	7						
50	国内市场	8						
51	亚洲市场	9						
52	国际市场	10						
53	ISO9000	8						
54	ISO14000	10						
55	P1产品	7						
56	P2产品	8						
57	P3产品	9						
58	P4产品	10						

图 3-14-2 竞赛规则表（续）

14.1.2 市场预测表

图 3-14-3 市场预测表，输入了大赛组委会发布的市场预测信息。这些信息资料是团队制定模拟经营方案的重要依据。

	A	B	C	D	E	F	G	H
1				市场预测表——均价				
2	序号	年份	产品	本地	区域	国内	亚洲	国际
3	1	第2年	P1	51.70	51.83	0	0	0
4	2	第2年	P2	71.72	78.39	0	0	0
5	3	第2年	P3	98.06	90.04	0	0	0
6	4	第2年	P4	131.10	119.65	0	0	0
7	5	第3年	P1	55.47	52.47	49.12	0	0
8	6	第3年	P2	74.85	72.97	74.93	0	0
9	7	第3年	P3	86.97	85.31	88.38	0	0
10	8	第3年	P4	118.92	118.40	115.77	0	0
11	9	第4年	P1	50.33	48.83	45.29	0	0
12	10	第4年	P2	62.72	64.28	62.53	0	0
13	11	第4年	P3	87.83	88.00	84.41	89.18	0
14	12	第4年	P4	114.18	112.04	115.24	116.81	0
15	13	第5年	P1	55.85	54.50	54.69	51.00	58.65
16	14	第5年	P2	66.40	67.62	68.17	73.77	73.05
17	15	第5年	P3	81.30	86.03	82.87	84.94	86.68
18	16	第5年	P4	0	0.00	113.12	126.87	117.35
19	17	第6年	P1	54.91	58.74	0	0	56.56
20	18	第6年	P2	69.07	67.15	67.59	0	0
21	19	第6年	P3	92.03	86.07	81.74	83.85	88.70
22	20	第6年	P4	0	0	119.48	117.11	121.55

图 3-14-3 市场预测表

序号	年份	产品	本地	区域	国内	亚洲	国际
			市场预测表——需求量				
1	第2年	P1	43	59	0	0	0
2	第2年	P2	36	31	0	0	0
3	第2年	P3	34	25	0	0	0
4	第2年	P4	51	40	0	0	0
5	第3年	P1	49	38	8	0	0
6	第3年	P2	41	37	28	0	0
7	第3年	P3	36	32	21	0	0
8	第3年	P4	26	30	13	0	0
9	第4年	P1	61	30	31	0	0
10	第4年	P2	72	29	38	0	0
11	第4年	P3	30	30	37	33	0
12	第4年	P4	22	24	21	26	0
13	第5年	P1	59	22	35	33	34
14	第5年	P2	40	32	23	13	20
15	第5年	P3	33	30	47	32	37
16	第5年	P4	0	0	26	31	26
17	第6年	P1	35	57	0	0	27
18	第6年	P2	44	46	17	0	0
19	第6年	P3	29	30	35	39	37
20	第6年	P4	0	0	31	37	11

图 3-14-3　市场预测表（续）

14.2　投资、生产运营表

投资、生产运营表由投资预算、生产安排、原料采购、产品库存 4 张表格组成。

14.2.1　投资预算表

投资预算表的基本功能是输入投资项目决策信息，能够自动计算出该项目的所需金额，并进行相关合计汇总计算，其基本格式见图 3-14-4 投资预算表。投资预算表的左侧空白的单元格区域是需要输入的投资项目数量决策信息，表的右侧阴影区域是自动计算的投资金额。建立投资预算表的关键就是在阴影区域输入相关的计算公式。整个投资预算有 6 个这样的版面组成，分别计算模拟经营 6 年的数据。

投资项目金额的基本公式是：投资项目金额=项目投资数量×单位投资金额

项目投资数量是需要输入的决策数据信息，项目的单位投资额，来自大赛规则数据信息。利用 Excel 的链接调用功能可以方便的建立计算公式。建立投资预算表计算公式的 Excel 操作如下：

14.2.1.1　生产线

- 在 H5 输入 "=竞赛规则!$B$5*C5"，并向右拖动填充柄，至 K5；
- 在 H6 输入 "=竞赛规则!$B$7/竞赛规则!$C$7*C6"，并向右拖动填充柄，至 K6；
- 在 H7 输入 "=竞赛规则!$B$8/竞赛规则!$C$8*C7"，并向右拖动填充柄，至 K7；
- 在 H8 输入 "=SUM(H5:H7)"，并向右拖动填充柄，至 K8；
- 在 L5 输入 "=SUM(H5:K5)"，并向下拖动填充柄，至 L8；
- 在 K9 输入 "=竞赛规则!$G$6*SUM(C9:F9)"；（租赁线的维修费在第 4 季度支付）
- 在 L9 输入 "=K9"。

这样就完成了投资生产线金额公式的输入。

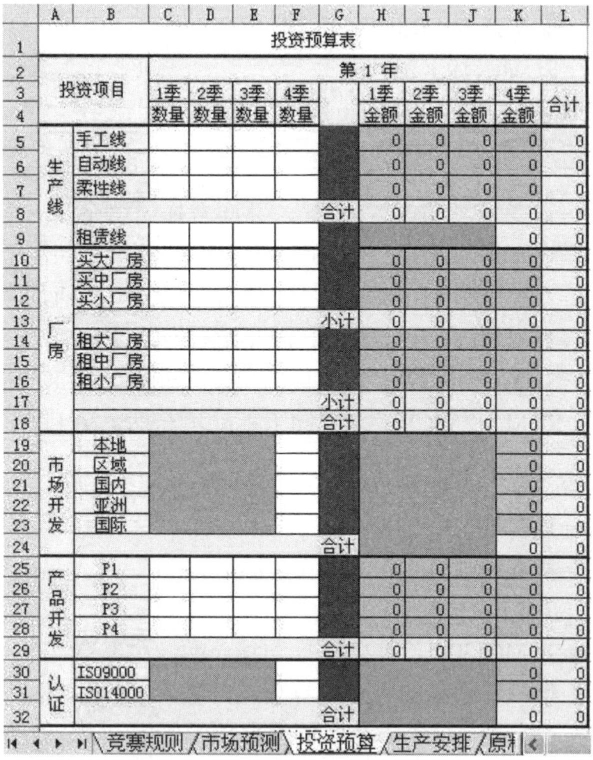

图 3-14-4 投资预算表

14.2.1.2 厂房

- 在 H10 输入 "=竞赛规则!$B$12*C10",并向右拖动填充柄,至 K10;
- 在 H11 输入 "=竞赛规则!$B$13*C11",并向右拖动填充柄,至 K11;
- 在 H12 输入 "=竞赛规则!$B$14*C12",并向右拖动填充柄,至 K12;
- 在 H13 输入 "=SUM(H10:H12)",并向右拖动填充柄,至 K13;
- 在 H14 输入 "=竞赛规则!$C$12*C14",并向右拖动填充柄,至 K14;
- 在 H15 输入 "=竞赛规则!$C$13*C15",并向右拖动填充柄,至 K15;
- 在 H16 输入 "=竞赛规则!$C$14*C16",并向右拖动填充柄,至 K16;
- 在 H17 输入 "=SUM(H14:H16)",并向右拖动填充柄,至 K17;
- 在 H18 输入 "=SUM(H13,H17)",并向右拖动填充柄,至 K18;
- 在 L10 输入 "=SUM(H10:K10)",并向下拖动填充柄,至 L18。

这样就完成购买或租厂房的公式输入。

14.2.1.3 市场开发

根据大赛规则,市场开发费用每年在第 4 季度支付。

- 在 K19 输入 "=竞赛规则!$B$18*F19";
- 在 K20 输入 "=竞赛规则!$B$19*F20"。
- 在 K21 输入 "=竞赛规则!$B$20*F21"。
- 在 K22 输入 "=竞赛规则!$B$21*F22"。

- 在 K23 输入 "=竞赛规则!$B$22*F23";
- 在 K24 输入 "=SUM(K19:K23)";
- 在 L19 输入 "SUM(K19)",并向下拖动填充柄,至 L24。

14.2.1.4 产品开发

- 在 H25 输入 "=竞赛规则!$B$26*C25",并向右拖动填充柄,至 K25;
- 在 H26 输入 "=竞赛规则!$B$27*C26",并向右拖动填充柄,至 K26;
- 在 H27 输入 "=竞赛规则!$B$28*C27",并向右拖动填充柄,至 K27;
- 在 H28 输入 "=竞赛规则!$B$29*C28",并向右拖动填充柄,至 K28;
- 在 H29 输入 "=SUM(H25:H28)",并向右拖动填充柄,至 K29;
- 在 L25 输入 "=SUM(H25:K25)",并向下拖动填充柄,至 L29。

14.2.1.5 认证

- 在 K30 输入 "=竞赛规则!$I$12*F30";
- 在 K31 输入 "=竞赛规则!$I$13*F31";
- 在 K32 输入 "=SUM(K30:K31)";
- 在 L30 输入 "=SUM(K30)",并向下拖动填充柄,至 L32。

到此,建立了第 1 年投资预算的所有计算公式的输入。然后,对投资预算表进行格式化,设置相应的线条、填充色等操作。可以在左侧空白单元格中,输入投资项目试算的决策信息,来检验公式是否正确(见图 3-14-4 投资预算检验表)。

	A	B	C	D	E	F	G	H	I	J	K	L
1							投资预算表					
2								第 1 年				
3		投资项目	1季数量	2季数量	3季数量	4季数量		1季金额	2季金额	3季金额	4季金额	合计
4												
5	生产线	手工线	2	2	3	3		70	70	105	105	350
6		自动线	2	2	3	3		100	100	150	150	500
7		柔性线	2	2	3	3		100	100	150	150	500
8							合计	270	270	405	405	1350
9		租赁线	2	1	1	1					300	300
10	厂房	买大厂房	2	2	2	2		880	880	880	880	3520
11		买中厂房	2	2	2	2		600	600	600	600	2400
12		买小厂房	2	2	2	2		360	360	360	360	1440
13							小计	1840	1840	1840	1840	7360
14		租大厂房	2	2	2	2		88	88	88	88	352
15		租中厂房	2	2	2	2		60	60	60	60	240
16		租小厂房	2	2	2	2		36	36	36	36	144
17							小计	184	184	184	184	736
18							合计	2024	2024	2024	2024	8096
19	市场开发	本地				1					10	10
20		区域				1					10	10
21		国内				1					10	10
22		亚洲				1					10	10
23		国际				1					10	10
24							合计				50	50
25	产品开发	P1	1	1	1	1		10	10	10	10	40
26		P2	1	1	1	1		10	10	10	10	40
27		P3	1	1	1	1		10	10	10	10	40
28		P4	1	1	1	1		10	10	10	10	40
29							合计	40	40	40	40	160
30	认证	ISO9000				1					10	10
31		ISO14000				1					15	15
32							合计				25	25

图 3-14-4 投资预算检验表

当投资预算检验的结果无误后，就可以通过 Excel 的复制、粘贴功能，建立第 2 年至第 6 年的投资预算表。

14.2.1.6 建立第 2 年至第 6 年投资预算表

- 选中 A1:L32 区域，点击复制；
- 选中 A33，点击粘贴；
- 选中 A65，点击粘贴；
- 选中 A97，点击粘贴；
- 选中 A129，点击粘贴；
- 选中 A161，点击粘贴；
- 在 C34 输入“第 2 年”；
- 在 C66 输入“第 3 年”；
- 在 C98 输入“第 4 年”；
- 在 C130 输入“第 5 年”；
- 在 C162 输入“第 6 年”；
- 进一步检验各年试算的结果无误后，删除左侧投资项目试算的决策信息。完成第 1 年至第 6 年投资预算表的建立操作。

14.2.2 生产安排表

根据大赛规则，厂区最多布置 4 个厂房，最多安排 16 条生产线，考虑到，有团队需要投资手工线，因此，预安排了 18 条生产线，（见图 3–14–5、3–14–6 生产安排表）。

生产安排表的左侧白色单元格，是需要输入的决策信息，即根据投资的生产线类型，决定生产哪种产品。右侧的阴影区域是统计计算的结果。现以飞达公司模拟经营方案（Ⅰ）的生产投资决策信息为例，说明生产安排表的 Excel 公式建立操作过程：

	A	B	C	D	E	F	G	H	I	J	K	L	M	N	O	P	Q	R	S	T	U	V	W	X	Y	Z	AA	AB	AC	AD	AE	AF	AG	AH	AI	AJ	AK	AL	AM	AN	AO	AP	AQ	AR	AS	AT	AU	AV	AW	AX
1																																																		
2			生产线1				生产线2				生产线3				生产线4				生产线5				生产线6				生产线7				生产线8				生产线9				生产线10				生产线11				生产线12			
3			柔性线				自动线				自动线				自动线				自动线				自动线				自动线				自动线				自动线				自动线											
4			P1	P2	P3	P4	P1	P2	P3	P4	P1	P2	P3	P4	P1	P2	P3	P4	P1	P2	P3	P4	P1	P2	P3	P4	P1	P2	P3	P4	P1	P2	P3	P4	P1	P2	P3	P4	P1	P2	P3	P4	P1	P2	P3	P4	P1	P2	P3	P4
5	第1年	1季																																															
6		2季																																															
7		3季																																															
8		4季																																															
9	第2年	1季			1						1				1					1					1																								
10		2季				1				1	1				1					1					1																								
11		3季				1				1	1				1					1					1																								
12		4季				1				1	1				1					1					1																								
13	第3年	1季				1				1	1				1					1					1																								
14		2季				1				1	1				1					1					1																								
15		3季				1				1	1				1					1					1																								
16		4季				1				1	1				1					1					1																								
17	第4年	1季				1				1	1				1					1					1																								
18		2季				1				1	1				1					1					1																								
19		3季				1				1	1				1					1					1																								
20		4季				1				1	1				1					1					1																								
21	第5年	1季				1				1	1				1					1					1				1				1				1				1									
22		2季				1				1	1				1					1					1				1				1				1				1									
23		3季				1				1	1				1					1					1				1				1				1				1									
24		4季				1				1	1				1					1					1				1				1				1				1									
25	第6年	1季				1				1	1				1					1					1				1				1				1				1									
26		2季				1				1	1				1					1					1				1				1				1				1									
27		3季				1				1	1				1					1					1				1				1				1				1									
28		4季				1				1	1				1					1					1				1				1				1				1									

图 3–14–5 生产安排表

图3-14-6 生产安排表（续）

14.2.2.1 1季生产

- 在BW7输入

"=SUM(C7,G7,K7,O7,S7,W7,AA7,AE7,AI7,AM7,AQ7,AU7,AY7,BC7,BG7,BK7)"，并向下拖动填充柄，至BW28；

- 在BX8输入

"=SUM(D8,H8,L8,P8,T8,X8,AB8,AF8,AJ8,AN8,AR8,AV8,AZ8,BD8,BH8,BL8)"，并向下拖动填充柄，至BX28；

- 在BY9输入

"=SUM(E9,I9,M9,Q9,U9,Y9,AC9,AG9,AK9,AO9,AS9,AW9,BA9,BE9,BI9,BM9)"，并向下拖动填充柄，至BY28；

- 在BZ10输入

"=SUM(F10,J10,N10,R10,V10,Z10,AD10,AH10,AL10,AP10,AT10,AX10,BB10,BF10,BJ10,BN10)"，并向下拖动填充柄，至BZ28。

14.2.2.2 2季生产

- 在CA7输入"=SUM(BO7,BS7)"，并向下拖动填充柄，至CA28；
- 在CB8输入"=SUM(BP8,BT8)"，并向下拖动填充柄，至CB28；
- 在CC9输入"=SUM(BQ9,BU9)"，并向下拖动填充柄，至CC28；
- 在CD10输入"=SUM(BR10,BV10)"，并向下拖动填充柄，至CD28；
- 在CE7输入"=CA7+CA6"，并向下拖动填充柄，至CE28；
- 在CF8输入"=CB8+CB7"，并向下拖动填充柄，至CF28；
- 在CG9输入"=CC9+CC8"，并向下拖动填充柄，至CG28；

- 在 CH10 输入“=CD10+CD9”，并向下拖动填充柄，至 CH28。

14.2.2.3　合计

- 在 CI7 输入“=SUM(BW7,CA7)”，并向下拖动填充柄，至 CI28；
- 在 CJ8 输入“=SUM(BX8,CB8)”，并向下拖动填充柄，至 CJ28；
- 在 CK9 输入“=SUM(BY9,CC9)”，并向下拖动填充柄，至 CK28；
- 在 CL10 输入“=SUM(BZ10,CD10)”，并向下拖动填充柄，至 CL28；
- 在 CM7 输入“=BW7+CE7”，并向下拖动填充柄，至 CM28；
- 在 CN8 输入“=BX8+CF8”，并拖动填充柄，至 CN28；
- 在 CO9 输入“=BY9+CG9”，并拖动填充柄，至 CO28；
- 在 CP10 输入“=BZ10+CH10”，并拖动填充柄，至 CP28。

至此，完成了生产安排表公式的输入。然后，对生产安排表进行格式化操作。可以改变各条生产线产品的安排，进一步检验计算是否正确，如果检验无误，删除检验的决策数据信息。

14.2.3　原料采购表

图 3–14–7 原料采购表的基础数据，来自图 3–14–6 生产安排表的产品上线和产品在线的数据。利用 Excel 的链接功能将产品上线和产品在线数据链接过来。然后，进行原料需求量、原料采购下订单量、在制品金额等计算。下面几小节介绍 Excel 的操作过程。

	A	B	C	D	E	F	G	H	I	J	K	L	M	N	O	P	Q	R	S	T	U	V	W	X	Y	Z	AA	AB	AC	AD	AE	AF
1			合计				原料需求														原料采购				生产现金需求			在制品成本	合计			
2			产品上线				P1	P2		P3			P4			合计					下订单				原料费	加工费	合计		产品在线			
3			P1	P2	P3	P4	R1	R2	R3	R1	R3	R4	R2	R3	P1	R1	R2	R3	R4	P1	R1	R2	R3	R4					P1	P2	P3	P4
4	第1年	1季																											0	0	0	0
5		2季																			2		0						0	0	0	0
6		3季	2				2									2					0	0	5	4	20	20	40	40	2	0	0	0
7		4季	0	0			0	0	0							0	0	0			6	1	4	1	0	0	0	40	2	0	0	0
8	第2年	1季	2	1	4		2	1	1	4	4	4				6	1	5	4		3	3	6	3	160	70	230	230	2	1	4	0
9		2季	2	1	1	2	2	1	1	1	1	1	2	2	2	3	3	4	1	2	5	3	4	1	110	60	170	290	2	1	3	2
10		3季	2	1	3	2	2	1	1	3	3	3	2	2	2	5	3	6	3	2	3	3	6	3	170	80	250	290	2	1	3	2
11		4季	2	1	1	2	2	1	1	1	1	1	2	2	2	3	3	4	1	2	5	3	4	1	110	60	170	290	2	1	3	2
12	第3年	1季	2	1	3	2	2	1	1	3	3	3	2	2	2	5	3	6	3	2	3	3	6	3	170	80	250	290	2	1	3	2
13		2季	2	1	1	2	2	1	1	1	1	1	2	2	2	3	3	4	1	2	5	3	4	1	110	60	170	290	2	1	3	2
14		3季	2	1	3	2	2	1	1	3	3	3	2	2	2	5	3	6	3	2	3	3	6	3	170	80	250	290	2	1	3	2
15		4季	2	1	1	2	2	1	1	1	1	1	2	2	2	3	3	4	1	2	5	3	4	1	110	60	170	290	2	1	3	2
16	第4年	1季	2	1	3	2	2	1	1	3	3	3	2	2	2	5	3	6	3	2	3	3	6	3	170	80	250	290	2	1	3	2
17		2季	2	1	1	2	2	1	1	1	1	1	2	2	2	3	3	4	1	2	5	3	4	1	110	60	170	290	2	1	3	2
18		3季	2	1	3	2	2	1	1	3	3	3	2	2	2	5	3	6	3	2	3	3	10	7	170	80	250	290	2	1	3	2
19		4季	2	1	1	2	2	1	1	1	1	1	2	2	2	3	3	4	1	2	9	3	8	5	110	60	170	290	2	1	3	2
20	第5年	1季	2	1	7	2	2	1	1	7	7	7	2	2	2	9	3	10	7	2	7	3	10	7	290	120	410	450	2	1	7	2
21		2季	2	1	5	2	2	1	1	5	5	5	2	2	2	7	3	8	5	2	9	3	8	5	230	100	330	450	2	1	7	2
22		3季	2	1	7	2	2	1	1	7	7	7	2	2	2	9	3	10	7	2	7	3	10	7	290	120	410	450	2	1	7	2
23		4季	2	1	5	2	2	1	1	5	5	5	2	2	2	7	3	8	5	2	9	3	8	5	230	100	330	450	2	1	7	2
24	第6年	1季	2	1	7	2	2	1	1	7	7	7	2	2	2	9	3	10	7	2	7	3	10	7	290	120	410	450	2	1	7	2
25		2季	2	1	5	2	2	1	1	5	5	5	2	2	2	7	3	8	5	2	9	3	8	5	230	100	330	450	2	1	7	2
26		3季	2	1	7	2	2	1	1	7	7	7	2	2	2	9	3	10	7	2	7	3			290	120	410	450	2	1	7	2
27		4季	2	1	5	2	2	1	1	5	5	5	2	2	2	7	3	8	5	2					230	100	330	450	2	1	7	2

图 3–14–7　原料采购表

14.2.3.1　产品上线的链接

- 在 C6 输入“=生产安排!CI7”，并向下拖动填充柄，至 C27；
- 在 D7 输入“=生产安排!CJ8”，并向下拖动填充柄，至 D27；

- 在E8输入"=生产安排!CK9",并向下拖动填充柄,至E27;
- 在F9输入"=生产安排!CL10",并向下拖动填充柄,至F27。

14.2.3.2 原料需求量统计

- 在G6输入"=C6",并拖动填充柄,至G27;
- 在H7输入"=D7",并拖动填充柄,至H27;
- 在I7输入"=D7",并拖动填充柄,至I27;
- 在J8输入"=E8",并拖动填充柄,至J27;
- 在K8输入"=E8",并拖动填充柄,至K27;
- 在L8输入"=E8",并拖动填充柄,至L27;
- 在M9输入"=F9",并拖动填充柄,至M27;
- 在N9输入"=F9",并拖动填充柄,至N27;
- 在O9输入"=F9",并拖动填充柄,至O27;
- 在P6输入"=SUM(G6,J6)",并向下拖动填充柄,至P27;
- 在Q7输入"=SUM(H7,M7)",并向下拖动填充柄,至Q27;
- 在R7输入"=SUM(I7,K7,N7)",并向下拖动填充柄,至R27;
- 在S8输入"=L8",并向下拖动填充柄,至S27;
- 在T9输入"=O9",并向下拖动填充柄,至T27。

14.2.3.3 原料采购下订单

- 在U5输入"=P6",并拖动填充柄,至U26;
- 在V6输入"=Q7",并拖动填充柄,至V26;
- 在W5输入"=R7",并拖动填充柄,至W25;
- 在X6输入"=S8",并拖动填充柄,至X25。

14.2.3.4 生产现金需求

- 在Y6输入"=SUM(P6*竞赛规则!$H$18,Q6*竞赛规则!$H$19,R6*竞赛规则!$H$20,S6*竞赛规则!$H$21)",并向下拖动填充柄,至Y27;
- 在Z6输入"=SUM(C6*竞赛规则!$D$26,D6*竞赛规则!$D$27,E6*竞赛规则!$D$28,F6*竞赛规则!$D$29)",并向下拖动填充柄,至Z27;
- 在AA6输入"=SUM(Y6:Z6)",并向下拖动填充柄,至AA27。

14.2.3.5 产品在线的链接

- 在AC6输入"=生产安排!CM7",并向下拖动填充柄,至AC27;
- 在AD7输入"=生产安排!CN8",并向下拖动填充柄,至AD27;
- 在AE8输入"=生产安排!CO9",并向下拖动填充柄,至AE27;
- 在AF9输入"=生产安排!CP10",并向下拖动填充柄,至AF27。

14.2.3.6 在制品成本

- 在AB6输入"=SUM(AC6*竞赛规则!$E$26,AD6*竞赛规则!$E$27,AE6*竞赛规则!$E$28,AF6*竞赛规则!$E$29)",并向下拖动填充柄,至AB27。

14.2.4 产品库存表

图 3–14–8 产品库存表，白色单元格，产品出库销售的数据，是需要输入的决策数据。产品入库的基础数据，来自图 3–14–6 生产安排表的产品上线数据。利用 Excel 的链接功能将图 3–14–6 产品上线数据链成产品入库数据。然后，进行产品入库合计、累计库存、期末库存、库存产品成本等计算。Excel 操作过程如下：

	A	B	C	D	E	F	G	H	I	J	K	L	M	N	O	P	Q	R	S	T	U	V	W	X	Y	Z	AA	AB	AC	AD	AE	AF
1			产品入库												累计库存				产品出库					期末库存				库存产品成本				
2			1季生产				2季生产				合计								原料	产品销售												
3			P1	P2	P3	P4	P1	P2	P3	P4	P1	P2	P3	P4	P1	P2	P3	P4	P1	P1	P2	P3	P4	P1	P2	P3	P4	P1	P2	P3	P4	合计
4	第一年	1季																														
5		2季																														
6		3季																														
7		4季	0								0				0									0				0	0	0	0	0
8	第二年	1季	0	0			2	0			2	0			2	0	0	0						2	0		0	40	0	0	0	40
9		2季	2	1	2		0	0	0		2	1	2		4	1	2	0	2					2	1	2	0	40	30	80	0	150
10		3季	2	1	1	2	0	0	2	0	2	1	3	2	4	2	5	2	2			3		2	2	2	2	40	60	80	100	280
11		4季	2	1	1	2	0	0	0	0	2	1	1	2	4	3	3	4	2		3	3	3	2	0	0	1	40	0	0	50	90
12	第三年	1季	2	1	1	2	0	0	2	0	2	1	3	2	4	1	3	3	2			3	3	2	1	0	0	40	30	0	0	70
13		2季	2	1	1	2	0	0	0	0	2	1	1	2	4	2	1	2	2					2	2	1	2	40	60	40	100	240
14		3季	2	1	1	2	0	0	2	0	2	1	3	2	4	3	4	4	2			3	3	2	3	1	1	40	90	40	50	220
15		4季	2	1	1	2	0	0	0	0	2	1	1	2	4	4	2	3	2		4	2	3	2	0	0	0	40	0	0	0	40
16	第四年	1季	2	1	1	2	0	0	2	0	2	1	3	2	4	1	3	2	2			3	2	2	1	0	0	40	30	0	0	70
17		2季	2	1	1	2	0	0	0	0	2	1	1	2	4	2	1	2	2					2	2	1	2	40	60	40	100	240
18		3季	2	1	1	2	0	0	2	0	2	1	3	2	4	3	4	4	2			3	3	2	3	1	1	40	90	40	50	220
19		4季	2	1	1	2	0	0	0	0	2	1	1	2	4	4	2	3	2		4	2	3	2	0	0	0	40	0	0	0	40
20	第五年	1季	2	1	1	2	0	0	2	0	2	1	3	2	4	1	3	2	2			3	2	2	1	0	0	40	30	0	0	70
21		2季	2	1	5	2	0	0	0	0	2	1	5	2	4	2	5	2	2			5	2	2	2	0	0	40	60	0	0	100
22		3季	2	1	5	2	0	0	2	0	2	1	7	2	4	3	7	2	2			7		2	3	0	2	40	90	0	100	230
23		4季	2	1	5	2	0	0	0	0	2	1	5	2	4	4	5	4	2		4	5	4	2	0	0	0	40	0	0	0	40
24	第六年	1季	2	1	5	2	0	0	2	0	2	1	7	2	4	1	7	2	2		1	7	2	2	0	0	0	40	0	0	0	40
25		2季	2	1	5	2	0	0	0	0	2	1	5	2	4	1	5	2	2			5	2	2	1	0	0	40	30	0	0	70
26		3季	2	1	5	2	0	0	2	0	2	1	7	2	4	2	7	2	2			7		2	2	0	2	40	60	0	100	200
27		4季	2	1	5	2	0	0	0	0	2	1	5	2	4	3	5	4	2		3	5	4	2	0	0	0	40	0	0	0	40

图 3–14–8 产品库存表

14.2.4.1 产品入库

- 在 C7 输入"=生产安排!BW7"，并向下拖动填充柄，至 C27；
- 在 D8 输入"=生产安排!BX8"，并向下拖动填充柄，至 D27；
- 在 E9 输入"=生产安排!BY9"，并向下拖动填充柄，至 E27；
- 在 F10 输入"=生产安排!BZ10"，并向下拖动填充柄，至 F27；
- 在 G8 输入"=生产安排!CA7"，并拖动填充柄，至 G27；
- 在 H8 输入"=生产安排!CB7"，并拖动填充柄，至 H27；
- 在 I9 输入"=生产安排!CC8"，并拖动填充柄，至 I27；
- 在 J10 输入"=生产安排!CD9"，并拖动填充柄，至 J27；
- 在 K7 输入"=SUM(C7,G7)"，并拖动填充柄，至 K27；
- 在 L8 输入"=SUM(D8,H8)"，并拖动填充柄，至 L27；
- 在 M9 输入"=SUM(E9,I9)"，并拖动填充柄，至 M27；
- 在 N10 输入"=SUM(F10,J10)"，并拖动填充柄，至 N27。

14.2.4.2 累计库存

- 在 O7 输入"=K7"；

- 在 O8 输入 "=X7+K8"，并向下拖动填充柄，至 O27；
- 在 P8 输入 "=L8+Y7"，并向下拖动填充柄，至 P27；
- 在 Q9 输入 "=M9+Z8"，并向下拖动填充柄，至 Q27；
- 在 R10 输入 "=N10+AA9"，并向下拖动填充柄，至 R27。

14.2.4.3 原料 P1 仓库

- 在 S9 输入 "=原料采购!T9"，并拖动填充柄，至 S27。

14.2.4.4 期末库存

- 在 X7 输入 "=O7–SUM(S7,T7)"，并拖动填充柄，至 X27；
- 在 Y8 输入 "=P8–U8"，并拖动填充柄，至 X27；
- 在 Z9 输入 "=Q9–V9"，并拖动填充柄，至 Z27；
- 在 AA10 输入 "=R10–W10"，并拖动填充柄，至 AA27。

14.2.4.5 库存产品成本

- 在 AB7 输入 "=X7*竞赛规则!$E$26"，并拖动填充柄，至 AB27；
- 在 AC7 输入 "=Y7*竞赛规则!$E$27"，并拖动填充柄，至 AC27；
- 在 AD7 输入 "=Z7*竞赛规则!$E$28"，并拖动填充柄，至 AD27；
- 在 AE7 输入 "=AA7*竞赛规则!$E$29"，并拖动填充柄，至 AE27；
- 在 AF7 输入 "=SUM(AB7:AE7)"，并拖动填充柄，至 AF27。

14.3 广告、订单表

广告、订单表由广告投放、订单登记、交货排单 3 张表格组成。

14.3.1 广告投放表

图 3–14–9 广告投放表，基本格式比较简单，白色单元格是需要输入的广告投放金额，然后统计每一区域或每种产品的合计。Excel 操作过程如下：
- 在 B8 输入 "=SUM(B4:B7)"，并向右拖动填充柄，至 C8；
- 在 G4 输入 "=SUM(B4:F4)"，并向下拖动填充柄，至 G8；
- 在 B16 输入 "=SUM(B12:B15)"，并向右拖动填充柄，至 D16；
- 在 G12 输入 "=SUM(B12:F12)"，并向下拖动填充柄，至 G16；
- 在 B24 输入 "=SUM(B20:B23)"，并向右拖动填充柄，至 E24；
- 在 G20 输入 "=SUM(B20:F20)"，并向下拖动填充柄，至 G24；
- 在 B32 输入 "=SUM(B28:B31)"，并向右拖动填充柄，至 F32；
- 在 G28 输入 "=SUM(B28:F28)"，并向下拖动填充柄，至 G32；
- 在 B40 输入 "=SUM(B36:B39)"，并向右拖动填充柄，至 F40；
- 在 G36 输入 "=SUM(B36:F36)"，并向下拖动填充柄，至 G40。

当经验无误后，对表格进行格式化。

	A	B	C	D	E	F	G
1							
2		第 2 年广告投放					
3	产品/市场	本地	区域	国内	亚洲	国际	合计
4	P1						0
5	P2	10	10				20
6	P3	30	20				50
7	P4	30	10				40
8	合计	70	40				110
9							
10		第 3 年广告投放					
11	产品/市场	本地	区域	国内	亚洲	国际	合计
12	P1						0
13	P2	10	10				20
14	P3	20	30	25			75
15	P4	20	30	25			75
16	合计	50	70	50			170
17							
18		第 4 年广告投放					
19	产品/市场	本地	区域	国内	亚洲	国际	合计
20	P1						0
21	P2	40					40
22	P3	40	20		20		100
23	P4	20	20	20	20		80
24	合计	100	40	40	40		220
25							
26		第 5 年广告投放					
27	产品/市场	本地	区域	国内	亚洲	国际	合计
28	P1						0
29	P2			10	20	20	50
30	P3	20	30	40	50	50	190
31	P4			20	30	40	90
32	合计	20	30	70	100	110	330
33							
34		第 6 年广告投放					
35	产品/市场	本地	区域	国内	亚洲	国际	合计
36	P1						0
37	P2	20	10	30			60
38	P3	50	30	40	50	30	200
39	P4			30	20	40	90
40	合计	70	40	100	70	70	350

图 3-14-9　广告投放表

14.3.2　订单登记表

图 3-14-10 订单登记表，在白色单元格是需要输入获得订单的基本信息。然后，统计每一种产品的数量和销售额合计。这样的版面共 5 个，分别登记第 2 年～第 6 年的订单状况。下面几小节介绍 Excel 的操作过程。

14.3.2.1　第 2 年订单登记

- 在 M5 输入 "=SUM(B5:L5)"，点击复制；
- 选中 M8，点击粘贴；
- 选中 M13，点击粘贴；
- 选中 M16，点击粘贴；
- 选中 M21，点击粘贴；
- 选中 M24，点击粘贴；
- 选中 M29，点击粘贴；
- 选中 M32，点击粘贴。

检验无误后，删除检验订单，进行表格的格式化。

	A	B	C	D	E	F	G	H	I	J	K	L	M
1						第 2 年订单登记							
2						P1							
3	订单号												合计
4	产品												
5	数量												0
6	交货期												
7	账期												
8	销售额												0
9													
10						P2							
11	订单号	P2201											合计
12	产品	P2											
13	数量	3											3
14	交货期												
15	账期	4											
16	销售额	220											220
17													
18						P3							
19	订单号	P3201	P3202										合计
20	产品	P3	P3										
21	数量	3	3										6
22	交货期												
23	账期	4	2										
24	销售额	280	276										556
25													
26						P4							
27	订单号	P4201											合计
28	产品	P4											
29	数量	3											3
30	交货期												
31	账期	2											
32	销售额	365											365

图 3-14-10　订单登记表

14.3.2.2　第 3~6 年订单登记

- 选中 A1:M32 区域，点击复制；
- 选中 A33，点击粘贴；
- 选中 A65，点击粘贴；
- 选中 A97，点击粘贴；
- 选中 A129，点击粘贴。
- 在 A33 输入"第 3 年订单登记"；
- 在 A65 输入"第 4 年订单登记"；
- 在 A97 输入"第 5 年订单登记"；
- 在 A129 输入"第 6 年订单登记"。

14.3.3　交货排单表

图 3-14-11 交货排单表，这样的版面共有 5 个，其基本功能是按账期统计第 2 年~第 6 年各季度的销售额。下面几小节介绍 Excel 的操作过程。

14.3.3.1　第 2 年交货排单表

- 在 J8 输入"=SUM(H8:I8)"，点击复制；
- 选中 J14，点击粘贴；
- 选中 J20，点击粘贴；

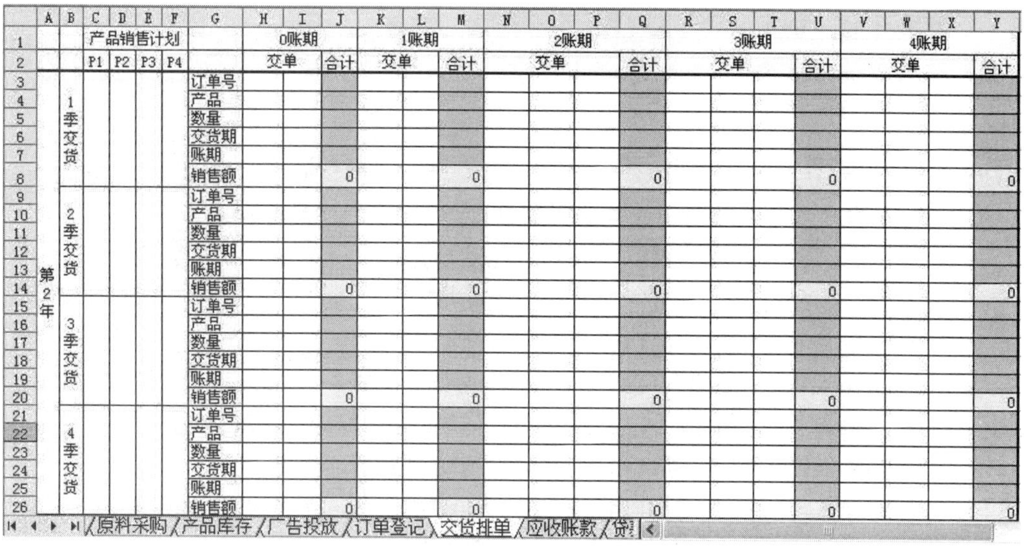

图 3-14-11 交货排单表

- 选中 J26，点击粘贴；
- 在 M8 输入 "=SUM(K8:L8)"，点击复制；
- 选中 M14，点击粘贴；
- 选中 M20，点击粘贴；
- 选中 M26，点击粘贴；
- 在 Q8 输入 "=SUM(N8:P8)"，点击复制；
- 选中 Q14，点击粘贴；
- 选中 Q20，点击粘贴；
- 选中 Q26，点击粘贴；
- 在 U8 输入 "=SUM(R8:T 8)"，点击复制；
- 选中 U14，点击粘贴；
- 选中 U20，点击粘贴；
- 选中 U26，点击粘贴；
- 在 Y8 输入 "=SUM(V8:X8)"，点击复制；
- 选中 Y14，点击粘贴；
- 选中 Y20，点击粘贴；
- 选中 Y26，点击粘贴；

14.3.3.2　第 3~6 年交货排单表

- 选中 A3:Y26，点击复制；
- 选中 A27，点击粘贴；
- 选中 A51，点击粘贴；
- 选中 A75，点击粘贴；
- 选中 A99，点击粘贴；
- 在 A27 输入第 3 年；

- 在 A51 输入第 4 年；
- 在 A75 输入第 5 年；
- 在 A99 输入第 6 年。

14.3.3.3 产品销售计划的链接

各年每一季度各种产品销售计划的数据来自图 3-14-8 产品库存表。

- 在 C3 输入 "=产品库存!T8"；并向右拖动填充柄，至 F3；
- 在 C9 输入 "=产品库存!T9"；并向右拖动填充柄，至 F9；
- 在 C15 输入 "=产品库存!T10"；并向右拖动填充柄，至 F15；
- 在 C21 输入 "=产品库存!T11"；并向右拖动填充柄，至 F21；
- 在 C27 输入 "=产品库存!T12"；并向右拖动填充柄，至 F27；
- 在 C33 输入 "=产品库存!T13"；并向右拖动填充柄，至 F33；
- 在 C39 输入 "=产品库存!T14"；并向右拖动填充柄，至 F39；
- 在 C45 输入 "=产品库存!T15"；并向右拖动填充柄，至 F45；
- 在 C51 输入 "=产品库存!T16"；并向右拖动填充柄，至 F51；
- 在 C57 输入 "=产品库存!T17"；并向右拖动填充柄，至 F57；
- 在 C63 输入 "=产品库存!T18"；并向右拖动填充柄，至 F63；
- 在 C69 输入 "=产品库存!T19"；并向右拖动填充柄，至 F69；
- 在 C75 输入 "=产品库存!T20"；并向右拖动填充柄，至 F75；
- 在 C81 输入 "=产品库存!T21"；并向右拖动填充柄，至 F81；
- 在 C87 输入 "=产品库存!T22"；并向右拖动填充柄，至 F87；
- 在 C93 输入 "=产品库存!T23"；并向右拖动填充柄，至 F93；
- 在 C99 输入 "=产品库存!T24"；并向右拖动填充柄，至 F99；
- 在 C105 输入 "=产品库存!T25"；并向右拖动填充柄，至 F105；
- 在 C111 输入 "=产品库存!T26"；并向右拖动填充柄，至 F111；
- 在 C117 输入 "=产品库存!T27"；并向右拖动填充柄，至 F117；

14.3.3.4 销售订单的交货排单链接

图 3-14-12 销售订单的交货排单链接，数据来自图 3-14-10 订单登记。根据产品销售计划，来选择合适的销售订单，将订单安排到相应的账期，进行销售额统计。以飞达公司模拟经营方案（Ⅰ）第 2 年交货排单为例，说明交货排单链接的 Excel 操作过程：

根据销售计划，第 1 季度和第 2 季度，没有产品销售。第 3 季度销售 3 个 P3 产品，在图 3-14-10 订单登记表中选择 P3 产品的订单。

- 在图 3-14-10 订单登记表选中 C19:C24，点击复制；
- 在图 3-14-12 交货排单表中选中 N15，→单击鼠标右键，→快捷菜单→选择→选择性粘贴→粘贴链接。这样，就在第 3 季度安排一个 2 账期的订单交货，销售 3 个 P3 产品，销售额为 276 万元。
- 用同样的方法，将第 4 季度的 3 个订单安排链接到相应的账期。完成第 2 年交货排单链接。
- 用同样的方法，将第 3~6 年的订单，按照销售计划，安排每一季度交货排单，链接到相应的账期。

图 3-14-12 销售订单的交货排单链接

14.4 财务费用计算表

财务费用计算表由应收账款、贷款、维修折旧 3 张表格组成。

14.4.1 应收账款表

图 3-14-13 应收账款表，白色单元格，申请贴现的数据是需要输入的决策信息。现以飞达公司模拟经营方案（Ⅰ）为例说明交货账款的链接、现金到账、累计应收账款、期末应收账款的运营周转、贴现费用的计算等。下面几小节介绍 Excel 的操作过程。

	交货	交货账款						现金到账	累计应收账款				申请贴现				期末应收账款					贴现费用		
		0账期	1账期	2账期	3账期	4账期	合计	总计	到账	1账期	2账期	3账期	4账期	1账期	2账期	3账期	4账期	1账期	2账期	3账期	4账期	合计	1,2期费用	3,4期费用	费用合计
第2年	1季	0	0	0	0	0	0	1141	0	0	0	0	0					0	0	0	0	0	0	0	0
	2季	0	0	0	0	0	0		0	0	0	0	0					0	0	0	0	0	0	0	0
	3季	0	0	276	0	0	276		0	0	276	0	0	60				0	216	0	216	60	6	0	6
	4季	0	0	365	0	500	865		0	216	365	0	500	360			40	400	216	5	0	460	681	360	36	40	5	41
第3年	1季	0	0	270	350	0	620	2065	216	5	270	810	0	270	230			500	5	0	580	0	585	270	27	230	28	55
	2季	0	0	340	265	0	605		5	0	340	340	265	240				240	0	340	0	340	240	24	0	0	24
	3季	0	0	340	265	0	605		0	340	340	340	265	290				290	340	50	265	0	655	290	29	0	0	29
	4季	0	0	300	540	0	840		340	50	265	300	540	170				170	50	95	300	540	985	170	17	0	0	17
第4年	1季	0	230	0	285	0	515	1941	50	95	540	540	285	90	530			620	5	0	540	285	830	620	62	0	0	62
	2季	0	0	540	0	0	540		5	0	540	285	0	500				500	0	0	540	285	825	500	50	0	0	50
	3季	0	0	283	0	350	633		0	40	568	0	350	480				480	40	88	0	350	478	480	48	0	0	48
	4季	0	0	270	523	0	793		40	88	270	873	0	270	300			570	88	0	573	0	661	270	27	300	37	64
第5年	1季	0	0	225	0	252	477	2997	88	0	798	0	252	790		170		960	0	8	0	82	90	790	79	170	21	100
	2季	0	0	421	235	0	656		0	8	421	317	0	420	50			470	8	1	267	0	276	420	42	50	6	48
	3季	0	0	342	253	0	595		8	1	267	342	253	260		250		510	1	7	342	3	353	260	26	250	31	57
	4季	0	0	338	173	758	1269		1	7	680	176	758	600				600	7	80	176	758	1021	600	60	0	0	60
第6年	1季	0	0	581	0	313	894	3255	7	80	757	758	313	1900		757	750	313	1900	80	757	750	313	1900	80	837	83	1063	132	215
	2季	0	0	0	414	243	657		0	8	0	414	243	0				0	8	414	243	665	0	0	0	0
	3季	0	0	243	340	0	583		8	0	657	583	0	0				0	8	657	583	0	1248	0	0	0	0
	4季	0	180	0	241	700	1121		8	837	583	241	700	560				560	837	23	241	700	1801	560	56	0	0	56

图 3-14-13 应收账款表

14.4.1.1 交货账款

交货账款的数据链接来自图 3-14-12 交货排单表，每一季度，各账期的销售额合计。
- 在 C3 输入"=交货排单!J8"
- 在 C4 输入"=交货排单!J14"
- 在 C5 输入"=交货排单!J20"
- 在 C6 输入"=交货排单!J26"
- 在 D3 输入"=交货排单!M8"
- 在 D4 输入"=交货排单!M14"
- 在 D5 输入"=交货排单!M20"
- 在 D6 输入"=交货排单!M26"
- 在 E3 输入"=交货排单!Q8"
- 在 E4 输入"=交货排单!Q14"
- 在 E5 输入"=交货排单!Q20"
- 在 E6 输入"=交货排单!Q26"
- 在 F3 输入"=交货排单!U8"
- 在 F4 输入"=交货排单!U14"
- 在 F5 输入"=交货排单!U20"
- 在 F6 输入"=交货排单!JU6"
- 在 G3 输入"=交货排单!Y8"
- 在 G4 输入"=交货排单!Y14"
- 在 G5 输入"=交货排单!Y20"
- 在 G6 输入"=交货排单!Y26"
- 在 H3 输入"=SUM(C3:G3)"，并向下拖动填充柄，至 H6；
- 选中 H3:H6→点击合并单元格→输入"=SUM(H3:H6)"完成了第 2 年每一季度各账期账款的链接、合计、总计计算。
- 用同样的方法，完成第 3~6 年，每一季度各账期账款的链接、合计、总计计算。

14.4.1.2 现金到账

现金到账=本季度 0 账期交货账款+上季度 1 账期，期末应收账款
- 在 J3 输入"=C3"；
- 在 J4 输入"=C4+T3"，并向下拖动填充柄，至 J22。

14.4.1.3 累计应收账款

本账期累计应收账款=本季度本账期交货账款+上季度加 1 账期，期末应收账款
- 在 K3 输入"=D3"；
- 在 K4 输入"=D4+U3"，并向下拖动填充柄，至 K22；
- 在 L3 输入"=E3"；
- 在 L4 输入"=E4+V3"，并向下拖动填充柄，至 L22；
- 在 M3 输入"=F3"；

- 在 M4 输入 "=F4+W3"，并向下拖动填充柄，至 M22；
- 在 N3 输入 "=G3"，并向下拖动填充柄，至 N22。

14.4.1.4 申请贴现合计

- 在 S3 输入 "=SUM(O3:R3)"，并拖动填充柄，至 S22。

14.4.1.5 期末应收账款

- 在 T3 输入 "=K3−O3"，并向右拖动填充柄，至 W3；
- 在 X3 输入 "=SUM(T3:W3)"；
- 选中 T3:X3 区域，并向下拖动填充柄，至 T22:X22。

14.4.1.6 贴现费用

- 在 Y3 输入 "=SUM(O3:P3)"，并向下拖动填充柄，至 Y22；
- 在 Z3 输入 "=INT(Y3*竞赛规则!$C$35%)"，并向下拖动填充柄，至 Z22；
- 在 AA3 输入 "=SUM(Q3:R3)"，并向下拖动填充柄，至 AA22；
- 在 AB3 输入 "=INT(AA3*竞赛规则!$G$35%)"，并拖动填充柄，至 AB22；
- 在 AC3 输入 "=SUM(Z3,AB3)"，并向下拖动填充柄，至 AC22。

最后，对应收账款表进行格式化。

14.4.2 贷款表

图 3–14–14 贷款表，白色单元格是需要输入的贷款决策信息。现以飞达公司模拟经营方案（Ⅰ）的数据为例，说明 Excel 操作过程如下：

		A	B	C	D	E	F	G	H	I	J	K	L	M	N	O	P	Q	R	S	T	U	V	W	X	Y	Z
2		贷款类		1年				2年				3年				4年				5年				6年			
3				1	2	3	4	1	2	3	4	1	2	3	4	1	2	3	4	1	2	3	4	1	2	3	4
4	短贷	借																										
5		还本					0	0	0	0	0	0	0	0	0	0	0	0	0	0	0	0	0	0	0	0	0
6		付息					0	0	0	0	0	0	0	0	0	0	0	0	0	0	0	0	0	0	0	0	0
7		余额		0	0	0	0	0	0	0	0	0	0	0	0	0	0	0	0	0	0	0	0	0	0	0	0
8																											
9	长贷	借		1800																				2000			
10		还本																							1800			
11		余额		1800				1800				1800				1800				1800				2000			
12		付息						180				180				180				180				180			
13	上年权益			600				282				263				450				405				679			
14	贷款额度			1800				846				789				1350				1215				2037			
15	贷款余额			1800				1800				1800				1800				1800				2000			

图 3–14–14 贷款表

14.4.2.1 短贷

- 在 G5 输入 "=C4"，并向右拖动填充柄，至 Z5；
- 在 G6 输入 "=ROUND(C4*竞赛规则!$G$34%,0)"，并向右拖动填充柄，至 Z6；
- 在 C7 输入 "=C4"；
- 在 D7 输入 "=C7+D4−D5"，并拖动填充柄，至 Z7。

14.4.2.2 长贷

- 在 W10 输入 "=C9"；

- 在 C11 输入 "=C9";
- 在 G11 输入 "=C11+G9–G10",并向右拖动填充柄,至 W11;
- 在 G12 输入 "=ROUND(C11*竞赛规则!$C$34%,0)",并拖动填充柄,至 W12。

14.4.2.3 贷款额度检验

- 在 C13 输入 "=竞赛规则!$C$36";
- 在 G13 输入 "=第 1 年!K35";
- 在 K13 输入 "=第 2 年!$K$35";
- 在 O13 输入 "=第 3 年!$K$35";
- 在 S13 输入 "=第 4 年!$K$35";
- 在 W13 输入 "=第 5 年!$K$35";
- 在 C14 输入 "=竞赛规则!$G$32*贷款!C13",并向右拖动填充柄,至 W14;
- 在 C15 输入 "=F7+C11",并向右拖动填充柄,至 W15。

最后,对贷款表进行格式化。

14.4.3 维修折旧表

图 3–14–15 维修折旧表,白色单元格是需要输入的生产线信息。现以飞达公司模拟经营方案(Ⅰ)的数据为例,其 Excel 操作过程如下:

	A	B	C	D	E	F	G	H	I
1		\multicolumn{4}{c	}{维修费}	\multicolumn{4}{c	}{折旧费}
2		手工线	自动线	柔性线	金额	手工线	自动线	柔性线	金额
3									
4	第一年	2			10				0
5	第二年	2	5	1	130	2			20
6	第三年	2	5	1	130	2	5	1	210
7	第四年	2	5	1	130	2	5	1	210
8	第五年	2	9	1	210	2	5	1	210
9	第六年	2	9	1	210	2	9	1	330

图 3–14–15 维修折旧表

- 在 E4 输入 "=SUM(B4*竞赛规则!$G$5,C4*竞赛规则!$G$7,D4*竞赛规则!$G$8)",并向下拖动填充柄,至 E9;
- 在 I4 输入 "=SUM(F4*竞赛规则!$J$5,G4*竞赛规则!$J$7,H4*竞赛规则!$J$8)",并向下拖动填充柄,至 I9。

14.5 年度经营及财务报表

年度经营及财务报表由 6 年的经营及财务报表组成。这里,重点介绍第 1 年和第 2 年经营及财务报表的 Excel 操作过程,其他经营及财务报表,由同学们自己来完成。

14.5.1 第 1 年经营及财务报表

14.5.1.1 第 1 年经营数据链接与计算

- 在 C4 输入 "=竞赛规则!$C$36";

- 在 C9 输入 "=贷款!C9";
- 在 C11 输入 "=SUM(C4,C9)–SUM(C5:C8)";
- 在 D11 输入 "=C32",并向右拖动填充柄,至 F11;
- 在 C14 输入 "=贷款!C4",并向右拖动填充柄,至 F14;
- 在 C15 输入 "=原料采购!Y4";
- 在 D15 输入 "=原料采购!Y5";
- 在 E15 输入 "=原料采购!Y6";
- 在 F15 输入 "=原料采购!Y7";
- 在 C17 输入 "=投资预算!H13",并向右拖动填充柄,至 F17;
- 在 C18 输入 "=投资预算!H17",并向右拖动填充柄,至 F18;
- 在 C19 输入 "=投资预算!H8",并向右拖动填充柄,至 F19;
- 在 F20 输入 "=投资预算!K9";
- 在 C23 输入 "=原料采购!Z4";
- 在 D23 输入 "=原料采购!Z5";
- 在 E23 输入 "=原料采购!Z6";
- 在 F23 输入 "=原料采购!Z7";

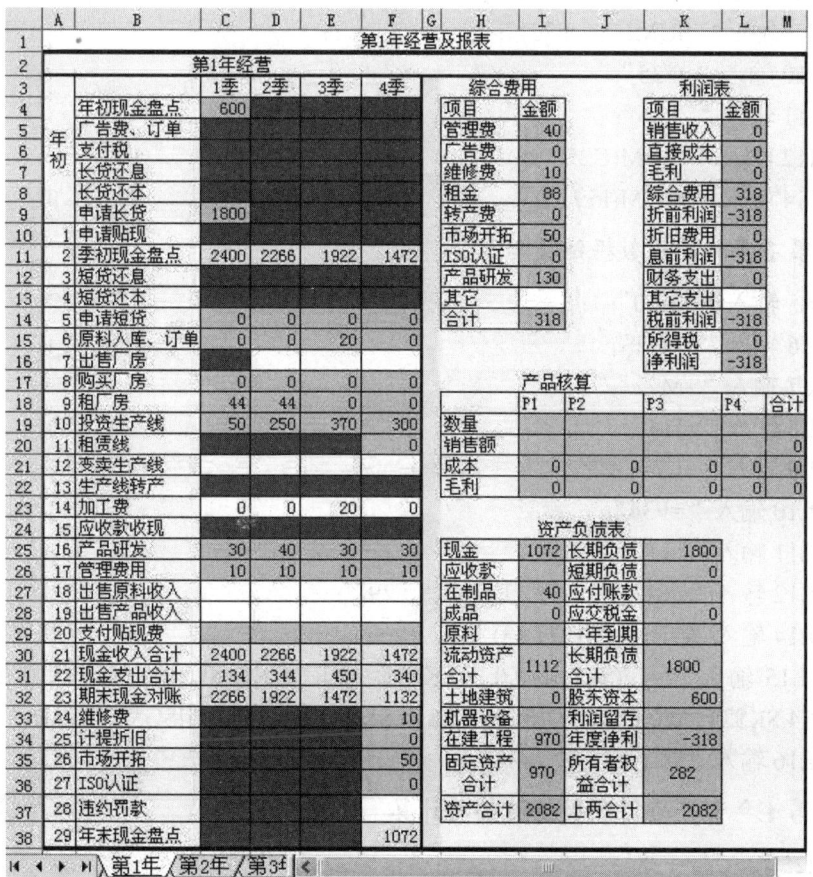

图 3-14-16　第 1 年经营及财务报表

- 在 C25 输入 "=投资预算!H29",并向右拖动填充柄,至 F25;
- 在 C26 输入 "=竞赛规则!$G$36",并向右拖动填充柄,至 F26;
- 在 C30 输入 "=SUM(C11,C14,C24)",并向右拖动填充柄,至 F30;
- 在 C31 输入 "=SUM(C12:C13,C15,C17:C20,C22:C23,C25:C26,C29)",并向右拖动填充柄,至 F31;
- 在 C32 输入 "=C30–C31",并向右拖动填充柄,至 F32;
- 在 F33 输入 "维修折旧!E4";
- 在 F34 输入 "维修折旧!I4";
- 在 F35 输入 "=投资预算!K24";
- 在 F36 输入 "=投资预算!K32";
- 在 F38 输入 "=F32–SUM(F33,F35:F37)"。

14.5.1.2　第 1 年综合费用数据链接与计算

- 在 I5 输入 "=SUM(C26:F26)";
- 在 I6 输入 "=C5";
- 在 I7 输入 "=F33+F20";
- 在 I8 输入 "=SUM(C18:F18)";
- 在 I9 输入 "=SUM(C22:F22)";
- 在 I10 输入 "F35";
- 在 I11 输入 "F36";
- 在 I12 输入 "=SUM(C25:F25)";
- 在 I14 输入 "=SUM(I5:I13)"。

14.5.1.3　第 1 年利润表数据链接与计算

- 在 L5 输入 "=M20";
- 在 L6 输入 "=M21";
- 在 L7 输入 "=M22";
- 在 L8 输入 "=I14";
- 在 L9 输入 "=L7–L8";
- 在 L10 输入 "=F34";
- 在 L11 输入 "=L9–L10";
- 在 L12 输入 "=SUM(C7,C12:F12,C29:F29)";
- 在 L14 输入 "=L11–(L12+L13)";
- 在 L15 输入 "=IF($L$14<0,0,IF($K$33>=0,ROUND($L$14*竞赛规则!$G$37%,0),IF(SUM($L$14,$K$33)<0,0,ROUND(SUM($L$14,$K$33)*竞赛规则!$G$37%,0))))";
- 在 L16 输入 "=L14–L15"。

14.5.1.4　第 1 年资产负债表数据链接与计算

- 在 I25 输入 "=F38";
- 在 I27 输入 "=原料采购!AB7";

- 在 I28 输入"=产品库存!AF7";
- 在 I30 输入"=SUM(I25:I29)";
- 在 I32 输入"=SUM(C17:F17)−SUM(C16:F16)";
- 在 I34 输入"=SUM(C19:F19)";
- 在 I35 输入"=SUM(I32:I34)";
- 在 I37 输入"=SUM(I30,I35)";
- 在 K25 输入"=贷款!C11";
- 在 K26 输入"=贷款!F7";
- 在 K27 输入"=L15";
- 在 K30 输入"=SUM(K25:K29)";
- 在 K32 输入"=竞赛规则!$C$36";
- 在 K34 输入"=L16";
- 在 K35 输入"=SUM(K32:K34)";
- 在 K37 输入"=SUM(K30,K35)";
- 对图 3−14−16 进行格式化。

14.5.2 第 2 年经营及财务报表

第 2 年的经营及财务报表的格式与第 1 年基本相同，可以通过复制第 1 年工作表，并修改工作表标签，获得第 2 年工作表，见图 3−14−17 第 2 年经营及财务报表。在第 2 年经营及财务报表中，第 2 年经营、产品核算、资产负债表需要进行修改。综合费用和利润表不需要修改。下面几小节介绍 Excel 的操作过程。

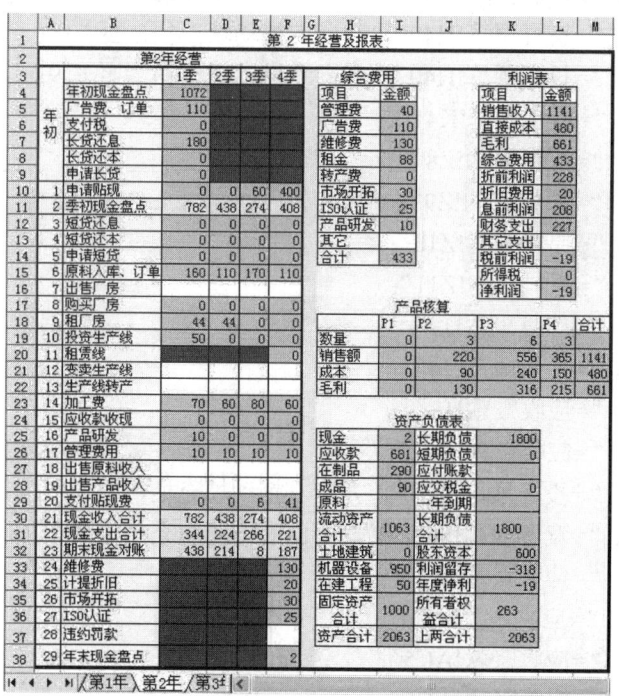

图 3−14−17　第 2 年经营及财务报表

14.5.2.1　第 2 年经营数据链接与计算

- 在 C4 输入"=第 1 年!F38";
- 在 C5 输入"=广告投放!G8";
- 在 C6 输入"=第 1 年!L15";
- 在 C7 输入"=贷款!G12";
- 在 C8 输入"=贷款!G10";
- 在 C9 输入"=贷款!G9";
- 在 C10 输入"=应收账款!S3";
- 在 D10 输入"=应收账款!S4";
- 在 E10 输入"=应收账款!S5";
- 在 F10 输入"=应收账款!S6";
- 在 C11 输入"=SUM(C4,C9,C10)–SUM(C5:C8)";
- 在 D11 输入"=SUM(C32,D10)",并向右拖动填充柄,至 F11;
- 在 C12 输入"=贷款!G6",并向右拖动填充柄,至 F12;
- 在 C13 输入"=贷款!G5",并向右拖动填充柄,至 F13;
- 在 C14 输入"=贷款!G4",并向右拖动填充柄,至 F14;
- 在 C15 输入"=原料采购!Y8";
- 在 D15 输入"=原料采购!Y9";
- 在 E15 输入"=原料采购!Y10";
- 在 F15 输入"=原料采购!Y11";
- 在 C17 输入"=投资预算!H45",并向右拖动填充柄,至 F17;
- 在 C18 输入"=投资预算!H49",并向右拖动填充柄,至 F18;
- 在 C19 输入"=投资预算!H40",并向右拖动填充柄,至 F19;
- 在 F20 输入"=投资预算!K41"。
- 在 C23 输入"=原料采购!Z8";
- 在 D23 输入"=原料采购!Z9";
- 在 E23 输入"=原料采购!Z10";
- 在 F23 输入"=原料采购!Z11";
- 在 C24 输入"=应收账款!J3";
- 在 D24 输入"=应收账款!J4";
- 在 E24 输入"=应收账款!J5";
- 在 F24 输入"=应收账款!J6";
- 在 C25 输入"=投资预算!H61",并向右拖动填充柄,至 F25;
- 在 C26 输入"=竞赛规则!$G$36",并向右拖动填充柄,至 F26;
- 在 C29 输入"=应收账款!AC3";
- 在 D29 输入"=应收账款!AC4";
- 在 E29 输入"=应收账款!AC5";
- 在 F29 输入"=应收账款!AC6";

- 在 C30 输入"=SUM(C11,C14,C24)",并向右拖动填充柄,至 F30;
- 在 C31 输入"=SUM(C12:C13,C15,C17:C20,C22:C23,C25:C26,C29)",并向右拖动填充柄,至 F31;
- 在 C32 输入"=C30–C31",并拖动填充柄,至 F32;
- 在 F33 输入"=维修折旧!E5";
- 在 F34 输入"=维修折旧!I5";
- 在 F35 输入"=投资预算!K56";
- 在 F36 输入"=投资预算!K64";
- 在 F38 输入"=F32–SUM(F33,F35:F37)"。

14.5.2.2　第 2 年产品核算数据链接与计算

- 在 I19 输入"=订单登记!M5";
- 在 J19 输入"=订单登记!M13";
- 在 K19 输入"=订单登记!M21";
- 在 L19 输入"=订单登记!M29";
- 在 I20 输入"=订单登记!M8";
- 在 J20 输入"=订单登记!M16";
- 在 K20 输入"=订单登记!M24";
- 在 L20 输入"=订单登记!M32";
- 在 I21 输入"=I19*竞赛规则!$E$26";
- 在 J21 输入"=J19*竞赛规则!$E$27";
- 在 K21 输入"=K19*竞赛规则!$E$28";
- 在 L21 输入"=L19*竞赛规则!$E$29";
- 在 I22 输入"=I20–I21",并向右拖动填充柄,至 L22;
- 在 M20 输入"=SUM(I20:L20)",并向下拖动填充柄,至 M22。

14.5.2.3　第 2 年资产负债表数据链接与计算

- 在 I25 输入"=F38";
- 在 I26 输入"=应收账款!X6";
- 在 I27 输入"=原料采购!AB11";
- 在 I28 输入"=产品库存!AF11";
- 在 I30 输入"=SUM(I25:I29)";
- 在 I32 输入"= 第 1 年!I32+SUM(C17:F17)–SUM(C16:F16)";
- 在 I33 输入"=SUM(第 1 年!I33:I34)–F34";
- 在 I34 输入"=SUM(C19:F19)";
- 在 I35 输入"=SUM(I32:I34)";
- 在 I37 输入"=SUM(I35,I30)";
- 在 K25 输入"=贷款!G11";
- 在 K26 输入"=贷款!J7";
- 在 K28 输入"=L15";

- 在 K30 输入 "=SUM(K25:K29)";
- 在 K32 输入 "=竞赛规则!$C$36";
- 在 K33 输入 "=SUM(第 1 年!K33:K34)";
- 在 K34 输入 "=L16";
- 在 K35 输入 "=SUM(K32:K34)";
- 在 K36 输入 "=SUM(K30,K35)"。

可以通过复制第 2 年经营及财务报表，再进行相应的数据链接与修改，获得第 3～6 年的经营及财务报表。

14.6　总成绩计算表

根据大赛规则，图 3-14-18 总成绩计算，Excel 操作过程如下：

	A	B	C
2	总成绩	2406.3	
3	所有者权益	875	
4	综合发展潜力	175	
5	市场老大		
6	罚分		
7	项目	综合发展潜力	
8		数量	得分
9	自动线	9	72
10	柔性线	1	10
11	本地市场	1	7
12	区域市场	1	7
13	国内市场	1	8
14	亚洲市场	1	9
15	国际市场	1	10
16	ISO9000	1	8
17	ISO14000	1	10
18	P1产品	1	7
19	P2产品	1	8
20	P3产品	1	9
21	P4产品	1	10

图 3-14-18 总成绩计算表

- 在 B2 输入 "=B3*(1+(B4/100))+B5-B6";
- 在 B3 输入 "=第 6 年!K35";
- 在 B4 输入 "=SUM(C9:C21)";
- 在 C9 输入 "=B9*竞赛规则!B46"，并向下拖动填充柄，至 C21。

14.7　实训报告：完成基于 Excel 的 ERP 沙盘模拟经营方案管理器的开发

实训报告：完成基于 Excel 的 ERP 沙盘模拟经营方案管理器的开发。要求各团队作到以下几点。

1. 完成基于 Excel 的 ERP 沙盘模拟经营方案管理器的全部计算报表的开发。

2. 利用本团队制定的飞达公司模拟经营新方案，对本团队开发的 ERP 沙盘模拟经营方案管理器进行验证。

3. 利用 ERP 沙盘模拟经营方案管理器进行多方案的制订与选优。

参 考 文 献

[1] 何晓岚，等．ERP沙盘模拟实用教程．2版．北京：北京航空航天大学出版社，2011．
[2] 何晓岚，金晖．商战实践平台指导教程．1版．北京：清华大学出版社，2012．
[3] 刘平主编．企业经营沙盘模拟实训手册．1版．北京：清华大学出版社，2010．
[4] 丁沧海．现代管理方法与Excel软件．1版．成都：四川科学技术出版社，1998．
[5] 金凤主编．ERP沙盘模拟演练教程．1版．北京：清华大学出版社，2010．
[6] 黄娇丹，毛华扬主编．金蝶ERP模拟经营实验教程．1版．北京：清华大学出版社，2010．
[7] 王新玲，柯明，耿锡润编著．ERP沙盘模拟学习指导书．1版．北京：电子工业出版社，2005．